MARTE Y VENUS
juntos para siempre

JOHN GRAY, PH.D.
ES EL AUTOR DE:

Mars and Venus in Love

Mars and Venus Together Forever

What Your Mother Couldn't Tell You & Your Father Didn't Know

Mars and Venus in the Bedroom

Men Are from Mars, Women Are from Venus

Men, Women and Relationships

What You Feel, You Can Heal

MARTE Y VENUS

juntos para siempre

Secretos del amor duradero

JOHN GRAY, Ph.D.

Traducción de Servanda de Hagen

HarperLibros
Una rama de HarperPerennial
Una división de HarperCollinsPublishers

Este libro fue impreso originalmente en la Argentina por Emecé Editores, S.A., en el año 1996.

MARTE Y VENUS JUNTOS PARA SIEMPRE. Copyright © 1994, 1996 por J.G. Productions, Inc. Copyright traducción al español © Emecé Editores, S.A. 1996. Derechos reservados. Impreso en los Estados Unidos de América. Se prohibe reproducir, almacenar, o transmittir cualquier parte de este libro en manera alguna ni por ningún medio sin previo permiso escrito, excepto en el caso de citas cortas para críticas. Para recibir más información, diríjase a: HarperCollins Publishers, Inc., 10 East 53rd Street, New York, NY 10022.

Libros de HarperCollins pueden ser adquiridos para uso educacional, comercial, o promocional. Para recibir más información, diríjase a: Special Markets Department, Harper Collins Publishers, Inc., 10 East 53rd Street, New York, NY 10022.

Primera edición HarperLibros, 1997.

ISBN 0-06-095236-9

00 01 ❖/RRD 10 9 8

Este libro está dedicado con
el más profundo amor y gratitud
a mis padres
David y Virginia Gray
Su amor, confianza y aliento constantes
siguen rodeándome y apoyándome en mi viaje
como maestro, marido y padre.

Introducción

En la década del 50, cuando yo estaba creciendo, mi padre en secreto le confesó a mi madre que tenía relaciones con otra mujer. Lo que probablemente había comenzado como un momento de pasión poco a poco se convirtió en algo más serio. Le pidió el divorcio a mi madre.

Ella amaba a mi padre y estaba muy herida. En lugar de compartir sus sentimientos más tiernos mostrándole lo mucho que lo amaba y necesitaba, reunió fuerzas. De la forma más afectuosa que pudo le dijo: "Si eso es lo que quieres, entonces te daré el divorcio. Démonos un mes para pensarlo y luego tú decides".

El destino intervino cuando, una semana después, mi madre descubrió que estaba embarazada de su séptimo hijo. Con esa nueva responsabilidad, mi padre decidió no dejarla a ella ni a la familia. Mi madre se sintió feliz. Nunca volvieron a mencionar los "otros intereses" de mi padre. Durante varios años, él siguió teniendo aventuras en otras ciudades pero nunca hablaron de eso.

Si bien nunca se divorciaron, ese fue un momento crucial en su relación. Siguieron amándose y apoyándose como marido y mujer pero había algo que faltaba. El romance amoroso y la naturaleza juguetona del amor lentamente comenzaron a desaparecer.

Cuando me hice adulto terminé oyendo los rumores de las aventuras de mi padre y le pregunté acerca de ellas. Su respuesta fue: "No puede herirte lo que no sabes". Yo seguí insistiéndole con más preguntas pero eso fue todo lo que me dijo.

9

Me di cuenta de que así era como justificaba sus aventuras. No quería herir a mi madre y había llegado a la conclusión de que, si era discreto, ella no saldría herida.

Hasta cierto punto, tenía razón. Mi madre parecía encontrarse bien con las aventuras de él y nunca abordó el tema ni le pidió que dejara de tenerlas. Lo que ninguno de los dos sabía era que, sin la monogamia, terminarían extinguiendo los delicados y débiles sentimientos de afecto que los unían. Como muchas parejas, supusieron erróneamente que era natural perder la atracción y la pasión físicas después de años de matrimonio.

Después de la muerte de mi padre, mamá y yo encontramos una foto de él con una de sus amantes. Cuando mi madre la vio, se le llenaron los ojos de lágrimas, lágrimas que no había derramado cuando él vivía. Yo sabía por qué estaba llorando.

Sentí su dolor al verlo tan abierto y libre con otra mujer, viendo en sus ojos la chispa que alguna vez habían compartido pero que poco a poco había desaparecido de su relación.

También sentí el dolor personal de no haber visto nunca a mi padre tan feliz. Había sido un padre cariñoso, pero muchas veces se mostraba taciturno, malhumorado o deprimido. En esa foto, en su mundo secreto, parecía encantador, atento y feliz. Ese era el padre que yo había querido conocer e imitar.

Cuando le pregunté a mi madre por qué pensaba que él había sentido la necesidad de buscar una mujer fuera de casa, me contestó: "Tu padre y yo nos amamos mucho. Pero con el paso de los años, yo me convertí en una madre y tu padre quería una mujer". Me sorprendió el hecho de que aceptara su infidelidad de esa manera. Ella continuó: "Admiré a tu padre por quedarse. Fue un gran sacrificio de su parte. Tenía fuertes deseos pero no nos abandonó".

Ese día finalmente comprendí por qué él la había engañado: dejó de sentir esa romántica atracción hacia ella y no sabía qué hacer al respecto. No sabía cómo compartir las responsabilidades de una familia y, a la vez, ser romántico. No sabía cómo recuperar la pasión y el gozo de su relación. De haberlo sabido, no se habría dado por vencido ni se habría descarriado.

También me di cuenta de que mi madre hizo lo que pudo. Sabía

demasiado bien cómo ser una madre amorosa pero no era experta en el arte de mantener viva la llama del romance. Seguía los pasos de su madre y la madre de su madre. Después de todo, era un mundo diferente, con reglas diferentes.

En la época de su juventud, con la depresión seguida de la Segunda Guerra Mundial, la supervivencia era más importante que las necesidades románticas y emocionales de las personas. La gente no revelaba sus sentimientos íntimos: mi madre estaba demasiado ocupada criando a seis y luego siete hijos como para explorar sus sentimientos. Aunque lo hubiera hecho, nunca habría considerado la posibilidad de compartir sus penas con papá, y no habría sabido cómo descargarse sin que él se sintiera controlado o se pusiera a la defensiva.

Cuando mi padre decidió no irse, ella sintió un inmenso alivio porque la familia quedaría intacta. Como sus antepasados femeninos, puso el bien de la familia por delante de sus necesidades personales. Mi padre también dejó de lado sus necesidades personales y honró su compromiso con la familia permaneciendo casado pero, como sus antepasados masculinos, siguió teniendo aventuras discretas. A pesar de todo, mi madre me aseguró que se habían amado mucho y, en muchas formas, se habían acercado más con los años.

Si bien la historia de mis padres es común a muchas personas de las generaciones de nuestros padres y abuelos, nosotros los hombres y las mujeres de hoy queremos, esperamos y requerimos más de nuestras relaciones. En una época en que toda la base del matrimonio ha sido drásticamente alterada, ya no nos unimos para lograr la supervivencia y la protección sino que lo hacemos por amor, romance y satisfacción emocional. Ahora, muchas de las reglas y estrategias que usaron nuestros padres para mantener su matrimonio unido han perdido eficacia y hasta son contraproducentes.

Por desgracia, podría decirse que todos somos expertos en tener relaciones *iguales* a las de nuestros padres, puesto que vivimos con ellos durante dieciocho años o más e inconscientemente aprendimos a comportarnos y a reaccionar como ellos. Por esta sencilla razón, la experiencia de la infancia influye sobre la calidad de nuestras relaciones a lo largo de la vida.

Aunque nuestros padres nos hayan amado profundamente, no

podían enseñarnos lo que no sabían. No podían darnos soluciones a problemas que no existían en sus vidas. Nosotros, sus herederos, somos pioneros en una nueva frontera, y nos enfrentamos a problemas nuevos que requieren nuevas estrategias. No sólo tenemos que dominar nuevos métodos para las relaciones sino que también debemos hacernos responsables de la carga adicional de desaprender lo que aprendimos de nuestros padres. ¿Y cuáles son estas nuevas lecciones y reglas? ¿Qué necesitamos para sentirnos satisfechos?

Las mujeres de hoy ya no necesitan a hombres que principalmente las mantengan y las protejan a nivel físico. También quieren que el hombre sea un sostén a nivel emocional. Los hombres de hoy también quieren algo más que amas de casa y madres de sus hijos. Quieren mujeres que alimenten sus necesidades emocionales pero que no sean madres para ellos ni los traten como niños.

No estoy diciendo que nuestros padres no quisieran un apoyo emocional; simplemente no era su principal expectativa. A mamá le bastaba con que papá trabajara y nos mantuviera. A papá le bastaba con que mamá se ocupara de la casa y de sus hijos y no estuviera todo el tiempo fastidiándolo.

Lo que bastaba para nuestros padres no basta para nosotros. Ya no queremos hacer esos sacrificios personales tan grandes. Exigimos y merecemos felicidad, intimidad y pasión duraderas con una sola pareja. Si no lo logramos, estamos dispuestos a sacrificar el matrimonio. La satisfacción personal se ha vuelto más importante que la unidad familiar.

Recientes estadísticas nacionales revelan que un porcentaje astronómico de dos de cada cuatro matrimonios terminan divorciados y el promedio está subiendo. (En California, la cifra es tres de cada cuatro.) Más del cincuenta por ciento de los niños en edad escolar de los Estados Unidos provienen de hogares divididos, mientras que más del treinta por ciento de los bebés nacen fuera del matrimonio. La violencia doméstica, los delitos, la drogadicción y el uso de medicamentos psicológicos están en su punto más alto. Sin duda, el fracaso de la familia es en gran medida responsable de estadísticas tan alarmantes.

Estos nuevos problemas suscitan preguntas críticas. ¿Debemos hacer retroceder el tiempo, negar nuestras necesidades personales y de pron-

to hacer que la familia sea más importante? ¿Acaso debemos limitarnos a sufrir un matrimonio que no es emocionalmente satisfactorio por el bien de los demás? Mientras que estas estrategias funcionaron para asegurar nuestra supervivencia en el pasado, no son opciones cuando nuestra prioridad es la satisfacción personal.

En la mayoría de los casos, la solución no es el divorcio ni tampoco la abnegación. En cambio, la respuesta está en aprender a crear relaciones y matrimonios que apoyen nuestra satisfacción personal.

No hay nada malo o narcisista acerca de querer más que nuestros padres. La verdad es que los tiempos han cambiado y nuestros valores han cambiado con ellos.

Ahora que la civilización, en gran medida, asegura nuestra supervivencia y seguridad física, también nos proporciona la libertad física de ser nosotros mismos. Ya no estamos motivados por los impulsos básicos sino por necesidades superiores y esperamos más de nosotros y de la vida. Como resultado, buscamos en nuestras relaciones el apoyo emocional que nos ayude a ser *todo* lo que podamos.

En este movimiento generacional hacia la plenitud, las mujeres están desarrollando el lado masculino de su naturaleza y los hombres están aceptando cada vez más su lado femenino. Las mujeres quieren ser más que madres y amas de casa; quieren marcar la diferencia en el mundo fuera de sus hogares. Los hombres también aspiran a ser más que guerreros y máquinas de trabajar; quieren relaciones afectuosas y amorosas en su hogar, más tiempo para la recreación y más participación en la crianza de sus hijos.

La eterna distinción entre los papeles masculinos y femeninos de pronto se vuelve borrosa y crea confusión y frustración. En esta época de transición, lograr el apoyo emocional que necesitamos de nuestras parejas puede resultar difícil.

Mientras que las estadísticas revelan que millones de parejas se enfrentan a la posibilidad de una ruptura, *Marte y Venus, juntos para siempre* demuestra clara y simplemente por qué los problemas en las relaciones son inevitables y ofrece una serie de sutilezas y sugerencias a fin de desarrollar métodos avanzados para asegurar uniones más amorosas y satisfactorias.

Para aquellos de ustedes que tengan una magnífica relación, estos métodos harán que sea aun mejor. Aprenderán a limar las asperezas, a allanar los obstáculos y a recuperar la pasión de los primeros años. Literalmente miles de parejas que asistieron a mis seminarios han descubierto con deleite una pasión mutua más intensa que antes. Además de mejorar una buena relación, estos métodos les aseguran que su matrimonio siga creciendo en el amor.

Si usted es soltero, este libro será una revelación. Le dará esperanzas de tener relaciones mejores. Le permitirá ver los errores pasados sin sentirse culpable o mal. Le resultará más fácil perdonar a quienes lo hirieron o decepcionaron. Al ver con claridad los errores de los demás con la nueva conciencia de que ellos simplemente no pudieron hacer otra cosa, irá liberando el resentimiento. Esta nueva franqueza aliviará la carga de su corazón y le permitirá atraer a su vida la persona perfecta para usted. Además, aprenderá nuevos métodos para no alejar sin querer a esa persona especial o crear problemas innecesarios.

Si en este momento está teniendo problemas en su relación, este libro le dará el consuelo de saber que no está solo. En muchos casos, descubrirá que ni usted ni su pareja están equivocados, sino que simplemente usted nunca aprendió los métodos necesarios para hacer que una relación funcione.

Una y otra vez he visto parejas a punto de divorciarse que milagrosamente volvieron a enamorarse. Mediante el descubrimiento y el discernimiento de sus errores, no se sienten tan impotentes y desesperados. Sus corazones vuelven a abrirse. El hecho de comprender el problema les permite liberar su culpa y comenzar a practicar nuevos métodos. Al obtener resultados rápidos, sus relaciones se transforman profundamente.

Después de veintitrés años de matrimonio, Linda y Daryl estaban dispuestos a rendirse y firmar sus papeles de divorcio. Ellos, como tantas parejas, en realidad no querían separarse pero no recibían del otro lo que deseaban y no conocían más alternativa que el divorcio. Todo lo que sabían era que seguir adelante con la relación era como elegir morir emocionalmente. Después de aprender métodos avanzados para las relaciones, todo cambió.

Lo que Linda aprendió: "Siempre pensé que mi marido no me amaba o yo no le importaba cuando no hacía las cosas que yo esperaba que hiciera. Me sentía desesperada, sentía que nunca iba a lograr lo que quería. Cuando trataba de hablar para mejorar las cosas, él se resistía y las cosas empeoraban. Ahora sé que estaba haciendo lo mismo que su padre. Descubrí que en realidad sí quería hacerme feliz pero no me entendía. Al aprender cómo acercarme a él de un modo diferente, descubrí que de pronto se convirtió en otra persona. Me escucha y yo lo valoro muchísimo. No soy yo sola la que está feliz; él también".

Lo que Daryl aprendió: "Había tantas veces en que yo no sabía lo que ella quería. Cuando Linda hablaba, cualquier cosa que yo dijera parecía empeorar todo. Cuando trataba de explicarme, ella se ponía peor. Ahora entiendo que ella básicamente quería que la escuchara. He aprendido a decir menos y escuchar más y realmente funciona. Está tan feliz en estos días que quiero hacer más por ella. Me da un poco de vergüenza, pero de pronto me siento vivo otra vez y ni siquiera sabía que me estaba muriendo".

Para salvar su matrimonio, Daryl y Linda debieron aplicar en su relación métodos nuevos que sus padres no les enseñaron. Daryl aprendió la importancia de responder a los sentimientos de Linda. Linda aprendió los secretos para mantener feliz a un marido. Como pareja mejoraron rápidamente su relación haciendo ajustes *pequeños* pero cruciales en sus actitudes.

Sólo después de estos retoques menores tienen lugar los grandes cambios en la relación. El secreto de la eficacia de las técnicas que comparto es que no requieren un sacrificio radical de nuestra personalidad.

Por ejemplo, pretender que un hombre que no habla demasiado de pronto se abra y comparta sus cosas no es algo realista. Con un poco de aliento, el mismo hombre puede concentrar fácilmente su energía en aprender a escuchar más. Cuando se encara de esta manera, el cambio de conducta es posible sin importar lo que hayamos aprendido de nuestros padres. En lugar de centrarnos en lo que no hacemos o no podemos hacer, este libro se centra en lo que podemos hacer y en cómo hacerlo.

Muchos de los participantes de mis seminarios me informan de resultados sorprendentes aunque sus parejas no hayan asistido a las sesiones o, en algunos casos, no hayan querido hacerlo. Al aprender de sus propios errores y desarrollar nuevos métodos para relacionarse, los participantes pudieron generar, solos, cambios drásticos y positivos.

El mismo pensamiento se aplica a este libro. Su pareja no tiene que leerlo para que usted mejore su relación. Las cosas que comparto le dicen cómo puede empezar hoy a conseguir lo que merece en todas sus relaciones. Ciertamente, el cambio será más rápido si su pareja lo lee. Pero aunque él o ella no estén interesados, el secreto del éxito está en que usted aprenda y use sus principios.

De modo que, ¿cómo convencen las mujeres a sus parejas de que lean mis libros? Después de todo, los hombres son muy particulares acerca del modo en que hay que abordarlos. Si usted le entrega el libro y le dice: "Necesitas esto", crea más resistencia. Pero si abre el libro en secciones que describen a los hombres y le pregunta a su compañero si lo que está escrito es verdad, es posible que de pronto se sienta interesado.

Esta estrategia funciona por dos razones. En primer lugar, a los hombres les encanta ser expertos y usted se estará acercando a él como experto en la perspectiva masculina. En segundo lugar, cuando oiga partes de este libro, enseguida se va a dar cuenta de que no está en contra de los hombres y tampoco quiere cambiarlos. Es ciento por ciento "amistoso con los hombres".

De hecho, las mujeres en general se asombran al ver el número casi igual de hombres que de mujeres en mis seminarios. No pueden creer que ven a muchos hombres realmente prestando atención, asintiendo y hasta riendo. Siempre señalo que los hombres están igualmente interesados en mejorar sus relaciones pero requieren estrategias prácticas que no les piden que sean femeninos.

Desde el enorme éxito de mi último libro *Los hombres son de Marte y las mujeres son de Venus*, miles de relaciones mejoraron. En el primer año, mi oficina oyó a más de quince mil lectores decir que "el libro" había salvado sus parejas. En algunas de las llamadas o cartas, los lectores tenían más preguntas, preguntas prácticas como "¿Qué debo hacer cuando...?", "¿Qué significa cuando...?", "¿Cómo puedo hacer para que él...?", "¿Qué debo decir cuando...?" o "¿Cuándo hago...?" Este libro es también una respuesta a esas preguntas.

Para comunicarnos mejor responde a las preguntas que nuestros padres no pudieron contestar. Nos señala una nueva dirección. Promete y entrega la información necesaria para crear y mantener relaciones amorosas mutuamente satisfactorias. Ofrece una nueva semilla que, una vez plantada y regada, crece hasta convertirse en una relación que no sólo es amorosa sino fácil.

Ofrezco este libro como una colección de joyas, perlas de sabiduría y gemas prácticas de las que me beneficié personalmente. Sinceramente espero que le den resultado como siguen dándomelo a mí y a miles de participantes de mis seminarios. Le deseo que siempre crezca en el amor y siga compartiendo sus dones especiales.

John Gray, Ph.D.
California, 22 de noviembre de 1993

Capítulo 1

Lo que su madre no le dijo y su padre no sabía

Érase una vez, hace muchísimo tiempo, cuando hombres y mujeres eran compañeros pacíficos en un mundo hostil y peligroso. Una mujer se sentía amada y respetada porque cada día su compañero salía a arriesgar su vida para traerle el sustento. Ella no esperaba que él fuera sensible o tierno y protector. La buena comunicación no era parte de los requisitos de su conducta. Mientras fuera un buen cazador y pudiera volver a su hogar, los métodos para las relaciones no eran indispensables para que un compañero fuera deseable. Al ser quienes traían el sustento a sus hogares, los hombres se sentían amados y apreciados por las mujeres. Mientras que la supervivencia era difícil, las relaciones eran comparativamente fáciles.

Hombres y mujeres existían en esferas diferentes. Dependían el uno del otro para sobrevivir. Alimentos, sexo, hijos, amparo y seguridad eran cosas que los motivaban a trabajar juntos porque satisfacer estas necesidades básicas requería habilidades y roles específicos. El hombre asumía el papel de proveedor y protector mientras que la mujer se especializaba en la crianza y el hogar.

Era una separación natural. La biología había determinado que una mujer da a luz y por ello siente la gran responsabilidad de criar a sus hijos y crear un hogar. El hombre honraba y respetaba ese papel aceptando tareas peligrosas como aventurarse en tierras salvajes para cazar o montar guardia para proteger a su mujer e hijos. A pesar de que los hombres pasaban días lejos, en el intenso frío o bajo el sol abrasador antes de cazar algo, estaban orgullosos de esos sacrificios porque honraban a la mujer, que era la que concedía la vida. Como la vida entre el hombre y la mujer proporcionaba la base de la supervivencia y la seguridad, su interdependencia generaba una apreciación y un respeto mutuos.

Sin embargo, ahora la vida ha cambiado drásticamente. Como ya no somos dependientes por completo el uno del otro para lograr seguridad y supervivencia, las reglas y estrategias de nuestros antepasados ya resultan obsoletas. Por primera vez en la historia documentada, nos miramos en primer término por amor y romance. La felicidad, la intimidad y la pasión duradera en la actualidad son requisitos para relaciones satisfactorias.

Lo que su madre no le dijo y su padre no sabía es cómo satisfacer las necesidades emocionales de su pareja sin sacrificar su satisfacción personal. Esto puede cumplirse sólo mediante los métodos avanzados para las relaciones.

LOS TIEMPOS HAN CAMBIADO

Los cambios sociales y económicos de los últimos cuarenta años han afectado enormemente los papeles tradicionales del hombre y la mujer. El hecho de que las mujeres salieran del hogar para trabajar ha disminuido el valor tradicional del hombre hacia la mujer. La mujer contemporánea, cada vez más independiente y autosuficiente, ya no siente la necesidad de que el hombre le brinde sustento y protección.

Una mujer moderna planea su propio destino y paga sus propias cuentas. Cuando está en peligro puede sacar su aerosol paralizante o llamar a la policía. Lo que es más importante, ahora tiene mucho más control sobre cuándo tener hijos y cuántos quiere tener. Hasta el descubrimiento de la píldora anticonceptiva y la amplia variedad de otros métodos, la mujer estaba biológicamente limitada a tener hijos y a depender del hombre. Ya no.

Estamos empezando a comprender los cambios en las relaciones que han sido el resultado del difundido uso del control de la natalidad y la consiguiente revolución sexual. Vivimos en una época de gran transición y tensión sexual.

En cierto sentido, los hombres ya no cuentan con el trabajo que tuvieron durante siglos. Ya no son valorados y apreciados como proveedores de sustento y protección. Si bien siguen haciendo lo de siempre, de pronto no basta para hacer felices a sus compañeras. Las mujeres quieren algo más, algo más que lo que quisieron sus madres.

Al mismo tiempo, las mujeres tienen demasiado trabajo. No sólo son madres, crían a sus hijos y son amas de casa, sino que ahora también proporcionan sustento y protección. Ya no reciben protección de la difícil y fría realidad del mundo laboral fuera de sus hogares. ¿Cómo se puede esperar que una mujer esté relajada, sea sensible y agradable con su marido cuando hace una hora tuvo que pelearse con un hombre por un taxi? Mientras que las mujeres de hoy en día no quieren tener que servir a un hombre al cabo del día, los hombres aún quieren lo que sus padres querían: que los sirvan.

Los tiempos han cambiado y no tenemos más remedio que cambiar con ellos. Los hombres tienen que aprender muchas cosas nuevas en las relaciones. Deben aprender nuevos métodos si quieren sentirse necesitados y apreciados por sus compañeras. Las mujeres deben lograr una nueva conciencia si han de seguir trabajando codo a codo con los hombres, luego volver a su casa y tener una relación afectuosa y tierna. Les hace falta aprender cosas nuevas para seguir siendo femeninas y, a la vez, fuertes.

LO QUE NO APRENDIMOS

Nuestras madres no pudieron enseñar a sus hijas a compartir sus sentimientos de un modo que no pusiera a los hombres a la defensiva. Tampoco les enseñaron a pedir apoyo de modo que un hombre respondiera favorablemente. No comprendían cómo cuidar a un hombre y darle cariño sin convertirse en su madre ni darle demasiado. No sabían cómo acomodar los deseos de él sin sacrificar los propios. Eran expertas en agradar a sus hombres a expensas propias.

En esencia, nuestras madres no pudieron enseñar a sus hijas a ser femeninas y fuertes a la vez. No les pudieron enseñar a apoyar a sus parejas y, al mismo tiempo, conseguir el apoyo emocional que merecían.

Nuestros padres no pudieron enseñar a sus hijos a comunicarse con una mujer sin rendirse pasivamente o discutir en forma agresiva. Los hombres de hoy en día no tienen modelos para conducir y dirigir la familia de una forma que respete e incluya los puntos de vista de su mujer. No saben cómo mantenerse fuertes pero al mismo tiempo proporcionar apoyo emocional.

No debemos culpar a nuestros padres por no enseñarnos cosas que no podían saber acerca de las relaciones.

Nuestros padres no supieron cómo brindar la empatía y la simpatía que las mujeres requieren hoy. No conocían las pequeñas cosas que desea una mujer para quedar satisfecha. No conocían la importancia de la monogamia y de hacer que una mujer se sienta especial. Nuestros padres sencillamente no entendían a las mujeres. Sin ese entendimiento, el hombre contemporáneo no puede desarrollar los métodos necesarios para lograr la clase de apoyo que ahora necesita de sus relaciones.

Nuestros padres no pudieron enseñarnos los métodos avanzados para las relaciones necesarios para que éstas prosperen en el mundo moderno. Recordar esto —que no pudimos aprender estas cosas de nuestra familia— basta para ablandar nuestro corazón y perdonarnos a nosotros y a nuestra pareja los errores que cometemos una y otra vez. Este discreto conocimiento nos devuelve la esperanza.

GENERALIDADES DE LOS MÉTODOS AVANZADOS EN LAS RELACIONES

A lo largo de este libro, hablaré en detalle de los métodos en las relaciones necesarios para apoyar las nuevas necesidades emocionales de nuestra pareja y, a la vez, lograr exactamente lo que necesitamos para ser felices y disfrutar de una intimidad y una pasión duraderas. Aunque algunas de las ideas que se exponen parezcan familiares o anticuadas, se presentan en formas totalmente nuevas y diferentes.

Por ejemplo, defiendo el hecho de que una mujer agrade a su hombre, lo cual podría interpretarse como sexista. Dentro del contexto de un método avanzado para las relaciones es todo lo contrario, pues a ella se le pide que lo complazca activamente ayudándolo a complacerla a ella. En lugar de servirle pasivamente, aprende la forma de conseguir el apoyo que necesita.

En cierto sentido, aún se le pide que lo satisfaga, pero con un cambio: ella aprende cómo ayudarlo a que la ayude, cómo apoyarlo para que la apoye más, y cómo complacerlo para que, a su vez, él cumpla con los deseos y necesidades de ella.

Los métodos avanzados en las relaciones para una mujer requieren habilidades tradicionales pero con un cambio para asegurar que ella logre lo que necesita.

Al hombre siempre se le pidió que proporcionara apoyo económico y físico. Ahora se le pide que proporcione apoyo emocional. Para lograr este objetivo, *no* es necesario o aconsejable que se parezca a la mujer abriendo su corazón y compartiendo sus sentimientos.

El hombre nuevo aprende a aplicar su antigua habilidad de cazador —esperando y observando en silencio— para escuchar a una mujer.

Con la correcta comprensión, los hombres pueden volverse expertos en este nuevo método usando habilidades que han tomado siglos en desarrollarse. Con sus técnicas guerreras, aprenderá a protegerse constructivamente cuando una mujer habla. El cambio es que aprende a defenderse *sin* atacar a su compañera.

Las relaciones pueden volverse cada vez más difíciles cuando esperamos demasiado de nosotros o de nuestras parejas. En teoría de la educación, para aprender algo nuevo debemos oírlo (y/o aplicarlo) doscientas veces. Si somos genios, quizá ciento cincuenta veces. Dominar los métodos nuevos para las relaciones no es algo inmediato.

En ocasiones, olvidar lo que aprendimos es perfectamente normal; las antiguas pautas y reacciones vuelven a acecharnos. Ahora comprenderemos nuestra parte del problema en lugar de culpar desesperadamente a nuestra pareja o a nosotros mismos. Cambiar para mejor a veces es muy difícil, pero a cada paso se volverá cada vez más fácil, más provechoso y más divertido. Y, una vez aprendidos, estos métodos enriquecerán todos los aspectos de nuestra vida y nuestras relaciones.

PREVENIR DERROTAS

La habilidad más importante en una relación es la de prevenir derrotas temporales y reconocer la necesidad de aprender una lección hasta que se arraigue en nosotros. Esta comprensión nos da la esperanza para ser pacientes y el perdón para ser amorosos.

Es imperativo que no esperemos que nuestra pareja sepa siempre, instintivamente, lo que necesitamos sin que se lo digamos.

A pesar de que en ocasiones puede resultar abrumador aprender todos los métodos nuevos, el proceso también es excitante. A medida que empezamos a practicar los métodos avanzados en las relaciones, los resultados inmediatos y tangibles ofrecerán una constante causa de esperanza, aliento y apoyo. Con el primer paso en el viaje que sus padres no hicieron, sus relaciones pueden mejorar drástica e inmediatamente y, poco a poco, con más práctica, se vuelven cada vez mejores.

Mediante el aprendizaje de estos métodos esenciales, se puede lograr pasión, intimidad y felicidad duraderas. La pasión no tiene por qué disiparse, la felicidad compartida durante el proceso de noviazgo no tiene que desaparecer y la intimidad puede profundizarse hasta convertirse en una fuente de creciente satisfacción. En el próximo capítulo exploraremos lo que más necesitan las mujeres, y los hombres en realidad quieren, si deseamos experimentar una intimidad duradera.

12/10/01

Capítulo 2

Lo que más necesitan las mujeres y lo que los hombres en realidad quieren

Las mujeres que asisten a mis seminarios siempre se sorprenden porque la mitad del público está compuesta de hombres. Les resulta difícil creerlo, pero los hombres realmente buscan formas de hacer felices a las mujeres y están tan interesados como ellas en tener una relación mejor. El problema es que sus métodos tradicionales para hacerlo no logran llegar a las mujeres.

Si hay problemas en la casa, el método para abordarlos del hombre tradicional es volverse más exitoso en el trabajo. Si los problemas están en la pareja, un hombre tradicional no asiste a un seminario ni compra un libro acerca de las relaciones; hace un curso o compra un libro de administración o de cómo lograr el éxito. ¿Por qué? Porque desde tiempos inmemoriales, un hombre hizo feliz a su compañera siendo una mayor fuente de sustento.

En la época de los hombres cazadores/recolectores, este arreglo funcionaba bien. Incluso funcionaba bien para nuestros padres. Sin embargo, para nosotros no sirve en absoluto. Las mujeres de hoy no abandonan a sus maridos porque no les traen su sustento. Lo hacen porque se sienten emocional y románticamente insatisfechas. Cuando un hombre no comprende las nuevas necesidades de una mujer, es inevitable que ésta se sienta insatisfecha. Este creciente sentimiento es también lo que aleja a los hombres. Los maridos no abandonan a sus mujeres porque ya no las aman; las abandonan porque no pueden hacerlas felices. En términos generales, un hombre se aleja de una relación porque se siente incapaz de satisfacer a su compañera. Esta frustración compartida es común porque:

Los hombres no comprenden las necesidades de las mujeres y las mujeres no comprenden lo que los hombres realmente quieren o cómo brindárselo.

Comprendiendo que las circunstancias han cambiado para ambos sexos, podemos obtener la claridad y la compasión necesarias para dominar nuevos enfoques para relaciones mutuamente sustentadoras.

POR QUÉ LA MUJER MODERNA ES INFELIZ

La mujer moderna trabaja demasiado, está estresada y en general siente una falta de apoyo y está abrumada con buena razón: en ningún otro momento de la historia se esperó tanto de ella. Por lo menos cinco días por semana se pone un uniforme y marcha hacia una batalla que dura de ocho a doce horas. Cuando regresa a casa, siente la necesidad de limpiar, preparar la cena, lavar la ropa, amar y criar a sus hijos y también mostrarse agradable, feliz y románticamente receptiva con su marido. Es demasiado para ella y la está desgarrando por dentro.

En el trabajo se le exige que se comporte de acuerdo con las reglas tradicionales masculinas de conducta. En casa tiene que cambiar y ser cálida, generosa y femenina. No es extraño que las mujeres se quejen diciendo que necesitan una esposa que las reciba con amor y ternura al cabo del día.

Hasta una madre contemporánea que se queda en su casa tiene más trabajo que su propia madre porque, con la mayoría de las otras mujeres en el trabajo y los compañeros de sus hijos en la guardería, no tiene la compañía tradicional de otras mujeres.

En el pasado, una mujer se sentía orgullosa de decir que era una esposa y madre de tiempo completo. Ahora es posible que hasta se sienta incómoda cuando le preguntan: "¿A qué te dedicas?" Aislada del apoyo de otras mujeres, debe hacerlo sola, ya que el valor de su compromiso no es reconocido por el mundo.

Aun así, mientras que las mujeres ahora necesitan más apoyo que en cualquier otro momento de la historia, los hombres también echan de menos el impulso para su ego que recibían de sus compañeras.

POR QUÉ LOS HOMBRES NO ESTÁN SATISFECHOS

El hombre moderno siente que no le pagan lo que merece, se siente derrotado y no apreciado. Como la mujer, está experimentando el precio que se cobra un matrimonio en el que ambos miembros tienen una carrera.

Años atrás, cuando un hombre regresaba a su casa donde estaba su mujer que no trabajaba, ella podía demostrarle con facilidad lo mucho que apreciaba sus esfuerzos y sacrificios. Feliz de cuidarlo porque no estaba estresada, pedía relativamente poco a cambio. Ahora, abruptamente, el hogar como refugio para el hombre está sitiado.

En ningún otro momento de la historia las relaciones han sido tan difíciles para los hombres como en la actualidad.

Muchos hombres trabajan tanto como sus padres, quizá más, pero no logran ser el único sostén de su familia. Privado del fuerte sentido de ser el único que mantiene a su familia, el hombre moderno, a nivel profundo (y a veces inconsciente) se siente fácilmente derrotado cuando su compañera se muestra infeliz o insatisfecha.

EL PRINCIPAL OBJETIVO DE UN HOMBRE

Cuando un hombre ama a una mujer, su principal objetivo es hacerla feliz. A lo largo de la historia, los hombres han soportado el mundo competitivo y hostil del trabajo porque, al cabo del día, sus luchas y esfuerzos eran justificados por la valoración de una mujer. En un sentido muy real, la satisfacción de su compañera era la recompensa que hacía que el trabajo de un hombre valiera la pena.

En la actualidad, como las mujeres trabajan demasiado, muchas veces —y es comprensible— se sienten insatisfechas. Ahora, al cabo de un largo día, *tanto* ella como su compañero buscan amor y valoración. "Trabajo tanto como él", se dice ella. "¿Por qué es mi responsabilidad valorarlo?" El agotamiento ahora le impide darle a su hombre el apoyo emocional que él sabe que se ha ganado.

Para el hombre, la infelicidad de ella señala que él es un fracaso. "¿Para qué molestarme en hacer más?", se pregunta. "No soy valorado por lo que hago." Tanto hombres como mujeres subestiman los efectos dañinos de este patrón relativamente nuevo.

**Cuando un hombre moderno regresa a su casa
en general se enfrenta a la derrota en lugar de a la victoria.
La infelicidad de su compañera le indica que él es un fracaso.**

QUÉ HACE FELICES A LAS MUJERES

Hace años, cuando la mayoría de las mujeres estaban todo el día en casa, disfrutaban del apoyo de otras mujeres a lo largo del día. Podían interrumpir sus tareas y relajarse hablando de lo que sentían mientras daban y recibían con espíritu de cooperación y no de competencia. Tenían el lujo del tiempo sin estructuras para crear belleza en sus hogares, jardines y comunidad. Se ocupaban de los demás y éstos se ocupaban de ellas.

Esta rutina diaria era propicia para alimentar su espíritu femenino y el amor de su corazón. Sus afectuosas relaciones daban sentido a su existencia y las apoyaban a lo largo de las inevitables crisis de la vida.

No se esperaba que las mujeres llevaran sobre sus hombros la doble carga de alimentar las relaciones y mantener una familia. Los hombres estaban felices de proveer el sustento y podían hacerlo ellos solos, dejando así que sus compañeras desempeñaran sus tareas mientras creaban y mantenían relaciones amorosas. En el mundo de hoy, competitivo, duro y dominado por los hombres, este énfasis en las relaciones brilla por su ausencia y, por primera vez en la historia, las mujeres se ven forzadas a prescindir del apoyo de pertenecer a un medio afectuoso, tierno y femenino.

IMITACIONES DE HOMBRES

Una mujer expresó sus sentimientos en mi seminario de esta manera: "Me siento como la imitación de un hombre. Las mujeres en el mundo laboral no tienen modelos femeninos de éxito. No sé cómo se pretende que una mujer sea fuerte, agresiva y femenina al mismo tiempo. Estoy perdiendo la noción de quién soy realmente".

Cuando la mujer pasa el día desempeñando papeles tradicionalmente masculinos, le resulta muy difícil mantener su femineidad. Trabajar con horarios muy estructurados, tomar decisiones basadas principalmente en los resultados y no en los sentimientos de la gente, dar órdenes cuando no hay tiempo de consultar las decisiones, calcular los movimientos estratégicos para protegerse de los ataques, crear alianzas basadas únicamente en los márgenes de ganancia y no en la amistad, invertir tiempo y energía para la ganancia personal y no en beneficio de los demás; todo ello contribuye al empobrecimiento del alma femenina.

**El mundo laboral no hace nada por alimentar
el espíritu femenino y está dañando peligrosamente
la calidad de sus relaciones íntimas.**

LAS MUJERES EN EL TRABAJO Y EN CASA

Las mujeres se ven mucho más afectadas que los hombres por el estrés de sus carreras, pues las presiones del trabajo fuera de sus hogares han duplicado su carga. En su trabajo, dan tanto como los hombres, pero cuando llegan a sus casas, el instinto las domina y siguen dando.

Es difícil para una mujer llegar a su casa, olvidarse de los problemas del día y relajarse cuando su programación dice: "Cocina más, limpia más, ama más, comparte más, da más cariño y afecto, haz más".

**En la oficina la mujer es motivada a esforzarse
a causa de una necesidad consciente de sobrevivir,
pero en su casa, los instintos la dominan.**

Pensemos en eso. Las tareas que solían ocupar todo el día de una mujer ahora deben hacerse en unas cuantas horas. Junto con proporcionar la manutención, no hay tiempo, apoyo ni energía suficientes para satisfacer sus anhelos biológicos de tener un hogar precioso y pacífico y una familia afectuosa, armoniosa y sana. Al tener tanto que hacer, la mujer se siente abrumada.

Ya sea que estos instintos provengan de la biología o de observar a su madre e identificarse con ella al crecer, pueden resultar muy fuertes. Muchas veces estas presiones aumentan cuando una mujer comienza a planear tener hijos o ya los tiene. Si bien estas presiones y sentimientos son autoinducidos, se basan en realidades físicas modernas con las que nuestras madres no tenían que tratar para crear un hogar y una familia. No sólo es esencial que las mujeres aprendan nuevas formas de manejar sus vidas sino también que los hombres aprendan nuevas formas de apoyar a sus compañeras.

LOS HOMBRES EN EL TRABAJO Y EN CASA

A lo largo de la historia, los hombres podían tolerar los estreses del mundo exterior porque regresaban a su casa y los recibía una mujer tierna y cariñosa. Todo el día el hombre tenía un objetivo pero, llegada la tarde, se relajaba, jugaba o era tratado con amor. Lo que no tenía que hacer era seguir trabajando para ganarse el favor de su compañera.

Cuando una mujer moderna comparte sus sentimientos de tener que hacer demasiado, el hombre en general lo oye como un reproche por no hacer lo suficiente o como una orden para que haga más. Ningún mensaje resulta agradable para su naturaleza, que le dice: "Está bien, estás en casa. Relájate y recibe la recompensa por tu labor".

> **Para los hombres, el hogar ha sido siempre un lugar de vacaciones.**
> **Para las mujeres, es un importante centro de actividad.**

DAR EXIGE RECIBIR

Los hombres están programados para dar todo de sí en el trabajo, luego regresar a sus casas y recibir. En gran medida las mujeres están hechas para dar y recibir al mismo tiempo. Les encanta dar pero necesitan ser alimentadas simultáneamente; cuando dan sin recibir, tienden a dar más y terminan sintiéndose abrumadas, vacías y resentidas.

Se deduce de ello que una mujer que pasa el día en un ambiente de trabajo competitivo y masculino no recibe el mismo apoyo emocional que recibiría si estuviera en un medio más femenino y tierno. En su trabajo, ella da y da pero no recibe valoración y apoyo. Llega a su casa agotada pero, en lugar de relajarse, sigue dando.

Esta es una importante diferencia entre el hombre y la mujer. Cuando un hombre está cansado, en general muestra una fuerte tendencia a olvidar sus problemas, descansar y relajarse. Si no recibe el apoyo que necesita, entonces su tendencia será dejar de dar. Si en su trabajo da sin recibir, entonces cuando llega a su casa se siente listo para relajarse y recibir durante un rato, o por lo menos tomarse algo de tiempo para él.

Por otra parte, cuando una mujer siente que no recibe apoyo, se cree responsable de hacer más y comienza a pensar y a preocuparse por todos los problemas que no tiene fuerzas para resolver. Cuanto más abrumada se siente, más difícil le resulta relajarse y aplazar los quehaceres que no pueden hacerse y que en realidad no tienen que hacerse de inmediato.

Cuando se siente abrumada, le es difícil determinar qué hace falta hacer realmente y qué puede esperar. En algunos casos, las expectativas que tenía su madre acerca de cómo llevar una casa salen instintivamente a la superficie. Cuanto más abrumada se siente y menos apoyo cree que recibe, más afloran estos instintos. De un modo subconsciente, es posible que trate de estar a la alturas de los niveles requeridos para llevar una casa y recibir invitados, apropiados en la época en que todas las mujeres eran amas de casa y tenían el tiempo y la energía de hacerlo todo.

En particular cuando una mujer que trabaja no puede darse el lujo de tener ayuda externa para los quehaceres domésticos, es posible que empiece a sentir que no está haciendo lo suficiente. De un modo instintivo siente que tiene que hacer más y, sin embargo, la realidad es que no puede hacerlo todo. Es como si estuviera atrapada por una programación social anticuada que espera que ella haga todos los quehaceres domésticos.

En algunos casos, de la misma manera en que una mujer se siente responsable de todo el trabajo de su casa, un hombre está socialmente programado para sentir también que esa es la responsabilidad de la mujer. Si para ella es difícil relajarse y hacer menos, es igualmente difícil para él hallar la energía para ayudarla. Es posible que comprender este patrón traiga más compasión entre los sexos.

**La programación del hombre le asegura
que su trabajo terminó cuando vuelve a casa,
mientras que la de ella la está empujando a hacer más.**

SCOTT Y SALLEY

Scott trabaja todo el día para mantener a su familia, mientras que Salley, su mujer, trabaja medio día y trata de dividirse entre sus roles de madre y ama de casa. Cuando Scott vuelve a casa, parece hacer caso omiso de ella a menos que Salley le pregunte algo y entonces se muestra algo irritado por sus preguntas. Luego, durante la cena, cuando ella se aleja un poco de él, Scott no entiende por qué.

Cuando le pregunto qué siente, ella contesta: "Siento que él ni siquiera me pregunte acerca de mi día ni se preocupe por mí. Ni siquiera se ofrece a ayudarme. Se sienta en el sofá mientras yo hago todo".

Scott dice: "Me siento en el sofá a relajarme de mi día. Si le pregunto cómo fue el suyo, todo lo que oigo es que hace demasiado y que yo debería hacer más. Cuando llego a casa, necesito relajarme. No necesito otro jefe. Si ella está haciendo demasiado, debería hacer menos".

Salley alega: "¿Y crees que no necesito relajarme de mi día? No puedo relajarme. Alguien tiene que preparar la cena, limpiar la casa y ocuparse de los niños. ¿Por qué no puedes hacer más o por lo menos valorar lo que hago?"

Scott entonces me mira y dice: "Ya ve".

Con esas dos palabras quiere decir: "Ya ve por qué no la escucho cuando vuelvo a casa. Si lo hiciera, me tendría trabajando cada vez más. No puedo prestarme a eso".

Salley se resiente por el hecho de que su marido no le ofrezca ayuda, mientras que Scott se aleja porque recibe el mensaje de que lo que hizo no es suficiente. Por un lado, ella quiere sentirse notada, cuidada y apoyada, mientras que, por el otro, él quiere sentirse reconocido y apreciado por su trabajo con el reconocimiento de que se ganó el derecho de relajarse en su casa. La solución de este problema es, primero, aceptar que ninguno está equivocado ni tiene la culpa. Luego, mediante la aplicación de métodos avanzados, el patrón puede cambiarse.

La sugerencia de Scott de que Salley haga menos es como decirle a un río que deje de fluir; dar es una expresión innata de la naturaleza femenina. Lo que más necesitan las mujeres de hoy en día no es refrenar sus tendencias afectuosas sino recibir más ternura y cariño en sus relaciones con los hombres. Esperar que Scott de pronto tenga la energía para hacer más tampoco es realista. Sería como decirle a un río que cambiara su curso.

Mediante la comprensión de lo que ambos realmente quieren, empieza a surgir una nueva solución y cobrar forma. Como veremos, los hombres y las mujeres pueden aprender nuevas formas de comunicación que requieren muy poco de los hombres y dan mucho a las mujeres. Ambos pueden aprender a practicar estos métodos nuevos que no exigen más esfuerzo y el resultado es que la mujer se siente emocionalmente apoyada y el hombre, apreciado.

Cuando una mujer se siente más apoyada emocionalmente en la relación encuentra un centro pacífico dentro de ella misma donde no se le exige que haga más. Obtendrá una perspectiva más relajada de lo que puede o no puede hacerse, y lo que realmente hay que hacer a la luz de sus limitados recursos de tiempo y energía. De la misma manera, a medida que un hombre comience a sentirse más apreciado al regresar a su casa, lenta pero seguramente tendrá más energía en su hogar. Lo que es más importante, de inmediato podrá ofrecer a su compañera la empatía y la comprensión que necesita para poder seguir dando de sí.

**La mujer actual no necesita refrenar sus impulsos afectuosos.
Necesita más ternura y cariño en sus relaciones con los hombres.**

POR QUÉ LAS MUJERES SE AGOTAN

En la actualidad, mientras los hombres están afuera, trabajando, las mujeres también están afuera, trabajando; las mujeres modernas no tienen el tiempo, la energía ni la oportunidad de apoyarse como lo hicieron sus madres. Una mujer moderna da y da, pero como no se siente apoyada, en general vuelve a su casa agotada.

Además, cuando una mujer depende no de un hombre sino de su trabajo para sobrevivir, su tendencia a dar sinceramente también se ve restringida. Si una mujer da para ganar dinero, su apoyo no es "ofrecido sinceramente". Esta forma de entrega condicional la desconecta aún más de su femineidad.

Las mujeres que trabajan deben ser masculinas en exceso. Ya no reciben apoyo para expresar su femineidad mediante la maternidad, el trabajo en relaciones de cooperación y cariño, la recolección (compras) y los quehaceres domésticos. Esta inclinación de la balanza hacia su aspecto masculino está haciendo rápidamente que las mujeres se agoten y se sientan insatisfechas en este mundo.

Las mujeres de la antigüedad no se agotaban porque su ambiente de trabajo alimentaba su naturaleza femenina. Las mujeres modernas se agotan porque no reciben el cariño y el incentivo suficientes en sus trabajos.

> No se trata de cuánto hace una mujer sino que la calidad
> de sus relaciones y el apoyo que recibe es lo que determina
> la diferencia entre el agotamiento y la satisfacción.

APRENDER DE LA SABIDURÍA DEL PASADO

Tradicionalmente, las mujeres se enorgullecían con sus papeles biológicos, puesto que la maternidad era muy honrada, respetada y hasta considerada sagrada. Algunas culturas veían a la mujer más cerca de Dios que un hombre pues ella sola había recibido el poder de crear la vida. Las mujeres eran veneradas como madres y los hombres aceptaban de buen grado ser guerreros y arriesgaban su vida para mantener y proteger a las madres de sus hijos.

Si nos remontamos a la generación de mi madre, es fácil encontrar mujeres que se sentían muy bien consigo mismas como madres. Recuerdo una vez, ya adulto, en que pregunté a mi madre si le había gustado ser madre. Su respuesta inmediata fue: "Bueno, John, sigo siendo madre y me sigue gustando. Me siento muy afortunada de tener siete hijos maravillosos".

Me sentí sorprendido de que ella se identificara con tanta fuerza y orgullo como madre aun después que sus hijos hubieran crecido. Me sentí afortunado de que no hubiera tenido que salir a trabajar y de que hubiera disfrutado de verdad ser una madre de tiempo completo con un marido que la apoyara.

La mayoría de las madres de hoy pocas veces pueden darse el lujo de serlo el día entero. Tener hijos *y* un trabajo supone una lista muy difícil de obligaciones que requieren nuevas técnicas que su madre difícilmente le habrá enseñado. Sin estas estrategias, los malabarismos de la maternidad y la profesión se convierten en un viaje tortuoso por un territorio hostil. Las mujeres actuales vacilan antes de convertirse en madres. Y es comprensible.

A pesar de que de ningún modo estoy sugiriendo que hagamos retroceder el tiempo y alentemos a las mujeres a que vuelvan a la cocina, es importante que comprendamos lo que hemos dejado ir. Al luchar por avanzar en nuestra búsqueda de un mundo nuevo y mejor tanto para las mujeres como para los hombres, debemos tener en cuenta la sabiduría del pasado y usarla cada vez que sea aplicable. Dentro de esa antigua sabiduría hay ciertos elementos esenciales para la satisfacción femenina y masculina.

No debemos perder contacto con las verdades antiguas que siempre han aumentado la satisfacción femenina y masculina.

Si las entendemos, podremos establecer nuevos enfoques eficaces para lograr una relación que satisfaga nuestros instintos y, a la vez, nos permita avanzar hacia nuevos objetivos y sueños.

EL TRABAJO DE UNA MUJER NUNCA SE ACABA

Recuerdo una conversación muy reveladora acerca de la maternidad contemporánea. Mientras firmaba libros en una librería, tres mujeres y mi esposa intercambiaban historias acerca de lo difícil que es ser madre hoy en día. Cuando una mujer reveló que era madre de siete hijos, otra de inmediato enmudeció de admiración y compasión.

—Sólo tengo dos hijos —dijo—, y creía que lo manejaba mal. ¿Cómo haces?

Una tercera madre añadió:

—Yo solamente tengo uno y me agota.

—Yo tengo tres —declaró mi mujer—, y pensé que era mucho. No me imagino cómo harás para arreglártelas con siete.

—Aunque tengas uno, dos, tres o siete hijos, les das todo lo que tienes —contestó la madre de los siete—. Sólo tienes eso para darles, y todas las madres, no importa cuántos hijos tengan, dan todo de sí.

De pronto, las otras tres se dieron cuenta de que, en efecto, estaban haciendo el mismo trabajo. Cada una estaba poniendo todo de sí en la maternidad. Estaban siguiendo la sabiduría antigua.

Esa revelación cambió por completo mi relación con mi mujer. Antes, cuando ella se quejaba de todo el trabajo que tenía, yo pensaba que ella nunca sería feliz hasta que aprendiera a hacer menos. En ese momento me di cuenta de que el hecho de que hiciera demasiado no era el problema porque ella siempre haría todo lo que pudiera. En cambio, comencé a concentrarme en hallar formas de alimentar su lado femenino a medida que daba y daba. Ella no sólo se sintió más feliz sino que, al sentirse tanto más apoyada, de hecho pudo relajarse y hacer menos.

DAR EN EXCESO NO ES UNA ANORMALIDAD

Dar en exceso se convierte en un problema sólo cuando una mujer no logra recibir el apoyo cariñoso que necesita para seguir dando. Muchos libros populares llaman "codependientes" o anormales a las mujeres que dan demasiado y en muchos casos no lo son. Simplemente siguen sus saludables instintos femeninos para brindarse sinceramente.

La inclinación natural de una mujer de dar sin pedir nada a cambio se vuelve problemática sólo cuando su trabajo y sus relaciones personales no le devuelven el incentivo que necesita.

Cuanto más centrada, responsable, competitiva y agresiva tiene que ser en su trabajo, más difícil le resulta reconectarse con la ternura de su femineidad cuando vuelve a su hogar. Le cuesta mucho más sentir claramente sus necesidades. Una mujer vuelve a casa y sigue pensando en las necesidades de los demás.

Cuando una mujer moderna llega a casa, en general no tiene la misma energía que tenía su madre para los quehaceres domésticos. En lugar de mirar hacia adelante y disfrutar de un agradable "alto en el camino", la mujer, en diversos grados, se siente impulsada a hacer más y no puede relajarse. Aunque instintivamente siente que tiene que hacer más, le falta la energía. Esta combinación de sentimientos de pronto la hace sentirse agotada.

Esta mezcla crea la sensación de agotamiento e insatisfacción con su vida.

LA CURA CON ALIENTO Y APOYO

Si una mujer agotada recibe una gran dosis de aliento y apoyo, les aseguro que se sentirá renovada y no sólo manejará mejor su necesidad de actuar sino que realmente lo disfrutará. Cuando una mujer se siente agotada, es porque no está alimentando su lado femenino.

**Cuando el lado femenino de una mujer recibe aliento y apoyo,
su cuerpo empieza a funcionar en forma natural
y el agotamiento desaparece como por arte de magia.**

Esto no significa que las mujeres modernas no necesiten más ayuda en la casa. Es importante que un hombre comprenda que las mujeres de hoy requieren más apoyo en el hogar. Sin embargo, es igualmente importante que una mujer entienda que en algunos casos sus expectativas de lo que hay que hacer en la casa no son realistas, dado que es posible que estén basadas en estándares establecidos por una generación de mujeres que tenían más tiempo para las tareas domésticas.

Mientras que la resolución de este problema será diferente en cada situación, la capacidad para resolver este posible conflicto está basada en la comprensión mutua, la paciencia y la compasión.

LO QUE UN HOMBRE PUEDE HACER

Dedicándole veinte minutos tres o cuatro veces por semana, un hombre puede hacer maravillas para alimentar el lado femenino de una mujer. No sólo la hará más feliz, sino que comenzará a recibir la apreciación y la aceptación que necesita al llegar a casa. Por mucho que ella haya trabajado y por muy agotada que se sienta, él puede, con una pequeña cantidad de atención concentrada, centrar su amor y cariño en formas que pueden marcar una gran diferencia.

A menos que él comprenda la importancia de alimentar el lado femenino de una mujer, es posible que equivocadamente la deje sola o trate de convencerla de que haga menos. Ninguna de estas dos cosas funciona y en cambio sí puede alienarla.

Es común que el hombre haga cualquiera de los comentarios que se incluyen aquí, pensando que es útil cuando en realidad está empeorando las cosas.

Él se equivoca y dice:	Ella oye:
1. Él dice: "Asumes demasiadas responsabilidades". Él en realidad quiere decir: "Mereces más apoyo"	1. Ella oye: "No me dedicas suficiente tiempo". Ella piensa: "No valora todo lo que hago y quiere más".
2. Él dice: "No deberías preocuparte por eso". Él en realidad quiere decir: "Me importas y estoy aquí para apoyarte si el problema empeora".	2. Ella oye: "Lo que te preocupa en realidad no es tan importante". Ella piensa: "No le importa lo que para mí es importante".
3. Él dice: "No es tan grave". Él en realidad quiere decir: "Confío en que sabrás manejarlo. Eres competente y capaz, y estoy seguro de que lo resolverás. Creo en ti".	3. Ella oye: "Otra vez estás haciendo una tormenta en un vaso de agua. Eres una alarmista, tu reacción es exagerada". Ella piensa: "No le importan mis sentimientos. No soy importante para él".
4. Él dice: "Te exiges demasiado". Él quiere decir: "Creo que eres maravillosa y das mucho a los demás. Aprecio lo que haces y creo que mereces mucho más apoyo del que recibes. Te entiendo si me das menos hoy".	4. Ella oye: "No debes enojarte contigo misma, siempre lo haces sin razón". Ella piensa: "No entiende por lo que estoy pasando y por qué me siento tan mal. Nadie entiende lo que estoy pasando".

Él se equivoca y dice:	Ella oye:

5. Él dice: "Si vas a quejarte, entonces no lo hagas".

Él quiere decir: "Me importas y no quiero que hagas lo que no quieres hacer. Ya bastante haces, mereces relajarte más".

6. Él dice: "Si no quieres hacerlo, no lo hagas".

Él quiere decir: "Ya das tanto que no espero que hagas más. Mereces tener más de aquello que quieres".

7. Él dice: "No tienes que hacer tanto".

Él quiere decir: "Lo que haces significa un apoyo tan grande que no espero que hagas más".

5. Ella oye: "Eres demasiado negativa. Cualquier otro habría podido hacerlo, pero tú no".

Ella piensa: "Cree que sólo pienso en mí. No entiende lo mucho que hago por los demás".

6. Ella oye: "Una persona afectuosa estaría feliz de dar más".

Ella piensa: "Cree que soy egoísta y que no merezco relajarme y pensar en mí".

7. Ella oye: "Lo que haces es innecesario y una pérdida de tiempo".

Ella piensa: "Si no valora lo que hago, nunca obtendré el apoyo que necesito a cambio".

El simple hecho de tratar de entender los sentimientos de ella y por lo que está pasando con algo de empatía o simpatía, y no hacer ninguno de estos comentarios, puede brindar mucho aliento y apoyo al lado femenino de la mujer.

Es posible que una mujer que trabaja demasiado, sin el tiempo ni la oportunidad de alimentar su lado femenino, ni siquiera sea consciente de lo que está perdiendo; en consecuencia, quizá no sepa cómo recapturar su femineidad. Para hacerlo, necesita una saludable dosis de "relación". Cualquier cosa que un hombre pueda hacer para alimentar su lado femenino la ayudará a liberar sus preocupaciones.

Un hombre puede responder con habilidad cuando una mujer se siente abrumada dirigiéndose al lado femenino de su naturaleza, que pide a gritos aliento y apoyo.

Al dirigirse a este lado femenino de la naturaleza de la mujer, un hombre puede responder con compasión y habilidad a una mujer que se siente agotada y abrumada. Al delinear claramente los aspectos masculino y femenino de ella, el hombre puede trabajar con eficacia guiándola hasta que "vuelva a ser ella misma".

UN AJUSTE PERFECTO

Una mujer puede controlar el estrés de experimentar relaciones en el mundo laboral de las que no recibe aliento ni apoyo si llega a su casa y vive una relación afectuosa, tierna y cooperadora. El elemento más importante de una relación de aliento y apoyo que en general no tiene en el trabajo es la conversación que no está orientada hacia ningún objetivo. Al "hablar" sin un objetivo determinado, sin tener que ahondar hasta las últimas consecuencias, sin tener que resolver un problema, una mujer se libera en forma gradual de la dominación de su lado masculino.

Hablar de un modo no lineal, no preparado, emocional, es especialmente beneficioso cuando quien escucha a la mujer comprende que, al expresar sus problemas, ella puede dejarlos de lado.

El hecho de que una mujer pueda olvidar los problemas del día recordándolos es un concepto ajeno a la mayoría de los hombres, que generalmente los alejan no hablando de ellos. Para traerlos a colación en una conversación, un hombre tendría que intentar resolverlos.

Mientras que para los hombres es importante *no* hablar, para las mujeres es igualmente importante *sí* hablar. Esta aparente incompatibilidad en realidad —ya lo veremos— es un ajuste perfecto.

Cuando una mujer necesita hablar, en realidad no hace falta que un hombre lo haga. De hecho, si él habla demasiado, puede llegar a impedir que ella abra su corazón. Cuando él piensa demasiado en lo que va a decir, su enfoque mental se aleja de ella.

Cualquier hombre puede aprender a escuchar cuando es abordado del modo apropiado. Decirle a un hombre "Nunca me escuchas" o "Nunca hablamos, deberíamos hablar más" es definitivamente un error. Lo único que logran estos comentarios es hacer que un hombre se sienta culpable, atacado, y se ponga a la defensiva. Aunque quiera hacer feliz a su mujer, un hombre necesita que lo traten de un modo cariñoso y acogedor.

**Cualquier hombre puede aprender a escuchar si siente
que lo tratan de un modo cariñoso y acogedor.**

CÓMO HACER QUE UN HOMBRE ESCUCHE

Un gran método avanzado que mi mujer usa conmigo es sencillamente pedirme que la escuche. Dice: "Estoy tan contenta de que estés en casa. Tuve un día... ¿Te parece que es buen momento para hablar de ello? (pausa) No tienes que decir nada. (pequeña pausa) Estoy segura de que me sentiré tanto mejor si puedo hablar de esto".

Al invitarme a escucharla de esta manera, me da lo que yo en realidad quiero —una oportunidad para hacerla feliz— y ella obtiene lo que más necesita: la oportunidad de hablar, compartir, alimentar su lado femenino.

Cuando las mujeres ayudan a sus compañeros a apoyarlas, ambos salen ganando. Con práctica, la atención compasiva puede convertirse en algo fácil para un hombre. Paradójicamente, lo que las mujeres más necesitan de los hombres puede serles ofrecido con un mínimo de esfuerzo.

Si bien escuchar de este modo especial es un nuevo requisito para los hombres en las relaciones, es un talento para el que nos hemos preparado durante miles de años. Como la principal tarea del antiguo cazador era observar y escuchar en silencio, los hombres son buenos para eso. Una vez que adquiere la destreza de aplicar este talento tradicional para escuchar a su compañera, el hombre puede brindarle la atención especial y concentrada que ella encuentra tan maravillosa y satisfactoria.

EL ARTE DE ESCUCHAR

El arte de escuchar a una mujer no supone resolver problemas u ofrecer consejo. A la inversa, el objetivo de un hombre que escucha debería ser ayudar a su compañera a recobrar su equilibrio femenino/masculino.

Esta nueva descripción del método aclara el objetivo del hombre y lo guía a observar y escuchar mientras le ofrece la compasión que ella tanto anhela, no las soluciones.

**Los hombres deben recordar que una mujer
habla de sus problemas no para resolverlos
sino para alimentar el lado femenino de su psique.**

Para desarrollar habilidades para escuchar, el hombre necesita reconocer que cuando una mujer está perturbada y al parecer exige soluciones a sus problemas, es sólo porque está operando principalmente desde su lado masculino. Al no responder con soluciones, él la ayuda a encontrar su lado femenino; ella terminará sintiéndose mejor. Los hombres se engañan fácilmente pensando que si ofrecen soluciones las mujeres se sentirán mejor.

Recordar esto es muy útil cuando un hombre siente que la mujer está enojada con él. Explicarle por qué no debería estar tan enojada con él empeora las cosas. Aunque es posible que él la haya decepcionado de alguna manera, debe recordar que la verdadera queja de ella es que no se siente escuchada y tratada como mujer.

Cuando su compañera está enojada con él,
el hombre tiene que recordar que ella
ha olvidado temporalmente lo maravilloso que es él.
Para recordarlo, ella necesita que la oigan.

Entonces será capaz —y deseará hacerlo— de brindarle la apreciación y el reconocimiento que él merece.

LO QUE LOS HOMBRES REALMENTE QUIEREN

En la actualidad, cuando un hombre llega a su casa, su mujer no sólo está abrumada sino que en general se siente necesitada. Es posible que tenga amor en su corazón, pero él no lo ve.

En el fondo de su ser, un hombre espera que su mujer reconozca y aprecie sus esfuerzos y, de alguna manera, se sienta satisfecha con ellos. Cuando ella no parece feliz de verlo, comienza a suceder algo muy significativo. Su deseo tierno pero apasionado de agradarle, protegerla y proporcionarle el sustento disminuye y termina desapareciendo.

Los hombres en general no determinan con precisión lo que sucede en su interior porque les preocupa más tratar de hacer felices a las mujeres. Sin embargo, cuanto más actúan y reaccionan las mujeres a causa de sentimientos de infelicidad, algo se apaga en el interior de un hombre. Cuando todo su esfuerzo parece no contar, su vida y sus relaciones pierden toda la magia y el sentido.

Recordemos: lo que un hombre realmente quiere es hacer feliz a su compañera; si ama a una mujer, su principal objetivo es la satisfacción de ella. Su felicidad le indica que es amado. Las cálidas respuestas de la mujer son como un espejo que refleja una imagen brillante.

Cuando una mujer es infeliz, es posible que el hombre
se sienta un fracasado,
termine dándose por vencido y ya no trate de satisfacerla.

Comprender lo que los hombres realmente quieren no implica que a una mujer no le importe la felicidad de su compañero. Ciertamente, cuando una mujer ama a un hombre, quiere que también él sea feliz, pero observemos esta diferencia crucial entre el hombre y la mujer:

Un hombre puede estar agotado luego de un día de trabajo, pero si su compañera está feliz con él, se siente satisfecho. Cuando él percibe su apreciación por su trabajo, su nivel de estrés se disipa; la felicidad de la mujer es como una lluvia que limpia la suciedad llena de estrés de su día.

Sin embargo, cuando una mujer exhausta vuelve a casa y ve a un hombre feliz, no es suficiente. Es fantástico que él aprecie el trabajo de ella para ayudar a mantener la familia, pero no disminuye su inquietud en absoluto. Tal como ya hemos dicho, ella necesita comunicarse y sentir apoyo y aliento antes de poder empezar a apreciar al hombre.

**Un hombre se enriquece con la apreciación
porque alimenta directamente su lado masculino.
Una mujer se enriquece con la comunicación
porque alimenta directamente su lado femenino.**

Comprendiendo y honrando el hecho de que los hombres se enriquecen con la apreciación y las mujeres con la comunicación, obtenemos el conocimiento y el poder para crear relaciones que satisfacen a ambos.

Aunque sólo se lea este capítulo y se apliquen estos nuevos conocimientos, las relaciones cambiarán para siempre y para mejor. Para utilizar esta comprensión con mayor eficacia, en el próximo capítulo exploraremos un método nuevo para una pareja en una relación. Así como en nuestra profesión debemos poner al día nuestras técnicas, en nuestras relaciones necesitamos renovar nuestro entrenamiento.

Capítulo 3

Un nuevo método
para las relaciones

La razón por la que hay tantos problemas en las relaciones de hoy en día es que no nos entendemos. Los hombres, en particular, no entienden qué necesitan las mujeres para ser felices, y las mujeres no saben cómo comunicar sus necesidades en un lenguaje que los hombres comprendan. Los antiguos métodos para las relaciones ya no son eficaces y muchas veces resultan contraproducentes. Con un entendimiento renovado de las presiones y las necesidades modernas podemos empezar a formular un método nuevo para las relaciones que puede alimentar y apoyar a hombres y mujeres.

Los antiguos métodos para las relaciones requerían que los hombres proporcionaran con eficacia el sustento y la protección mientras que las mujeres aprendían a ser agradables y complacientes. Si hoy observáramos estrictamente estos métodos antiguos, en lugar de ser la solución, se convertirían en el problema. Cuando los hombres modernos se concentran en ser mejores proveedores y protectores, terminan agotándose, trabajando más y dedicando menos tiempo a sus relaciones.

Veamos un curioso ejemplo de cómo han cambiado los tiempos. Cuando los hombres eran cazadores, era mucho más fácil mantener una relación. No importaba que un hombre llegara tarde a su hogar. Cuando lo hacía, su mujer estaba feliz de que siguiera con vida.

Cuanto más trabajaba él, más protegida se sentía ella. Ahora, que un hombre llegue tarde es un signo de falta de interés y se lo castiga. Nuestros padres lo pasaban mejor en sus relaciones; no sólo no los rechazaban sino que ni siquiera tenían que acordarse de llamar a su casa.

Por otra parte, a las mujeres no les importaba ser complacientes y serviciales con un hombre cuando volvía a su casa porque en general estaba muy cansado y se iba a dormir. Ahora los hombres pasan más tiempo en sus casas, las mujeres comienzan a sentir que dan más de lo que reciben. Desde esta curiosa perspectiva, a nuestras madres al parecer les resultaba más fácil cuando los hombres pasaban más tiempo fuera del hogar.

Cuando las mujeres modernas se concentran en ser más complacientes y serviciales, terminan sintiéndose mártires que sacrifican sus propias necesidades para asegurar la armonía en su relación. Para las mujeres, practicar hoy los antiguos métodos para las relaciones es como poner una bomba de tiempo. Gradualmente se cargan con tanto trabajo que estallan, sienten resentimiento, agobio y falta de apoyo. Aunque amen a sus compañeros, es difícil *demostrar* amor. Los hombres, al ver que ellas no están felices, dan por sentado que ellos fracasaron y, con el tiempo, se alejan por completo.

El único antídoto contra la desesperación y el divorcio es la aplicación de nuevos métodos avanzados para las relaciones tanto para hombres como para mujeres.

NUESTROS PADRES NUNCA NOS DIJERON QUE SERÍA ASÍ

Si una mujer se muestra complaciente y servicial sin vacilar, según las viejas costumbres —como mi madre con mi padre—, su compañero nunca va a recibir el mensaje de que ella necesita una clase distinta de apoyo. Mi padre no tenía idea de lo que mi madre realmente necesitaba a nivel emocional. Estaba demasiado ocupado sintiendo la presión de proporcionar un mejor sustento. Mi madre rara vez se quejaba, pero cuando lo hacía, él lo oía simplemente como su exigencia de más, lo cual implicaba que no le daba lo suficiente. Al no saber qué hacer, se iba a su cuarto. Ese es un clásico comportamiento masculino. Al sentir la falta de apreciación, un hombre que usa los antiguos métodos para las relaciones comúnmente reacciona haciendo menos. Piensa que si eso no basta no vale la pena tratar de hacer más.

Con razón tantas mujeres contemporáneas se sienten tan desesperanzadas con los hombres.

**Nuevos métodos para las relaciones son imperativos
para que las mujeres modernas
consigan lo que quieren de los hombres.**

En generaciones pasadas, las mujeres podían concentrarse en ser complacientes, serviciales y poco exigentes porque los hombres estaban bien entrenados y conocían su trabajo. Las mujeres no tenían necesidad de pedir ayuda ni aprender a comunicar sus deseos a los hombres porque éstos recibían un claro ejemplo de sus padres y su cultura. Una mujer no tenía que instruir a su compañero y en cambio podía concentrarse en apreciar sus esfuerzos y perdonar sus errores.

HACER MENOS PERO APOYAR MÁS

Lo que las mujeres necesitan más hoy en día además de una buena comunicación es que sus compañeros hagan más en la casa. Para los hombres, la idea de tener que hacer más muchas veces es un fuerte mensaje de que no están haciendo lo suficiente. Sienten que no son apreciados y les resulta difícil encontrar la energía y la motivación de hacer más.

Cuando un hombre oye que no se le exige que resuelva los problemas de su mujer o que haga más en la casa sino que la escuche cuando quiere hablar y la apoye emocionalmente, entonces cuando ella habla él puede relajarse y realmente comenzar a escuchar.

Cuando una mujer envía al hombre el mensaje de que puede hacer y apoyarla más escuchándola, él poco a poco pero firmemente va a comenzar a tener más energía y en forma automática le ofrecerá ayudarla. Cuando un hombre verdaderamente entiende un problema, le surge una energía interior que lo ayuda a resolverlo. Cuando se le dice que él es el problema y que tiene que hacer más, siente poca energía y se resiste.

Mientras que las mujeres quieren que los hombres hagan más, los hombres sienten que hacen lo suficiente. El enfoque más exitoso en una relación es concentrarse primero en crear una buena comunicación, en la que un hombre pueda sentirse apreciado por demostrar empatía, compasión y comprensión. Al empezar a escuchar más y sentir que es más apreciado por apoyarla de esta manera, casi como por arte de magia va a empezar a hacer más.

Para obtener lo que necesitan de los hombres, las mujeres deben aprender a comunicar las necesidades y deseos sin exigirles ni echarles nada en cara. En la mayoría de los casos, como iremos descubriéndolo, una mujer puede ser más feliz con un hombre que en realidad está haciendo menos porque está apoyándola en modo diferente, de acuerdo con reglas nuevas que son infinitamente más efectivas. Cuando un hombre entiende esta verdad, su motivación para hacer cosas de otra manera aumenta en gran medida.

Parte de la frustración de un hombre es que cuando una mujer quiere más él supone erróneamente que tiene que hacer todo lo que ella necesita. No sabe que siempre que él haga algo por ayudarla en la casa y haya una mejor comunicación, ella será inmensamente más feliz.

A medida que ambos comienzan positivamente a dar y recibir el apoyo que de verdad necesitan, darán cada vez más y de buena gana. Él le dará cada vez más de lo que la mujer moderna más necesita y aprecia. Ella le dará cada vez más de lo que el hombre realmente quiere.

Hoy en día podemos detectar un claro alejamiento generacional de los papeles rígidamente definidos entre los géneros y hacia la plenitud.

A.C.N. ANTES DEL CONTROL DE LA NATALIDAD

Para descubrir los patrones de comportamiento que alimentan la femineidad y la masculinidad, volvamos un momento al mundo del hombre que proporcionaba el sustento y su compañera que daba aliento y cariño. La religión y las convenciones sociales alentaron las diferencias entre hombres y mujeres, en particular mediante la asignación de papeles específicos. Esta división de labores se mantuvo inamovible durante siglos hasta la época de nuestros padres.

El día del cazador estaba lleno de riesgos y peligros y se concentraba principalmente en la única tarea de proteger con éxito el hogar y traer el producto de su caza. La vida de su familia dependía de su aptitud, agresividad y capacidad. Los hombres evolucionaban en formas específicas para enfrentarse con éxito a las presiones del "trabajo del hombre".

El día de la mujer, que brindaba cariño y ternura, era un fluir de tareas repetitivas y detalladas que mantenían a sus hijos, su familia y su comunidad. La vida de su familia dependía de su capacidad de comunicarse, negociar, complacer y cooperar. Las mujeres también evolucionaban en formas específicas para enfrentarse con éxito al estrés del "trabajo de la mujer".

Hoy en día, las líneas que dividen los trabajos de ambos están desapareciendo en forma drástica. Comprendiendo y respetando la forma en que nuestros antepasados manejaban el estrés, podemos prepararnos mejor para apoyarnos mutuamente con una gran transformación.

CÓMO SE LAS ARREGLABAN NUESTROS ANTEPASADOS

A un nivel muy básico, nuestro cerebro y nuestro cuerpo se han desarrollado, a través de los siglos, específicamente para manejar las presiones únicas del trabajo tradicional del hombre y la mujer. Si bien la forma de vida moderna está prescindiendo de esos papeles, la evolución aún tiene que ponerse al día y producir nuevos mecanismos de defensa.

La comunicación está en primer lugar entre los mecanismos femeninos para salir adelante. Para las mujeres de la antigüedad, hablar sin objetivo preciso, al tiempo que daban y recibían compasión, era esencial para su paz mental y generaba sentimientos de seguridad y aceptación. Hace años, las mujeres con hijos eran mucho más vulnerables y dependían de la buena voluntad de los demás. Antes de los programas gubernamentales de bienestar social y los nuevos derechos legales y las oportunidades educativas, las mujeres tenían que confiar en que los demás les brindaran seguridad. Si su marido la dejaba o moría, la mujer dependía de su familia y su comunidad, de modo que tenía que mantener fuertes relaciones con quienes la rodeaban. Hablar la conectaba con la red de apoyo y la hacía sentir segura. Cuando una mujer moderna está perturbada y comienza a hablar, se está comunicando automáticamente con ese tradicional sentimiento de seguridad.

POR QUÉ LAS MUJERES NECESITAN HABLAR DE SUS PROBLEMAS

Era una práctica común que las mujeres compartieran sus problemas no para pedir ayuda directamente sino para compartir la compasión y la comunidad. La solución del problema era secundaria al ejercicio del espíritu de cooperación.

Las mujeres se apoyaban entre sí incondicionalmente, sin que se lo pidieran y sin esperar nada a cambio. Esta forma cooperativa de compartir fortalecía las relaciones dentro de la comunidad y aseguraba la supervivencia de una mujer y sus hijos en caso de quedar viuda.

Hablar de los problemas, compartir sentimientos y expresar deseos se convirtió en un ritual femenino para crear una mayor intimidad y expresar lealtad a la comunidad. Hoy, cuando una mujer acude a un consejero, está buscando ese mismo apoyo. La mayoría de los consejeros y terapeutas, debe destacarse, están entrenados para escuchar atentamente más que para concentrarse en resolver el problema. Por eso, el proceso ofrece un enorme apoyo para las mujeres al manejar el estrés cotidiano.

Al hablar y sentirse escuchadas en una terapia, las mujeres llegan a sentir apoyo y aliento, y el peso de sus problemas se aligera. Una vez que pueden relajarse y proceder a un ritmo más cómodo, empiezan a enfrentarlos.

CUANDO LOS HOMBRES OFRECEN CONSEJOS

Los hombres no comprenden esto instintivamente y, a diferencia de los terapeutas, no están entrenados para apoyar los sentimientos de un modo eficaz. Cuando una mujer habla de sus sentimientos, él da por sentado que le está pidiendo ayuda para resolver sus problemas e instintivamente responde a los sentimientos de ella ofreciéndole ayuda o consejo.

Cuando un hombre se pone inquieto mientras escucha a una mujer no es porque no le importe. Es porque cada célula de su cuerpo está diciendo: "Si hay un incendio, salgamos de aquí y apaguémoslo". Si hay un problema, él quiere hacer algo al respecto, no simplemente hablar de él.

El hombre moderno necesita entender que la mujer moderna necesita, más que nada, la oportunidad de hablar de sus sentimientos sin concentrarse en resolver los problemas que los causan. Al responder con empatía, compasión y comprensión, él se asegura de que el lado femenino de la mujer sea alimentado con aliento y apoyo y así ella pueda despojarse de los sentimientos que la abruman.

**En un sentido práctico, con sólo oírla,
él la libera para que olvide la urgencia de sus problemas
y recuerde qué hombre maravilloso es.**

Cuando una mujer es infeliz y habla de sus problemas, un hombre debe recordarse que no es él sino la cultura moderna la que exige que ella cargue con el estrés de tener dos carreras de tiempo completo al mismo tiempo: ser ama de casa y trabajar para ganar un salario. Recordar que no es la fuente principal de la frustración de ella lo ayuda a no sentirse culpable cuando la mujer es infeliz. Esta noción lo libera para compadecerse de ella en lugar de defenderse.

CÓMO SE LAS ARREGLAN LOS HOMBRES

Los hombres comúnmente manejan su estrés en forma diferente. Por ejemplo, al esforzarse para lograr un objetivo simple como conducir el auto, golpear una pelota de tenis, una pelota de golf, o jugar al cróquet, un hombre ordena sus pensamientos, aclara sus valores y prioridades y desarrolla un plan de acción. Ello le brinda una sensación de seguridad.

Recordemos que un cazador asegura su supervivencia moviéndose en silencio y luego asestando el golpe. Mediante sus métodos de caza —o para resolver un problema—, obtiene la seguridad de su familia. El cazador que está en el subconsciente, oculto en lo más profundo del hombre contemporáneo, es quien se siente seguro cuando arroja una pelota de papel en el cesto al otro extremo del cuarto.

Si un hombre puede poner sus sentimientos en acción, comienza a sentir que tiene más control sobre las cosas. Al caminar de aquí para allá cuando está frustrado, puede hallar el mismo alivio que una mujer siente cuando habla. Si entienden esta diferencia vital, el hombre y la mujer podrán apoyarse mutuamente con mayor eficacia.

SENTARSE EN SILENCIO EN UNA ROCA

Tradicionalmente, los hombres han tratado sus problemas pensando soluciones en silencio y con paciencia. Los antiguos cazadores se sentaban en una roca y escudriñaban el horizonte en silencio, buscando su presa con los ojos y los oídos, u observando su blanco a través de las llanuras, estudiando sus movimientos y planeando el ataque.

Ese proceso de sentarse, esperar y planear les permitía relajarse y conservar energía para la inevitable persecución. La concentración mantenía su mente alejada del miedo a ser atacados o de no dar en el blanco y, cuando lograban su objetivo, volvían a su casa felices y sin estrés.

**Las mujeres manejan el estrés con relaciones
en las que comparten e intercambian apoyo y aliento,
y los hombres lo manejan resolviendo problemas.**

POR QUÉ LOS HOMBRES MIRAN TELEVISIÓN

Cuando un hombre moderno vuelve a su casa, es muy común que se siente en su sillón favorito y se ponga a leer el diario o a mirar televisión. Como el antiguo cazador que tenía que recuperarse del estrés del día, instintivamente encuentra su roca en donde sentarse y empieza a escudriñar el horizonte.

Al leer o escuchar las noticias está, en efecto, mirando el mundo o estudiando el horizonte. Cuando toma el control remoto y empieza a pasar los canales o pasa las hojas de su diario, una vez más está en control de la situación: en silencio y con rapidez sigue su cacería.

Al asumir su antigua postura, comienzan a emerger sensaciones de seguridad que son profundas y reconfortantes. Se siente en control de la situación y puede manejar el estrés de no contar con soluciones inmediatas para los problemas de su vida.

Mediante este ritual instintivo, el hombre puede olvidar sus problemas de trabajo por un momento y está listo para la relación.

CUANDO LAS MUJERES NO COMPRENDEN A LOS HOMBRES

Cuando el hombre trata de satisfacer su necesidad de estar solo, es muy común que la mujer lo interprete mal. Ella supone erróneamente que él quiere que inicie una conversación. Piensa que él está esperando que ella le pregunte qué lo está preocupando. No se da cuenta de que lo único que quiere es que lo dejen solo.

Cuando ella insiste en preguntarle, él se pone cada vez más molesto y le envía lo que cree que son mensajes claros de que lo deje solo, pero ella sigue interpretándolo mal. He aquí un patrón común:

Ella dice:	Él dice:
1. Ella dice: "¿Qué tal tu día?"	1. Él dice: "Bien".
Ella quiere decir: "Hablemos, me interesa tu día y espero que te interese el mío".	Él quiere decir: "Te doy una respuesta corta porque quiero estar un rato solo".
2. Ella dice: "¿Qué tal las reuniones con tu nuevo cliente?"	2. Él dice: "Bien".
Ella quiere decir: "Seguiré	Él quiere decir: "Estoy

Ella dice:	Él dice:

haciéndote preguntas para que sepas que realmente me importas y me intereso por cómo te fue. Espero que muestres interés por mi día. Tengo mucho que decir".

tratando de ser educado y no rechazarte pero, ¿podrías dejar de molestarme con más preguntas?"

3. Ella dice: "¿Les gustó tu propuesta?"

3. Él dice: "Sí".

Ella quiere decir: "Supongo que debe de ser difícil hablar de eso, así que te haré una pregunta más neutra para que empecemos a hablar. No importa si no quieres abrirte ahora. Estoy aquí para ti, y me interesa. Sé que lo vas a apreciar y luego querrás oír lo que tengo que decir".

Él quiere decir: "Mira, no quiero hablar ahora. ¿Me puedes dejar solo? Me estás molestando. ¿No te das cuenta de que quiero estar solo? Si quisiera hablar, lo haría".

4. Ella dice: "¿Qué pasa?"

4. Él dice: "No pasa nada".

Ella quiere decir: "Me doy cuenta de que pasó algo que te molesta. Puedes hablar conmigo. Te escucharé porque me importa. Estoy segura de que cuando hayas hablado te sentirás mejor".

Él quiere decir: "No pasa nada que no pueda resolver solo. Dentro de un rato ya me olvidaré de mis problemas y podré ocuparme de nuestra relación. Así que, ¿por qué no te olvidas de mí por un rato? Luego estaré más abierto e interesado en ti. Necesito cambiar de velocidad para volver a casa".

Ella dice:	Él dice:
5. Ella dice: "Me doy cuenta de que algo pasa. ¿Qué es?" Ella quiere decir: "Sé que algo te pasa, y si no hablas va a ser peor. ¡Necesitas hablar!"	5. Él no dice nada y se va. Él quiere decir: "No quiero enojarme contigo, así que me voy. Volveré dentro de un rato y no voy a estar enojado contigo por molestarme".

CÓMO REACCIONAN LAS MUJERES CUANDO LOS HOMBRES NO QUIEREN HABLAR

Es inevitable que cuando un hombre se resiste a hablar y la mujer no entiende su necesidad de estar solo para recuperarse del día, ella tenga una variedad de malas interpretaciones y comience a sentir pánico. Estas son algunas de las formas en que es posible que reaccione:

Ella piensa:	Ella reacciona:
1. Ella piensa que existe un gran problema en la relación y él no quiere estar con ella.	1. Reacciona sintiéndose rechazada y para aclarar las cosas insiste en discutir su relación.
2. Ella piensa que él no confía en que ella se preocupe por sus sentimientos.	2. Reacciona con compasión haciéndole muchas preguntas y tratando de demostrarle que se preocupa. Ella se siente frustrada cuando él se resiste a sus afectuosos intentos por ayudarlo.

Ella piensa:	Ella reacciona:
3. Ella piensa que él debe de estar furioso con ella.	3. Reacciona sintiéndose inadecuada y confundida.
4. Ella piensa que él no quiere hablar porque oculta algo que podría preocuparla.	4. Como resultado, ella se pone mal pensando en qué podría ser.
5. Ella piensa que él es egoísta y que sólo se preocupa por sí mismo.	5. Reacciona dudando del amor de él.
6. Ella piensa que él trata de castigarla no brindándole su atención y su amor.	6. Ella reacciona escatimándole su atención y su amor.
7. Ella piensa que él no está satisfecho con ella.	7. Reacciona sintiendo que él no aprecia todo lo que hace por él.
8. Ella piensa que él es un haragán.	8. Reacciona sintiéndose resentida porque ella da mucho más que él.
9. Piensa que él perdió interés en ella	9. Reacciona sintiéndose dejada de lado, aislada e impotente para conseguir lo que necesita. Es posible que también empiece a sentirse poco atractiva, aburrida e indigna de amor.

Ella piensa:	Ella reacciona:
10. Ella piensa que él tiene un profundo temor a la intimidad por su pasado problemático y necesita una terapia.	10. Reacciona sintiéndose impotente para conseguir lo que necesita hasta que él esté bien.
11. Ella piensa que él le oculta algo.	11. Reacciona sintiendo miedo de haber hecho algo mal o de que él haya hecho algo mal.
12. Ella piensa que está con el hombre equivocado.	12. Reacciona pensando que otros hombres no son así y anhela un hombre más sensible y expresivo.

En cada uno de estos ejemplos, la reacción de la mujer se basa en un malentendido. Si una mujer ha de apoyar a un hombre para que vuelva a la relación, su nuevo trabajo le exige que comprenda esta diferencia y acepte la necesidad de él de tener su espacio. Como seguiremos viendo, esto no significa que ella deba sacrificar su necesidad de conversación. Sin embargo, lo que hace falta es un nuevo sentido del momento justo.

POR QUÉ LOS HOMBRES SE ALEJAN

Cuando una mujer aprende el método de posponer temporalmente sus necesidades y le da al hombre el tiempo que necesita para cambiar de velocidad de la vida laboral a la vida familiar, crea un terreno fértil para que él encuentre el amor que siente por ella y se guíe por él. A medida que se acostumbra a este apoyo, el hombre empieza a esperarlo con anticipación. A esta altura, la sola idea de volver a su casa empieza a liberarlo del estrés. Cuanto más recibe esta clase de apoyo, menos necesita alejarse de su compañera.

Al no conocer este método avanzado para las relaciones, una mujer, sin quererlo, impide a su compañero lograr hacer la transición del trabajo al hogar. Si ella le exige más o reacciona en forma negativa a su necesidad de estar solo, es posible que él nunca se relaje lo suficiente para volver a su relación. Si la caída en picada sigue, puede llegar a impedir que un hombre entre en contacto con sus sentimientos amorosos. Hasta puede llegar a pensar que ya no ama a su mujer.

**Cuando un hombre llega a su casa y encuentra a una mujer
que le demuestra necesidades, sigue alejándose de ella.**

Cuando un hombre llega a su casa y encuentra a una mujer que le demuestra necesidades, sigue alejándose de ella y nunca aprende a abrirse. Cuanto más presionado se siente a hablar o estar "en la relación", más necesita alejarse y relajarse. Puede olvidar perfectamente las exigencias de su trabajo cuando no siente presión ni reclamaciones de su compañera.

Cuando un hombre vuelve a su casa y encuentra a una mujer que no le exige, se siente libre para tomarse el tiempo que necesita para relajarse. Así, puede cambiar de velocidad en forma automática y brindarle a su compañera el amor que merece.

Miles de mujeres que han aprendido métodos avanzados para las relaciones informan que esta simple comprensión transformó sus relaciones como por arte de magia.

**Cuando un hombre no siente la exigencia de dar más,
automáticamente quiere hacerlo.**

Cuando los hombres no comprenden a las mujeres

Cuando una mujer está emocionalmente perturbada, un hombre supone por error que para que ella se sienta mejor necesita tiempo para estar sola, igual que él. Tiende a pasarla por alto y a darle mucho espacio porque ésa es precisamente la clase de apoyo que él querría recibir.

Pasarla por alto tal vez sea lo peor que puede hacer.

Aunque le pregunte qué la aflige, es posible que interprete mal lo que realmente necesita. Volvamos a observar un patrón común.

Tom le dice a Mary:

—¿Qué te pasa? Pareces molesta.

—No es nada —le contesta Mary. En silencio le está diciendo: "No me pasa nada, a menos, por supuesto, que de verdad te importe. Entonces me lo demostrarás haciéndome más preguntas".

—Está bien —dice Tom, y se aleja. En silencio está diciendo: "Está bien si no quieres hablar de ello. Entiendo que quieras un poco de espacio. Te apoyaré actuando como si todo estuviera bien. Confío en que vas a poder manejarlo".

Tom en realidad piensa que le está brindando apoyo y no tiene idea de que no ha pasado la prueba. La mayoría de los hombres piensan como Tom, pero casi todas las mujeres comprenderían instintivamente que cuando Mary dijo: "No es nada", en realidad quería que él le hiciera más preguntas y la hiciera hablar del tema. Cuando una mujer dice: "No es nada", en general hay algo y ella necesita hablar de ello con alguien que esté interesado y a quien le importe. Ella quiere que le hagan preguntas que la ayuden a abrirse.

Observemos otras formas comunes en que los hombres interpretan mal a las mujeres.

1. Él pregunta: "¿Quieres hablar de algo?"	1. Ella dice: "No", pero en realidad quiere decir: "Sí, y si de verdad te importa, me harás más preguntas".
2. Él pregunta: "¿Necesitas ayuda?"	2. Ella dice: ``No, yo puedo hacerlo" pero en realidad quiere decir: ``Sí, y si de verdad quieres ayudarme, entonces observa lo que hago y haz lo mismo".

3. Él pregunta: "¿Hice algo mal?"	3. Ella dice: "No", pero en realidad quiere decir: "Sí, y si te importa hacer las cosas bien, te imaginarás de qué te hablo haciéndome más preguntas".
4. Él pregunta: "¿Está todo bien?	4. Ella dice: ``Sí'', pero en realidad quiere decir: ``No, pero si quieres saberlo, me harás más preguntas sobre qué puede estar molestándome''.

En cada uno de estos ejemplos, la mujer está tratando de ver si resulta seguro hablar de sus sentimientos. Si él entiende su significado oculto, entonces ella tiene la certeza de que puede compartir sus sentimientos y de que sus necesidades serán satisfechas.

Sin una noción de lo que hay que hacer en estos momentos, pocos hombres saben cómo actuar y se alejan pensando que son de gran ayuda.

CUANDO LAS MUJERES HABLAN DE SUS SENTIMIENTOS

Después de sentirse abandonada durante algún tiempo, cuando una mujer termina hablando de sus sentimientos, el hombre vuelve a interpretarla mal. Es común que interprete mal sus quejas y suponga que ella le exige que traiga más dinero en lugar de oír que ella en realidad necesita más atención y cariño en su casa. Observemos algunos ejemplos comunes.

Ella se queja:	Él interpreta mal:
1. Cuando ella se queja de la casa, en realidad sólo quiere compartir sus frustraciones y ser oída.	1. Él piensa que tiene que ganar más dinero para una casa más grande para que ella esté contenta.
2. Cuando ella se queja de su trabajo, en realidad sólo quiere compartir su día y reconectarse con su compañero.	2. Él piensa que tiene que ganar más dinero para que ella pueda dejar de trabajar, y sólo entonces ella estará contenta.
3. Cuando ella se queja de todo el trabajo de la casa, en general está compartiendo sus sentimientos de estar agobiada y está pidiendo ayuda si es que él tiene la energía.	3. Él piensa que tiene que traerle alguien que la ayude o hacerlo él mismo, pues sólo entonces ella va a estar feliz.
4. Cuando ella se queja del clima u otros problemas sin solución, en general está buscando un poco de comprensión por lo que ha pasado.	4. Emocionalmente, él empieza a sentir que tiene que ganar más dinero para que puedan mudarse a un clima mejor y entonces ella esté feliz.
5. Cuando ella se queja de que él trabaja demasiado, quiere que él sepa que lo extraña y que le gustaría pasar más tiempo juntos.	5. Él piensa que tiene que ganar más dinero para no tener que trabajar tanto, y entonces ella estará feliz.

En cada caso, cuando la mujer está afligida, el hombre siente a un profundo nivel instintivo que tiene que trabajar más para traer más dinero a la casa. Este instinto de tener más éxito en el trabajo hace que esté menos presente en la relación. Cuando logra ese éxito o cuando se esfuerza por resolver los problemas de la mujer y ella sigue infeliz o insatisfecha, él siente una frustración más intensa por no poder hacerla feliz. Para manejar esta frustración empieza a ahogar sus sentimientos románticos de mostrar interés por la satisfacción de ella.

POR QUÉ LOS HOMBRES NO SE COMPROMETEN

Este mismo principio se aplica a muchos hombres solteros. Cuando no atraen a la mujer de sus sueños, empiezan a sentirse en la obligación de ganar más dinero. En lugar de reconocer que tienen que trabajar dentro de la relación, es posible que se concentren demasiado en su carrera.

Algunos hombres abandonan la idea de casarse porque sus talentos particulares hacen que les parezca imposible que lleguen a ganar mucho dinero, o sienten que deberán sacrificarse demasiado para lograr un salario elevado. Es posible que algunos hombres tengan a la mujer de sus sueños pero teman comprometerse porque no ganan dinero suficiente.

Jackie y Dan son un ejemplo muy dramático de esto. Habían estado viviendo juntos durante nueve años. Ella quería casarse pero él no. Él se aseguró que la amaba pero algo en su interior le impedía casarse. Decía que no estaba seguro. Luego, una noche en que estaban hablando de una película que habían visto, ella dijo: "Te habría amado aunque siempre hubiéramos sido pobres".

Al día siguiente, él fue a comprar el anillo.

Todo lo que Dan necesitaba era un mensaje claro de Jackie de que no tenía que amasar una fortuna para darle la felicidad que ella quería. Entonces pudo comprometerse. Como la mayoría de los hombres, Dan logró comprometerse con la relación cuando sintió que su capacidad para mantener a una mujer era suficiente para hacerla feliz.

Mientras que no todos los hombres tienen esa obsesión por ganar dinero, sí necesitan sentir la confianza de que tienen lo suficiente para proporcionar la felicidad de una mujer antes de comprometerse a casarse. Los métodos avanzados para las relaciones ayudan a un hombre a darse cuenta de que, más allá del dinero que gane, puede proporcionar apoyo emocional con el que una mujer estará mucho más feliz.

POR QUÉ LOS HOMBRES SE PREOCUPAN POR EL TRABAJO

Cuando un hombre experimenta el estrés de pensar que su familia es infeliz, instintivamente se concentra cada vez más en su trabajo. Lo hace hasta tal punto que no se da cuenta del tiempo que pasa afuera. Para él, quizás el tiempo pase rápidamente, pero mientras ella espera que él llegue a su casa, el tiempo pasa mucho más despacio. Él no se da cuenta de que, en los tiempos modernos, su presencia en la casa es tan importante para ella como su éxito en el trabajo.

Cuanto más estrés laboral siente un hombre, más se concentra en resolver los problemas. En esos momentos, le es muy difícil desviar su atención del problema y dirigirla a las relaciones. Es capaz de concentrarse tanto que olvida todo lo demás y sin quererlo descuida a su mujer y a sus hijos.

Es como si estuviera mirando a través de un túnel y sólo viera lo que es relevante o útil para lograr su objetivo. No se da cuenta de que no escucha ni responde a las personas que ama porque está muy concentrado en resolver sus problemas. En esos momentos, olvida temporalmente lo que en realidad es importante para él. No reconoce que está alejando a las personas que más ama.

CUANDO UN HOMBRE PASA POR ALTO A SU FAMILIA

Cuando un hombre se aleja de la intimidad para concentrarse en los problemas de trabajo, es difícil para una mujer reconocer esto como una reacción automática. Ella lo ve como un acto deliberado de frialdad e indiferencia porque para que una mujer se concentre en temas de trabajo y pase por alto a su familia haría falta una decisión deliberada de su parte y, en la mayoría de los casos, también denotaría una falta de interés.

Cuando un hombre se concentra en su trabajo, no es que decida pasar por alto a su familia. Se olvida de verdad. No decide olvidarse de ir a buscar a su hija al colegio; es un producto secundario automático de aumentar su concentración en resolver sus problemas de trabajo. No es una señal de que haya dejado de interesarse por su familia. Podría decirse que es una señal de que sí le importa pero no tiene mejor forma de manejar su estrés.

Esta misma tendencia a concentrarse en una cosa y olvidar el resto hace que un hombre postergue hacer cosas que realmente desea hacer. Muchas veces una mujer pide a un hombre que haga algo que él tiene intención de hacer, pero luego se olvida. Como para ella es muy difícil olvidar, comete el error de suponer que él, al postergarlo, está tratando a propósito de librarse de hacerlo.

El hombre moderno no puede atrapar una presa como sus antepasados y luego volver a su casa a celebrar. Su vida es mucho más compleja. Es posible que le tome meses concretar un acuerdo y atrapar una presa. Durante ese tiempo, su mente se consume: piensa en el trabajo, en su casa y en sueños. Puede recordar cada detalle necesario para lograr sus objetivos laborales, pero luego olvida comprar leche aunque su mujer se lo haya recordado muchas veces.

EL CAMBIO DE VELOCIDADES DEL TRABAJO A LA CASA

La tendencia del hombre a dejarse absorber por el trabajo no sólo es contraproducente para la mujer sino que también lo es para él. Hasta que el hombre no pueda aplicar los métodos avanzados para las relaciones y alimente directamente los sentimientos de la mujer, sus instintos lo empujarán hacia su trabajo cuando se sienta molesto o insatisfecho.

Básicamente hay tres formas en las que un hombre puede cambiar de velocidades entre su trabajo y su relación. En cierta manera, las tres hacen falta a la vez.

La primera es el éxito. Cuanto más exitoso se sienta un hombre al dejar el trabajo, más fácil le resultará olvidar sus problemas y disfrutar de su relación. Un buen día de trabajo hace que sienta que la cacería terminó y que puede regresar a su casa y relajarse con más facilidad.

Cuando un hombre no triunfa todo lo que él quisiera o todo lo que cree que debería, entonces las siguientes dos formas cobran más importancia.

La segunda es la distracción. Para olvidarse de los problemas del día, distrae su concentración del trabajo para sentarse en su roca favorita y mirar televisión, leer el diario, escuchar música, ir al cine o cualquier otra actividad fácil y poco exigente.

Otra forma práctica de cambiar de velocidades a través de la distracción es hacer ejercicios, concentrar su mente en ejercitar su cuerpo. Puede tratarse de una actividad enérgica o de algo fácil como salir a caminar. Para liberar su mente de los problemas del trabajo, todo lo que necesita es un nuevo desafío donde concentrar su atención.

Un hombre olvida sus problemas verdaderos concentrándose en otros que puede resolver con facilidad o de los que no es responsable. Jugar, arreglar cosas, practicar deportes y mirar las noticias son las actividades más comunes para reducir el estrés. Cuando mentalmente resuelve los problemas del mundo o planea cómo hacer que su equipo gane, vuelve a sentirse competente y confiado para enfrentarse a los problemas de la vida real.

Sin un hobby, es posible que el hombre no pueda desligarse del trabajo y se estrese aún más.

Dedicarse a un hobby le permite olvidarse de los verdaderos problemas importantes que lo presionan.

Alentar o esperar que un hombre se coloque en su lado femenino y hable acerca de sus problemas muchas veces va en contra de su naturaleza. En algunos casos, hablar de su día antes de que esté relajado puede llegar a aumentar su estrés pues él vuelve a pensar en el trabajo, con todas sus frustraciones, decepciones y preocupaciones.

Primero, el hombre necesita olvidar sus problemas y después siente que tiene algo positivo que ofrecer. Luego, automáticamente recordará lo que es más importante para él: su mujer y su familia o el deseo de tener una. Este cambio de noción de lo que es realmente importante para él también es esencial para que recobre sus fuerzas.

La tercera forma de cambiar de velocidades del trabajo a la relación es regresar a casa esperando con anticipación el apoyo de su compañera. El amor que acepta y aprecia de una mujer es algo que él empieza a esperar con anhelo. Esperar este apoyo hace que sienta que ha tenido éxito aunque no haya alcanzado sus objetivos en el trabajo.

La sola idea de volver a su casa donde lo espera una compañera afectuosa puede despejar gran parte del estrés del hombre. Luego, si aún siente la necesidad de tomarse un tiempo para estar solo, no tendrá que retirarse mucho.

Por otra parte, cuando un hombre sabe que al llegar a su casa encontrará una compañera infeliz, deja que el trabajo lo consuma aún más. Entonces le resulta más difícil liberarse de las presiones de su trabajo.

En mi relación con Bonnie, hay una variedad de pequeñas cosas que yo puedo hacer cuando llego a casa para asegurarme esa apreciación. Sin demasiado esfuerzo, cuando llego a casa la busco, la abrazo, le pregunto acerca de su día, la escucho durante algunos minutos y siento la certeza de ser apreciado. Cuanto más siento su apreciación y su amor que me dan la bienvenida a casa, menos necesito despejar mi mente del trabajo al llegar. Además, tiendo a reconocer mi éxito cada día para poder dejar los problemas en la oficina con más facilidad.

Resulta más fácil para las mujeres comprender que el hombre necesita tiempo adicional para abrirse dentro de la relación si lo comparamos con el escenario diferente en el que ella necesita más tiempo para compartir lo que siente. Por ejemplo, para disfrutar del sexo después de un día estresante, la mayoría de las mujeres dirán que antes necesitan más tiempo, atención, conversación y romance.

De un modo similar, es tan difícil para un hombre abrirse en una relación cuando llega a su casa como lo es para la mujer aceptar las relaciones sexuales después de un día largo y estresante. Un hombre necesita más tiempo y espacio y mucha apreciación para hacer el cambio entre la oficina y su casa.

Si logra comprender la tendencia de un hombre a concentrarse y olvidar, la mujer puede perdonar, aceptar y apreciar más. No lo considera una afrenta personal cuando él está alejado. Esta aceptación, combinada con los métodos avanzados de comunicación, le da a la mujer un poder nuevo no sólo para conseguir lo que quiere sino también para ayudar al hombre a liberarse de su estrés y abrir su corazón.

De la misma manera, a medida que el hombre empieza a entender a la mujer, puede aplicar el nuevo método de proporcionar apoyo emocional y no concentrarse principalmente en resolver los problemas de la mujer a nivel físico. Un hombre puede aprender a escuchar cuando su compañera habla sin que eso lo haga sentir que se le exige que haga más. Al aprender estos nuevos métodos avanzados, los hombre descubren que, sin tener que cambiar su forma de ser o hacer mucho más, pueden apoyar a sus compañeras en mayor medida.

INVERSIÓN DEL PAPEL EMOCIONAL

Cuando una mujer está más en su lado masculino y descuida su lado femenino, tiene lugar una inversión del papel emocional. Ella comienza a funcionar desde las necesidades de su lado masculino, no femenino. Mientras que la mayoría de las mujeres modernas pueden recitar con toda facilidad una letanía de injusticias y problemas válidos relacionados con el trabajo y las relaciones, muchas veces la verdadera culpable responsable de su insatisfacción general es esta inversión del papel emocional.

Para que las mujeres sean felices en sus relaciones, necesitan recobrar el equilibrio de sus lados masculino y femenino. Hombres y mujeres deben trabajar juntos para ayudar a la mujer a regresar a su lado femenino.

La nueva tarea del hombre le pide que ayude a la mujer a alimentar su lado femenino después de un largo día de trabajo.

LOS PROBLEMAS DE LA INVERSIÓN DEL PAPEL EMOCIONAL

El estrés de cambiar del lado masculino al femenino cada día tiene un efecto invisible pero devastador sobre la pasión, la intimidad y el romance duraderos. De la misma manera en que una pelota cobra velocidad al rodar cuesta abajo, una mujer sigue cayendo en una espiral de frustración si no existe una intervención consciente para aliviar este estrés. Sin una comprensión de esta dinámica implícita, los intentos lógicos de un hombre por resolver los problemas de la relación pueden resultar desastrosamente contraproducentes.

Cuando ocurre una inversión del papel emocional y una mujer está más en su lado masculino, automáticamente siente una mayor necesidad de resolver los problemas. No le basta con hacer lo que puede y luego relajarse hablando de todo lo que no está hecho. En cambio, siente un terrible impulso por resolver todos los problemas no resueltos antes de poder relajarse.

En esos momentos en que ella siente la necesidad de resolver problemas, la mejor forma en que un hombre puede apoyarla es escuchándola. Recuerdo cuando reconocí por primera vez los síntomas de la inversión del papel emocional en mi propio matrimonio pero no sabía cómo apoyar correctamente a mi mujer.

Bonnie y yo acabábamos de llegar a casa después de un muy agradable partido de tenis.

—No veo la hora de dormir una siesta —le dije.

—Qué bueno —concordó ella—. Me encantaría dormir la siesta.

Al subir la escalera para ir a nuestro cuarto, noté que ella no iba detrás de mí y le pregunté:

—¿No vienes?

—Me encantaría —me contestó—. Pero no puedo. Tengo que lavar el auto.

¿Cómo era posible que para ella lavar el auto fuera más importante que dormir la siesta un día en que no trabajaba?, pensé. A esa altura, me di cuenta de que definitivamente éramos de planetas distintos.

Yo no sospechaba que ella estaba atascada en su lado masculino y empeñada en resolver sus problemas. No sabía que alimentando su lado femenino con algo de conversación la ayudaría a liberarla de sus cargas y responsabilidades. Sin comprender cómo podía apoyarla para que se relajara, seguí subiendo la escalera y me dormí de inmediato.

Me desperté como nuevo con el deseo de pasar una noche romántica, pero cuando bajé descubrí a Bonnie de mal humor.

Le dije con indiferencia:

—Tendrías que haber dormido la siesta. Yo me siento magníficamente. —Ese comentario no fue muy bien acogido.

—No tengo tiempo para siestas —respondió con tono helado—. Aún tengo que lavar la ropa, ayudar a los niños con sus deberes, limpiar la casa. Y todavía me falta preparar la cena.

Sin darme cuenta de que ella necesitaba hablar, seguí intentando resolver sus problemas sugiriéndole que saliéramos a cenar.

—No entiendes —insistió Bonnie—. Tengo comida en la heladera que hace falta cocinar. Y Lauren todavía no terminó su proyecto para el colegio.

—Es fin de semana —le dije—. Deberías relajarte.

—No puedo relajarme —me contestó—. No entiendes.

A esta altura yo ya estaba de mal humor. Cualquier pensamiento romántico que hubiera tenido había desaparecido a toda velocidad. Bonnie estaba aún más molesta porque yo no la escuchaba demostrándole comprensión y yo me sentía mal porque ella había rechazado mis soluciones.

Ahora, cuando Bonnie se siente agobiada, nuestras conversaciones son muy diferentes. En lugar de sentirme rechazado y ponerme a la defensiva, sé qué hacer. Ella necesita hablar para volver a su lado femenino y para ello le hace falta mi ayuda. Éste es un ejemplo de la conversación que podríamos tener cuando Bonnie está agobiada y le cuesta volver a su lado femenino:

John: "¿Qué pasa?"

Bonnie: "No sé, es que hay demasiado que hacer".

John: "Ah".

Bonnie: "No me alcanza el tiempo".

John: "Cuéntame".

Bonnie: "Todavía tengo que lavar ropa y ni siquiera empecé a hacer la cena".

John: "Humm".

Bonnie: "Hoy tenía que llevar a Pearl al dentista y me olvidé por completo".

John: "¿Qué hiciste?"

Bonnie: "Ni siquiera quiero pensar en eso".

John: "Humm".

Bonnie: "Pearl estaba tan preocupada que pensó que había pasado algo terrible. (pausa) Nunca me olvido de estas cosas".

No dije nada, simplemente respiré hondo y asentí con la cabeza.

Bonnie: "Sin embargo, todo salió bien. Pedimos otro turno".

John: "Qué bueno".

Bonnie: "No sé qué preparar para la cena. No pensé en nada".

John: "Humm, yo tampoco".

Bonnie: "¿Te molestaría comer sobras?"

John: "No, me parece bien. ¿Qué tenemos?"

Bonnie: "Ay, no sé. En realidad no tengo ánimo para preparar nada".

John: "Salgamos a cenar y luego tendremos tiempo para nosotros".

Bonnie: "¡Fantástico!"

¡Qué diferencia hacen unos cuantos años de práctica! Si yo no supiera cómo apoyar a Bonnie con los métodos avanzados para alimentar el diálogo, probablemente discutiríamos, comeríamos sobras y nos iríamos a dormir frustrados y decepcionados.

POR QUÉ LAS MUJERES NECESITAN HABLAR MÁS

Cuando en el curso de una relación la mujer no se siente libre para hablar, se desconecta de la felicidad natural que llega cuando se alimenta su lado femenino. Aún más inquietante es el hecho de que, al perder el contacto con su lado femenino, es posible que también pierda la noción de lo que necesita. Todo lo que sabe es que "algo le falta" y, en general, el que sale perdiendo es el hombre que está en su vida.

Cuanto más se desconecta una mujer de su lado femenino, menos receptiva es del apoyo del hombre. Mientras tanto, su compañero se frustra porque no puede satisfacerla y se siente incapaz de cambiar las cosas.

Para manejar el estrés adicional de dejar la casa para trabajar, la mujer de hoy tiene una necesidad mucho mayor del apoyo de la pareja. Cuando llega a su casa, necesita hablar más. Necesita la seguridad de poder abrirse y compartir sentimientos que no siempre tienen sentido o están relacionados con los últimos detalles y resultados. Necesita sentir que alguien entiende por lo que está pasando y se interesa por ella.

Esto es lo que sucede cuando un hombre trata de "resolver" los problemas de una mujer:

Anatomía de un malentendido

1. Ella dice: "No me escuchas" o "No entiendes".

2. Él explica que sí estaba escuchándola o de otro modo no habría ofrecido semejante sugerencia.

3. Ella sigue insistiendo en que él en realidad no la escucha y que no entiende su problema.

4. Él empieza a sentirse frustrado y trata de demostrar que sí entiende y que su solución es la correcta.

5. Empiezan a discutir.

Él piensa que ella le dice que no entiende el problema o que su solución es la equivocada. Sin embargo, lo que ella en realidad está diciendo es que no está recibiendo la empatía o la comprensión que desea. Cuando dice: "No entiendes", en realidad quiere decir: "No entiendes lo que necesito de ti. Sólo quiero que me escuches y me comprendas".

Los hombres no siempre saben cómo responder a mujeres estresadas por el trabajo porque nunca vieron a sus padres hacerlo. En la mayoría de los casos, nuestras madres pasaban el tiempo alimentando su naturaleza femenina mediante la comunicación con otras mujeres. No recuerdo haber oído a mi madre quejarse a mi padre diciendo: "Nunca hablamos". Para cuando mi padre volvía a casa, ella ya había hablado lo suficiente. Sin embargo, las mujeres de nuestra generación no pueden darse este lujo. Se les exige que sean cuidadosas con el tiempo y que siempre vayan al grano cuando hablan. Se las empuja hacia lo masculino.

Un comediante lo expresó de esta manera: Dios dio a la mujer un promedio de seis mil palabras al día y al hombre, dos mil. Lo más probable es que al cabo de un día de trabajo ambos hayan usado dos mil. Cuando ella vuelve a su casa, aún le quedan cuatro mil. Con razón se siente descuidada. Quiere hablar, pero él ya ha hecho uso de las dos mil palabras que le correspondían.

Aunque esta sea una forma graciosa de comprender el problema, este es muy real.

La falta de comunicación en las relaciones es la razón principal por la que la mujer contemporánea está insatisfecha.

Literalmente miles de relaciones mejoraron en forma notable cuando los hombres empezaron a comprender la necesidad de las mujeres de ser escuchadas.

Recordemos que cuando los hombres hablan de problemas, en general están buscando soluciones. Sin embargo, la mayor parte del tiempo, un hombre que desea recobrarse de su día de trabajo no siente deseos de hablar. La calma que logra al no hacerlo, es lograda por la mujer al hablar.

En términos simples, un hombre necesita recordar que aun cuando una mujer agobiada comparte una lista de problemas que exigen soluciones, el único que tiene que resolverse de inmediato es su necesidad de ser escuchada por alguien que no trata de convencerla de que sienta otra cosa ni de resolver todos sus problemas.

Las mujeres deben recordar que cuando los hombres no escuchan es principalmente porque no entienden por qué "sentirse escuchadas" es tan importante para ellas.

Al reconocer que el mundo laboral impide a las mujeres alimentar su lado femenino y encontrar la felicidad, los hombres por fin empiezan a hallar sentido a su necesidad de ser escuchadas. Ellos realmente quieren hacer felices a sus compañeras; simplemente ocurre que hasta ahora no entendían cómo.

Para un hombre es más fácil sobrellevar la falta de valores femeninos en su lugar de trabajo porque desde tiempos inmemoriales volvieron a su casa del trabajo y allí había una mujer que les brindaba equilibrio. Pero como las mujeres rara vez trabajan en un ambiente que alimente su lado femenino y no vuelven a su casa y encuentran una mujer esperándolas, les resulta mucho más difícil hallar el equilibrio.

Finalmente, las mujeres no saben cómo comunicar su necesidad de apoyo. Esperan que los hombres les lean la mente y conozcan sus necesidades o permiten que sus necesidades se acumulen hasta que sienten resentimiento y entonces exigen más. Ningún método funciona.

POR QUÉ A LAS MUJERES NO LES GUSTA PEDIR

Las mujeres quieren más de las relaciones pero ni siquiera ellas saben exactamente qué necesitan. En la época de nuestros padres, si un hombre amaba a una mujer, él hacía lo que ella quería sin que se lo pidiera.

Eso es porque lo que ella quería también era lo que el padre de él le había enseñado a hacer y la madre de ella le había dicho que esperara. Él aprendió de su padre a ser un buen proveedor del sustento. Ella no tenía que enseñarle. Cada día él se concentraba en ser un mejor proveedor del sustento. No se esperaba que ayudara en la casa como tampoco se esperaba que ella estuviera estresada y agobiada.

CUANDO LOS HOMBRES ESTÁN AUTOMOTIVADOS

Cuando un hombre amaba a una mujer según las viejas costumbres, la mantenía y de buen grado daba la vida para protegerla. Ese era el regalo más precioso para ella. Él no confiaba en ella para que le dijera qué hacer. Si la amaba, se motivaba a sí mismo para mantenerla. Esa automotivación expresaba la dimensión de su amor.

Ahora las mujeres quieren cosas que nuestros padres no tuvieron que hacer. Si una mujer quiere recibir una nueva clase de apoyo, tiene que instruir a su compañero acerca de sus necesidades y pedir más de un modo agradable.

Tener que pedir no es fácil para una mujer. Le parece que no la aman. Además, en realidad se le ha revelado muy poco acerca de cómo una mujer pide lo que quiere de una forma que funcione. Por esta razón, primero recomiendo mejorar la comunicación y luego empezar a practicar el arte de pedir más. Una vez que existe una buena comunicación y el hombre comienza a entender sus sentimientos más profundamente, en forma automática va a entender mejor los problemas de ella y poco a poco lo más seguro es que haga algo.

Durante siglos, la señal de que una mujer era amada era que no tuviera que pedir nada. Ahora, cuando a una mujer le parece que un hombre no se siente motivado a apoyar sus necesidades, su autoestima se debilita y se siente humillada. Siente que no merece el amor del hombre.

De un modo similar, cuando a un hombre le parece que la mujer le pide más injustamente, es posible que no sienta que su autoestima se debilita, pero ciertamente no desea dar más. Cuando vuelve a su casa del trabajo, se siente cada vez más débil y letárgico.

Pedir o no pedir

Antes, a la rueda que rechinaba se le ponía aceite. Sin embargo, hoy se cambia la rueda. Pedir más puede fácilmente sonar como una molestia. Los hombres detestan eso y las mujeres detestan hacerlo. Sin entender cómo ayudar a un hombre a tomarse el tiempo para escuchar sus sentimientos, a la mujer le quedan sólo dos posibilidades. Puede convertirse en una mártir y conformarse con lo que recibe o puede tratar de exigir más y seguir molestando.

Ninguna alternativa sirve. Para que consiga el amor y el apoyo que necesita, es crucial que la mujer se concentre en lo que es más esencial. Pedir al hombre que la escuche y, poco a poco, con el tiempo, a medida que él entiende mejor sus sentimientos, ella puede empezar a pedir más apoyo físico.

Para mantener el amor y los buenos sentimientos en una relación, es vital que una mujer aprenda a expresar sus sentimientos y necesidades de una manera que sirva para el hombre y para ella misma.

De ninguna manera estoy sugiriendo que las mujeres no se expresen, pero pienso que si quieren que las oigan y respeten, es indispensable aplicar los métodos avanzados para las relaciones.

Cuando el hombre es abordado del modo correcto y en el momento justo, se siente feliz de hacer más. Con unos cuantos meses de buena comunicación sin exigirle nada y varias dosis de apreciación, cualquier hombre estará dispuesto a hacer más. La idea de "más" de un hombre y de una mujer puede resultar completamente distinta.

El hombre puede dar más sólo de a poco.

No es realista pretender que un hombre de pronto se sienta motivado a hacer el cincuenta por ciento de los quehaceres domésticos si siempre estuvo acostumbrado a hacer mucho menos. De la misma manera, si es del tipo callado, no es probable que se abra de inmediato y comparta sus sentimientos.

Tampoco es realista que un hombre pretenda que su compañera lo reciba en su casa con una gran apreciación y se sienta satisfecha cuando ella también pasó todo el día trabajando. Estas expectativas poco realistas crean una alienación y un resentimiento innecesarios tanto en el hombre como en la mujer.

Tanto mujeres como hombres pueden obtener el apoyo que necesitan, pero no sucede de la noche a la mañana.

A medida que las mujeres empiezan a aceptar el hecho de que pueden pedir y lograr más sin tener que molestar o quejarse, abandonan la resistencia a darle al hombre la apreciación diaria que requiere. Asumen la responsabilidad de comunicar las necesidades, seguras de poder satisfacerlas. No esperan que los hombres sepan instintivamente lo que ellas necesitan, pero con paciencia y persistencia aprecian lo que sí brindan y, poco a poco, piden más.

CÓMO ADAPTAR NUESTRAS EXPECTATIVAS

Así como una mujer debe adaptar sus expectativas de que un hombre escuchará de inmediato sus sentimientos y compartirá por igual todas las tareas domésticas, un hombre también debe adaptar su expectativa de que una mujer le hablará de una manera afectuosa y complaciente, no le exigirá nada y estará satisfecha cuando él llegue a su casa. En esencia, las mujeres necesitan abandonar la expectativa de que los hombres harán todo lo que ellas quieran, y los hombres deben abandonar la expectativa de que las mujeres se mostrarán siempre afectuosas y felices.

Mediante la práctica de estos métodos avanzados para las relaciones, en lugar de estar molesto por las sensaciones de descontento de ella, el hombre puede empezar a verlas como oportunidades para hacerla más feliz. Cuando una mujer no recibe el apoyo que desea, tal vez lo vea como la oportunidad de responsabilizarse por obtener lo que desea. O quizá como la oportunidad para expresar más poder pero de un modo femenino. En general esto es algo que su madre no le dijo.

Cuando una mujer es infeliz y habla de sus problemas, un hombre no tiene que sentirse culpable. Puede revertir este patrón mediante la comprensión de la verdadera necesidad de ella de compartir sus sentimientos. Cuando ella dice sentir una carencia en su relación, él se da cuenta de que no se debe a su deficiencia (aunque puede sonar siempre así) sino que es porque nuestra cultura moderna no apoya lo suficiente el lado femenino de la mujer. Esto lo libera para considerar y experimentar verdaderamente los sentimientos de ella más que para defenderse. También aclara mucho lo que se requiere que él haga.

Cuando una mujer se desilusiona de su compañero, en lugar de tomárselo personalmente puede revertir el patrón y reconocer el intento afectuoso de él y su deseo de apoyarla más, pero de a poco. Adaptando sus expectativas, la mujer puede conectarse con la gracia de su espíritu femenino, que no le exige perfección sino que busca amar y abrazar la vida tal como es. Ella se da cuenta de que no es algo personal sino que el ejemplo de su padre no lo había entrenado para satisfacer las nuevas necesidades de la mujer moderna.

En el próximo capítulo veremos cómo aplicar estos métodos mediante la comprensión de las diferencias entre el hombre y la mujer.

Capítulo 4

Diferencias entre el hombre y la mujer

Al tener noción de las diferencias entre el hombre y la mujer, nos liberamos de la tendencia a tratar de cambiar nuestros patrones en esos momentos en que no conseguimos lo que queremos. Con un mayor nivel de aceptación y comprensión, el amor florece y podemos obtener lo que deseamos de nuestras relaciones.

Mediante la comprensión de nuestro desarrollo histórico y evolutivo, podemos tomar lo que es útil de nuestro pasado y ponerlo al día en formas que no rechacen nuestra conformación genética, y podemos expandirnos o extendernos para ser más quienes queremos ser.

Tratar de pasar por alto las diferencias sólo crea más confusión y frustración entre los sexos. Las generalizaciones que hago acerca de hombres y mujeres ciertamente no son verdaderas para todos en todo momento, pero sí lo son para muchas personas. Cuando no se aplican a su situación o experiencia, déjelas de lado como una prenda que otros pueden comprar pero usted no. Lo que es más importante es que cuando las diferencias aparezcan, usted tendrá métodos positivos y útiles para enfrentarse a ellas.

Comprender estas amplias categorías de diferencias lo ayuda a aceptarlas de un modo no crítico, y luego a trabajar *con* ellas en lugar de en contra. He descubierto que estas diferencias empiezan a aparecer aún más cuando las parejas comienzan a tener relaciones íntimas; en algunos casos, las diferencias se vuelven más evidentes.

DIFERENCIAS CEREBRALES

En años recientes, una multitud de estudios científicos indican a las claras muchas diferencias entre el cerebro del hombre y el de la mujer así como en el modo en que lo usan. Mientras que estos estudios muestran concretamente las diferencias, aún es muy pronto para que los científicos sepan con exactitud lo que éstas significan.

Las mujeres tienden a usar ambos hemisferios del cerebro en forma simultánea, mientras que los hombres usan un hemisferio o el otro. Esto significa que un hombre tiende a usar su capacidad para el lenguaje del hemisferio izquierdo o su capacidad espacial para resolver problemas del hemisferio derecho. La mujer usa ambos a la vez.

Ciertos estudios han revelado que algunas mujeres tienen mucho más cuerpo calloso, o tejido conectivo, entre los dos hemisferios del cerebro, lo cual explicaría la tendencia de la mujer a usar ambos lados del cerebro en forma simultánea. Si bien algunas mujeres no tienen más tejido conectivo, aun así los estudios cerebrales de resonancia magnética por imágenes revelan que estas mujeres tienen una tendencia a usar ambos hemisferios cerebrales a la vez. Mientras que es posible que algunos hombres tengan más cuerpo calloso que algunas mujeres, estos hombres usarán un solo hemisferio del cerebro a la vez, mientras que las mujeres usan ambos. El impacto de esta diferencia es asombroso.

Mientras esperamos ansiosamente otros estudios que revelen cómo es que hombres y mujeres usan el cerebro de modo distinto, lo que ya se ha descubierto puede ayudarnos en gran medida a entender algunos de los grandes misterios de los sexos.

CUERPO, CEREBRO Y HORMONAS

En el curso de la evolución, el cuerpo, el cerebro y las hormonas de los hombres y las mujeres se han especializado para apoyar mejor sus diferentes papeles y actividades. Un hombre, por ejemplo, está mejor preparado para soportar grandes emociones solucionando los problemas en silencio. Como cazador y protector en la jungla, se adaptó a su papel y soportó fuertes sentimientos de miedo, ira y pérdida solucionando los problemas en silencio. Al planear sus estrategias para protegerse a sí mismo y a su familia, logró manejar sus sentimientos con mayor eficacia.

Por otra parte, las mujeres se adaptaron a su papel de fuente de ternura y calidez, y aprendieron a manejar sus sentimientos y a resolver los problemas hablando de ellos y compartiéndolos con los demás miembros de la familia y comunidad. Esto no sólo refleja la tendencia de la mujer a usar ambos hemisferios cerebrales al mismo tiempo, sino que una y otra vez, en pruebas científicas, las mujeres muestran una ventaja cuando se trata de usar su capacidad para el lenguaje del hemisferio izquierdo. Los hombres tienen ventaja cuando las pruebas requieren capacidad espacial del hemisferio derecho.

Cuando nos enteramos de que el cerebro de la mujer está organizado de una forma que le permite comunicar sus sentimientos con más eficacia, tiene sentido decir que hablar es una parte integral de la femineidad. El tejido conectivo adicional que tienen las mujeres, que está comprendido por millones más de neuroconectores entre los sentimientos y el centro del lenguaje del cerebro, permite que las niñas desarrollen capacidad para el lenguaje antes que los niños. Es muy común que en una etapa temprana de desarrollo las niñas usen muchas más palabras que los niños. Esta diferencia se ratifica una y otra vez al hacer pruebas a ambos.

Mientras que el cerebro de una niña se desarrolla para expresar su capacidad de comunicación, un niño tiende a desarrollar su capacidad espacial. Ésta, por ejemplo, nos ayuda a determinar a cuánta distancia arrojar una pelota o adónde correr para buscar ayuda y cómo llegar allí. El desarrollo de la capacidad espacial permite a un niño "hacer algo al respecto" cuando está emocionalmente perturbado. La capacidad espacial para él es una parte integral para resolver problemas.

Como cualquier padre sabe, a una edad temprana el impulso de una niña es hablar, a veces sin pensar, mientras el impulso de un niño es actuar, a veces también sin pensar. Cuando una niña se siente apoyada hablando sin el miedo al rechazo o a la pérdida de amor, entonces puede desarrollar los neuroconectores que le permiten sentir, hablar y pensar al mismo tiempo.

De adulta, cuando está molesta y no piensa con claridad, instintivamente querrá hablar con alguien que la escuche. Este apoyo la ayuda a reconectar su pensamiento con sus sentimientos y hallar sentido a la situación para determinar qué hacer. Cuando una mujer está afligida, busca ayuda en la forma de alguien que la escuche articular sus sentimientos.

Por otra parte, cuando un niño se siente a salvo para actuar sin temor a un castigo abusivo o a la pérdida de amor, tiene la libertad de actuar, equivocarse y luego pensar en lo que hizo y corregir su comportamiento. Este mecanismo de autocorrección le permite aprender de sus errores. Con el tiempo, puede desarrollar los neuroconectores necesarios para sentir y luego pensar antes de actuar.

Cuando un hombre está molesto y no piensa con claridad, instintivamente querrá moverse. Es posible que sólo camine de aquí para allá simplemente para satisfacer su impulso de hacer *algo* antes de pensar en qué es lo que debe hacer. Cualquier actividad simple, para la que no tenga que pensar, lo ayudará a expresar sus sentimientos de querer hacer algo mientras trata de usar el hemisferio derecho de su cerebro para pensar qué hacer.

Así como hace falta la capacidad espacial para practicar deportes como básquetbol y fútbol, también le hace falta al cazador para acercarse cautelosamente a su presa, arrojar una lanza con precisión y luego hallar el camino de regreso. Cuando consideramos todo el tiempo durante el cual los hombres se han especializado en ser los cazadores y los protectores, no es extraño que nuestros cerebros se hayan organizado en forma diferente.

**El hombre tiene que pensar en un sentimiento
antes de poder hablar de él. La mujer puede sentir,
hablar y pensar al mismo tiempo.**

Mientras es posible que una mujer sea más rápida para hablar de sus sentimientos, un hombre tenderá a actuar más rápidamente para resolver un problema. Ella querrá explorar un problema más a fondo hablando, pero un hombre estará ansioso por hacer algo al respecto. Aunque ningún enfoque es necesariamente mejor, el más conveniente es cuando trabajamos juntos.

Desde el comienzo de los tiempos, la habilidad de un hombre para arrojar lanzas era esencial para su supervivencia, igual que la supervivencia de una mujer dependía de su habilidad para hablar y formar relaciones. No es extraño que nuestros cerebros se hayan desarrollado en forma tan diferente, si la mujer puede comunicar sus sentimientos mientras que el patrón del hombre puede apartarse de ellos con más facilidad para considerar un problema y su solución.

Diferentes mapas cerebrales

Podemos visualizar que, a medida que el cerebro de una niña se desarrolla, millones de neuroconectores se extienden desde sus centros emocionales hasta el centro del habla de su cerebro. En el cerebro de un niño operan otras prioridades. El hemisferio derecho, necesario para lanzar flechas, dar en el blanco y luego hallar el camino de regreso, se desarrolla antes. Con el tiempo, el niño desarrolla su centro del lenguaje y una niña desarrolla su centro de la acción, pero la forma en que de adultos usamos estos centros termina siendo diferente. Como resultado de este orden distinto de desarrollo, las emociones del hombre están más atadas a la resolución de problemas mediante la acción y no a hablar, mientras que las emociones de la mujer están más atadas a la comunicación y luego a la resolución de problemas.

El cerebro del hombre primero desarrolla millones de neuroconectores entre sus emociones y su centro de acción. Cuando está emocionalmente cargado o molesto, en general quiere hacer algo al respecto. Su prioridad es hallar una solución. Ciertamente que la mujer también actuará para resolver problemas pero, a causa de la forma en que se desarrolla su cerebro, su tendencia inicial es hablar de ello.

La mujer tiene millones de neuroconectores entre sus sentimientos y el centro del habla. En cierto sentido, tiene superautopistas que conectan sus sentimientos con el habla. Cuando un hombre trata de expresar sus sentimientos con palabras, primero necesita pensar en lo que quiere decir. No hay autopistas para que exprese sus sentimientos con palabras y tiene que tomar caminos sinuosos e indirectos.

El hombre primero tiene el sentimiento, luego quiere hacer algo y luego, al analizar el sentimiento y lo que puede hacer, decide si es útil hablar de él. Entonces tiene que trasladarse al hemisferio izquierdo del cerebro y comenzar a formular las palabras para esos sentimientos. Después que habla y que surgen nuevos sentimientos, todo el proceso tiene que volver a empezar. A una mujer le cuesta entender esto porque, como ya dijimos, ella tiende a sentir, hablar y pensar al mismo tiempo.

LOS NIÑOS SIEMPRE SON NIÑOS Y LAS NIÑAS SIEMPRE SON NIÑAS

Esta diferencia en el desarrollo cerebral se ve en general en diversas conductas de la infancia. Un estudio reveló esta diferencia de una forma notable. En el experimento, se le pidió a una madre que entrara en un cuarto donde su hijito o hijita estaba sentado. En el cuarto, la madre estaba separada de su hijo por una pared de vidrio. Se le indicó que se colocara delante del vidrio con una expresión neutra. Los resultados de esta experiencia mostraron una diferencia muy clara en la forma en que respondieron los niños y las niñas.

Si se trataba de un niño, veía a su madre, se angustiaba porque ella no lo alzaba y empezaba a gatear hacia ella. Al llegar a la pared de vidrio, trataba de empujarla o trepar por ella. Al final, la madre se inclinaba a alzarlo.

Cuando se trataba de una niña, veía a su madre y, como el niño, se angustiaba porque no la alzaba. En lugar de gatear hacia ella y tratar de atravesar la pared, la niñita hacía contacto visual y luego lloraba. Los niños siempre expresaban sus sentimientos mediante la acción, mientras que las niñas lo hacían verbalmente.

EL DESARROLLO COGNITIVO MASCULINO Y FEMENINO

En una etapa posterior del desarrollo cerebral de niños y niñas, comienzan a desarrollarse los centros lógicos o cognitivos. A esta altura del desarrollo, aparecen millones de neuroconectores en las partes cognitivas o de pensamiento del cerebro. Aquí volvemos a ver este desarrollo reflejado en tendencias comunes masculinas y femeninas.

Cuando una mujer está molesta, su primera reacción es hablar del tema y luego, al seguir hablando de ello, sus capacidades cognitivas se hacen cargo y ella puede pensar en lo que está diciendo y sintiendo y *ordenar sus pensamientos*. Comienza en la parte de los sentimientos del cerebro, luego se desplaza a su parte de la comunicación y de allí va a la porción del pensamiento. Es su ruta más natural porque es el orden en que se desarrollaron sus capacidades. Poco a poco, con el tiempo, desarrolla la capacidad de sentir, hablar y pensar al mismo tiempo.

Para un hombre, su proceso de manejar sus sentimientos es diferente porque sus capacidades se desarrollaron en otro orden. Primero se desarrolla su centro de los sentimientos, luego el de la acción y luego el del pensamiento. Cuando está molesto, su primera reacción es hacer algo al respecto. La acción le aclara los pensamientos. Poco a poco, desarrolla la capacidad de sentir, actuar y pensar al mismo tiempo.

Gracias a estas importantes diferencias en la forma en que se desarrollan nuestros cerebros, los hombres y las mujeres se comportan y se comunican en modos distintos. Los hombres usan la comunicación principalmente como otra herramienta para expresar su pensamiento a fin de alcanzar un objetivo o resolver un problema. Las mujeres usan la comunicación también para esto, pero asimismo dependen de la comunicación como una forma de conectarse con sus sentimientos y aclarar su pensamiento. La comunicación es mucho más importante para la mujer.

De un modo similar, la acción es más importante para los hombres. La acción es como una bomba que activa la parte de los pensamientos del cerebro masculino. Las mujeres también usan la acción como una forma para resolver problemas pero para los hombres significa mucho más. La acción es la forma más importante para que un hombre encuentre la claridad mental y exprese sus sentimientos.

Las mujeres no entienden instintivamente la necesidad de un hombre de reflexionar acerca de sus sentimientos y pensamientos en momentos en que ella hablaría de ellos y los compartiría. A la inversa, los hombres no entienden instintivamente la necesidad de una mujer de hablar acerca de los problemas. Como resultado, experimentamos una enorme frustración en nuestras relaciones con el otro sexo. Es muy común oír a las mujeres expresar las siguientes quejas:

1. Cuando está molesto, no habla.
2. Después de estar juntos, se aleja y no quiere hablar.
3. Cuando hablo de mis sentimientos, no puede limitarse a escuchar y sentir lo mismo que yo. En cambio, empieza a tratar de resolver los problemas.
4. Se siente muy incómodo cuando lloro.
5. Pocas veces, por no decir nunca, me dice que me ama.
6. No se abre ni comparte sus sentimientos.
7. No comprende lo que necesito cuando estoy molesta.
8. Cuando discute, siempre tiene que tener razón.

Entender las diferencias de nuestros cerebros puede ayudarnos a comprender por qué estas quejas contra los hombres son tan comunes entre las mujeres. Por ejemplo, cuando las mujeres están molestas, es muy común que tiendan a resolver lo que sienten hablando. Al hacerlo, pueden pensar en ellos, ordenar o "procesar" los sentimientos conflictivos y encontrar una solución.

Los hombres "procesan" los sentimientos de un modo diferente. Experimentan sus sentimientos en silencio, piensan en lo que los está molestando y luego empiezan a resolver el problema. Al usar el hemisferio derecho de su cerebro para resolver problemas, se liberan temporalmente de sus sentimientos y se "enfrían" en forma automática. Esto es lo que sucede cuando, como lo expresé en *Los hombres son de Marte y las mujeres son de Venus*, un hombre se retira "a su cueva" a enfriarse.

Con esta noción adicional para entender por qué nuestros cerebros son diferentes, las mujeres pueden empezar a comprender las respuestas a sus mayores preguntas acerca de los hombres. Volvamos a mirar las ocho quejas anteriores y exploremos brevemente cómo tanto el hombre como la mujer pueden resolver estos problemas. En capítulos posteriores, estudiaremos los métodos específicos necesarios para aplicar esta interpretación.

1. Cuando está molesto, no habla.

No es necesariamente un temor a la intimidad lo que hace que un hombre se retire emocionalmente y no hable de sus sentimientos, pero en general es su forma más eficaz de manejar sentimientos fuertes, negativos o positivos. Su cerebro está organizado para resolver problemas como una forma de minimizar los sentimientos y recobrar el control sobre sí mismo.

2. Después de estar juntos, se aleja y no quiere hablar.

Cuando un hombre se acerca, muchas veces surgen sentimientos fuertes. Hasta cierto punto, cuando estos sentimientos aparecen, su mente queda en blanco y pierde la sensación de control. Como ya hemos visto, no le resulta fácil sentir y pensar al mismo tiempo. Se siente incómodo y realmente no sabe qué hacer o decir. Para recobrar el control, siente el impulso de ocuparse en resolver algo fácil antes de volver a la intimidad.

Mientras que los hombres, en diversos grados, siempre se alejan después de un período de proximidad e intimidad, la cantidad de tiempo que un hombre necesita para él es cada vez menor a medida que siente que su compañera acepta esta tendencia. Por otra parte, si ella siempre quiere estar cerca, él sentirá una mayor necesidad de apartarse.

3. Cuando hablo de mis sentimientos, no puede limitarse a escuchar y sentir lo mismo que yo. En cambio, empieza a tratar de resolver los problemas.

Mientras que para las mujeres es fácil sentir, hablar y pensar al mismo tiempo, para los hombres es muy difícil. Un hombre tiende a escuchar y hablar (actividad del hemisferio cerebral izquierdo) o sentir, pensar y resolver problemas (actividad del hemisferio cerebral derecho). Cuando un hombre escucha y se conecta con una mujer (actividad del hemisferio cerebral izquierdo), de pronto quiere minimizar los sentimientos incómodos que empieza a experimentar mediante la resolución de problemas (actividad del hemisferio cerebral derecho).

Para cambiar y concentrarse en la resolución de problemas, tiene que usar su hemisferio derecho y entonces deja de escuchar o de usar su hemisferio izquierdo. Recordemos: los hombres usan un lado del cerebro u otro, no ambos a la vez como las mujeres. Aunque esto sirva para él, en realidad puede interferir con la forma que tiene la mujer de procesar sus sentimientos.

En gran medida, cuando un hombre escucha (actividad del hemisferio izquierdo), después de un rato siempre siente la necesidad de empezar a resolver problemas (actividad del hemisferio derecho). No obstante, esto no significa que no pueda prestar buenos oídos si hace falta.

Una vez que el hombre comprende realmente que cuando una mujer está molesta, el problema que tiene que resolver es su necesidad insatisfecha de sentirse oída, entonces él puede concentrarse en los sentimientos de ella sin tratar de resolver ningún problema porque no siente una responsabilidad inmediata de resolver los problemas de ella. Puede escucharla mejor porque se siente motivado a permanecer del lado izquierdo de su cerebro. Sabe que puede apoyarla mejor escuchando lo que ella dice y tratando de entender por qué ella siente lo que siente.

Cuando el hombre reconoce que, sin importar el motivo por el que la mujer está molesta, él está solucionando el problema comprendiendo el valor de lo que ella dice, entonces la actividad de su hemisferio cerebral izquierdo de escuchar no se ve perturbada por su tendencia normal a cambiar al hemisferio derecho para resolver problemas.

4. Se siente muy incómodo cuando lloro.

Después de escuchar y conectarse con lo que ella siente (actividad del hemisferio izquierdo) cuando llora, él vuelve a su hemisferio derecho y experimenta sus sentimientos en reacción. Cuando surgen los sentimientos de su hemisferio derecho, entonces automáticamente comienza a resolver el problema.

Luego de ofrecer sus soluciones, no sabe qué hacer porque ella no está en condiciones de abrirse para recibir soluciones. Él se siente impotente y cada vez más frustrado, lo cual hace que sienta aún más la necesidad de hallar una solución y el resultado es una frustración mayor.

Este patrón se transforma con facilidad cuando un hombre entiende que, escuchando y comprendiendo los sentimientos de la mujer sin ofrecerle soluciones, *está* resolviéndole el problema. Con esta noción, puede relajarse y no frustrarse porque sabe que está haciendo exactamente lo que hace falta.

5. Pocas veces, por no decir nunca, me dice que me ama.

Es muy común que cuando un hombre se siente emocionalmente conectado o atraído hacia una mujer, de pronto se vuelva torpe cuando la invita a salir. Le resulta difícil pensar con claridad y comunicarse cuando tiene sentimientos fuertes. Recordemos: tiene menos tejido conectivo entre sus sentimientos (actividad del hemisferio cerebral derecho) y el centro de comunicación de su cerebro (actividad del hemisferio izquierdo).

Cuanto más fuertes son sus sentimientos, más incapaz es de expresarlos con palabras. Cuando tiene sentimientos fuertes de amor, normalmente se queda mudo. A las mujeres les cuesta entender eso porque no les sucede lo mismo.

Por supuesto que los hombres dicen "Te amo" pero cuando lo hacen, no se trata sólo de una expresión espontánea de un sentimiento fácilmente traducido a palabras; se expresa para resolver un problema. Es su forma de hacer saber sus intenciones a la mujer. En esencia, cuando él dice "Te amo", hay una "razón para decirlo". Y una vez que lo dice, no tiene instintivamente una razón para repetirlo una y otra vez.

Una vez que un hombre comprende que las mujeres necesitan que les digan que las aman, entonces tiene una razón para decirlo con frecuencia. Si decirlo resuelve un problema, entonces el sentimiento de amor se traduce en palabras con más facilidad. Con un poco de práctica, puede volverse casi espontáneo. No sólo se beneficiará ella sino que también él experimentará el placer de sentir su amor por ella cada vez que lo dice.

6. No se abre ni comparte sus sentimientos.

A las mujeres les cuesta comprender esto porque, cuando tienen un problema, en general sienten la necesidad de hablar. Una y otra vez, esta diferencia en la conexión cerebral sale a la luz mediante los estudios cerebrales de resonancia magnética por imágenes. Cuando las mujeres usan los centros del lenguaje de su hemisferio izquierdo, también usan las capacidades para resolver problemas de su hemisferio derecho.

Cuando un hombre está molesto por algo, primero tiene que calmarse tratando de resolver su problema solo. Al usar el hemisferio derecho para resolverlo, puede asumir el control del problema y empezar a relajarse. Sin embargo, si habla de él de inmediato, pierde el control de su hemisferio derecho y puede dejarse llevar fácilmente por emociones de temor, frustración, etcétera.

La mayor parte del tiempo, se retira a rumiar las cosas y al fin minimiza el problema y sus sentimientos negativos se despejan. Es posible que piense: "No es para tanto. Sencillamente voy a perdonar y a olvidar". Luego, cuando vuelve dispuesto a tener una relación, como sus sentimientos están liberados, no tiene nada que decir. Esto crea mucha confusión. Es normal que la mujer lo interprete mal y piense que está reprimiendo sus sentimientos cuando, desde el punto de vista de él, no hay nada de que hablar.

Si un hombre y una mujer tienen una interacción tensa o una discusión desagradable, es muy sano tomarse un tiempo. Comprender al hombre ayuda a la mujer a darle el tiempo que necesita para enfriarse y meditar acerca de lo que pasó.

Para reconectarse es muy útil si el hombre inicia una conversación acerca de lo que sucedió. Esto es algo nuevo que los hombres tienen que aprender. Instintivamente él siente que no vale la pena hablar porque ya ha resuelto sus sentimientos y no tiene nada que decir. Sin embargo, al tomar en consideración la necesidad de hablar de la mujer, ahora él tiene una razón para iniciar una conversación aunque tenga poco que decir. Los métodos avanzados para las relaciones exigen que un hombre inicie la conversación no porque quiera hablar sino porque sabe que ella necesita hablar para sentirse conectada.

Iniciar una conversación cuando él ya está tranquilo es importante porque una mujer en general siente pánico cuando el hombre no quiere hablar de lo que pasó. La mujer teme que él esté reprimiendo sus sentimientos y que éstos terminen convirtiéndose en resentimiento. Tiene miedo porque si *ella* no habla, sabe instintivamente que empezará a sentir ese resentimiento.

Mediante la comprensión de este posible problema, un hombre puede aprender a resolverlo iniciando una conversación aun cuando tenga poca necesidad de hablar. Cuando él vuelve sintiéndose mejor, entonces puede iniciar una conversación con facilidad para ayudarla a hablar y sentir que es escuchada. En general, los hombres no hacen esto porque lo último que harían sería iniciar una conversación cuando tienen poco que decir. La situación cambia cuando él entiende el valor de apoyarla para que hable más.

7. No comprende lo que necesito cuando estoy molesta.

Cuando un hombre está molesto, se traslada al hemisferio derecho de su cerebro para resolver el problema, tranquilizarse y sentirse mejor. Lo hace analizando lo que lo está molestando, pensando en soluciones y minimizando el problema. Cuando una mujer está molesta, más que alentarla para que hable más, que es lo que más necesita hacer, él trata de evitar que hable ofreciéndole soluciones. No se da cuenta de que empeora las cosas.

Cuando ella dice: "No entiendes", el hombre se esfuerza aún más por explicar sus soluciones para demostrarle que sí entiende. Con esta nueva perspectiva, un hombre puede aprender a brindarle apoyo concentrándose en entender por qué está molesta más que ofreciéndose a resolver su problema. Cuando un hombre experimenta lo útil que es para ella que no diga nada y trate de comprender sus sentimientos, entonces le resulta mucho más fácil escucharla.

Aprendiendo a mantenerse tranquilo y concentrado mientras escucha a una mujer, el hombre en realidad está desarrollando más conexión entre sus hemisferios izquierdo y derecho. Esto terminará dándole la habilidad para compartir sus propios sentimientos de una forma tranquila y centrada.

8. Cuando discute, siempre tiene que tener razón.

Cuando un hombre experimenta emociones fuertes, es imperativo que use su hemisferio derecho para resolver sus problemas y encontrar control; de otro modo tiende a hacer algo sin pensar. Existe una razón por la que el noventa por ciento de las personas que van a la cárcel son hombres. Estos hombres tuvieron sentimientos fuertes y actuaron impulsados por ellos sin pensar. No es que necesariamente fueran malas personas, sino que no habían desarrollado los millones de neuroconectores de su cerebro para refrenarse y no actuar arrastrados por sentimientos fuertes. Como resultado de sus delitos van a parar a la cárcel donde, con suerte, aprenden a pensar antes de actuar.

Cuando un hombre está molesto, es imperativo que calme sus sentimientos aclarando sus ideas. Luego, basándose en sus ideas claras, puede actuar como corresponde. Este es el motivo por el que los hombres instintivamente sienten la necesidad de tener razón cuando están molestos. Si se molestan y están equivocados, no sólo causan muchos problemas sino que se meten en problemas.

Las mujeres no sienten esa necesidad tan fuerte de tener razón cuando están molestas porque no están a punto de hacer algo. Cuando están molestas, lo más probable es que primero hablen en vez de ponerse a hacer algo de repente y sin pensar. Esta diferencia aparece estadísticamente en la cantidad de mujeres que hacen terapia para hablar de sus sentimientos. El noventa por ciento de las personas que hacen terapia son mujeres. Sin embargo, esto no es sorprendente cuando entendemos que las mujeres usan el cerebro en forma diferente.

Cuando la mujer está molesta, no se siente emocionalmente impulsada a encontrar el "pensamiento perfecto para resolver el problema"; en cambio, sí siente el impulso emocional de ser oída para poder poner en orden sus sentimientos y luego, si hay un problema que se debe resolver, puede concentrarse en su solución.

Desafortunadamente, la tendencia de un hombre a querer tener razón tiene el efecto de hacer que una mujer crea que sus sentimientos están equivocados. Cuando está molesta con él, instintivamente él explica por qué tenía razón en lo que hizo o dijo. El resultado inmediato es que ella siente que lo que él le dice es que no tiene derecho de estar molesta.

Una vez que el hombre comprende este problema, puede resolverlo. En lugar de tener razón, puede concentrarse en resolver el problema "haciendo lo correcto". Cuando aprende que escuchar y confirmar los sentimientos de ella es la mejor solución, el hombre puede despojarse de su tendencia defensiva a disculpar los sentimientos de ella y tener razón.

Entender esta diferencia también es importante para las mujeres. Si un hombre está molesto y quiere tener razón con respecto a cierto punto, la única forma de que la oiga es posponer la conversación y darle tiempo para que se enfríe. Como regla general, cuanto más molesto está, más querrá tener razón y menos podrá comprender y sentir empatía con el punto de vista de ella.

RESPIRE HONDO Y CUENTE HASTA DIEZ

Todos conocemos la antigua frase que nos dice que respiremos hondo y contemos hasta diez cuando nos enojamos. Esto se aplica en particular a los hombres. Cuando un hombre cuenta o resuelve problemas de matemática mentalmente, empieza a trasladarse a la parte de su cerebro que resuelve problemas y sus emociones turbulentas se calman poco a poco. Este cambio al hemisferio derecho de su cerebro le da más objetividad para entender qué lo molesta y qué debe hacer al respecto. Lo protege de dejarse llevar por sus sentimientos sin pensar antes.

Este cambio es especialmente útil cuando usa su hemisferio izquierdo y está a punto de decir algo para comunicar sus sentimientos de ira. Lo mejor que puede hacer es no hablar y calmarse moviéndose a su hemisferio derecho contando hasta diez o resolviendo problemas matemáticos.

Esta técnica no está pensada para las mujeres y no es tan útil con ellas. En lugar de contar para usar su hemisferio derecho, para una mujer es mucho más útil usar su hemisferio izquierdo. Cuando una mujer se mueve a este hemisferio para formular sus pensamientos y hablar, esto en realidad la ayuda a recobrar la objetividad que necesita para entenderse mejor a sí misma y a la situación.

LOS HOMBRES MANEJAN LOS SENTIMIENTOS EN FORMA DIFERENTE

Cuando un hombre pone sus sentimientos en acción, puede ordenarlos. Las actividades simples con algún objetivo, como los deportes, le permiten activar más la parte del pensamiento de su cerebro y manejar las emociones con mayor eficacia.

Un íntimo amigo mío recibió la terrible noticia de que su hija tenía cáncer, lo cual yo ya sabía a través de mi mujer antes que él me llamara para decírmelo. Después de un intercambio normal de saludos, me anunció que tenía malas noticias y luego hizo una pausa.

—Ya me enteré por Bonnie —le dije para evitarle tener que hablar de eso otra vez.

Después de otra pausa, me preguntó si tenía tiempo de jugar al tenis. Le dije que sí y quedamos para encontrarnos en las canchas del barrio un poco más tarde.

Cuando le dije a Bonnie adónde iba, ella comprendió perfectamente y me dijo que le diera a mi amigo un abrazo de su parte.

Durante el partido, cuando mi amigo y yo cambiábamos de lado o íbamos a la red a buscar pelotas, intercambiábamos algunas palabras. Luego jugábamos un poco más y volvíamos a hablar. Para él, jugar al tenis —algo que hacía bien y de lo que disfrutaba— le dio una oportunidad de expresar sus sentimientos acerca de lo que había pasado. Al hablar, pudo reunir sus ideas y luego recibir mi respuesta y apoyo. Pero la forma en que se había conectado con sus sentimientos en primer lugar era jugando al tenis.

Al centrar su atención y su energía en mantener la pelota en la cancha, pudo conectarse y expresar su frustración de no poder hacer desaparecer el cáncer; al pegarle con fuerza y mandar la pelota fuera de la cancha, se conectaba con el dolor de no ser el padre perfecto y reflexionaba acerca de los errores posibles que había cometido. Cuando la pelota caía dentro de la cancha, se conectaba con su deseo de hacer lo correcto y ser el mejor padre posible. Al conectarse con su deseo de ganarme, alimentaba su deseo de ganarle al cáncer y salvar a su hija.

Después del partido, nos sentamos en un banco junto a la cancha y pasamos revista a las distintas formas de apoyar a su hijita durante el momento tan difícil que se aproximaba. A lo largo de nuestra conversación, automáticamente se conectó —y en ocasiones los expresó— con sus miedos de perder a su hija, junto con su profundo sentimiento de amor por ella. A esa altura, le di un abrazo de mi parte y otro de Bonnie.

Esta historia tiene un final feliz. La hija de mi amigo fue tratada con todo éxito y hoy está bien.

Al señalar que los hombres necesitan hacer cosas para poder procesar sus sentimientos, no quiero decir que para un hombre no es útil hablar de ellos. Cada hombre tiene su lado femenino y hablando es como mejor podemos alimentarlo. Sin embargo, primero tiene que tratar de pensar y calmarse antes de hablar.

LOS HOMBRES RECIBEN EL AMOR DE OTRA FORMA

A través de sus acciones un hombre puede conectarse más directamente con sus sentimientos y, cuando se reconocen y se aprecian sus acciones, él se siente más amado.

**La apreciación directa de las decisiones y acciones
de un hombre y el perdón de sus errores
es la ruta más directa hacia su corazón.**

Esta aceptación lo libera para experimentar mejor la plenitud de sentirse amado y, a cambio, volverse más afectuoso. Las mujeres no entienden esto instintivamente porque sus sentimientos están directamente conectados con los centros cerebrales del habla, no de la acción.

Las mujeres, erróneamente, brindan la clase de apoyo cariñoso que ellas desean sin intuir las necesidades de un hombre. Cuando un hombre está afligido, la mujer piensa que le demuestra amor haciéndolo hablar. No se da cuenta instintivamente de que lo mejor que puede hacer es aceptarlo con amor dándole mucho espacio y luego, cuando él acepta su apoyo, respondiéndole con calidez de una forma que diga que ella está feliz de tenerlo en su vida. Con esta nueva noción de cómo se sienten amados los hombres, las mujeres pueden empezar a concentrar su apoyo en lo que es más importante para sus compañeros.

CÓMO MANEJAN EL ESTRÉS LOS HOMBRES

En épocas prehistóricas, había ocasiones en que un cazador no volvía a su casa con una presa. Para soportar la tensión de no haber proporcionado el sustento, desarrollaba estrategias para desviar su concentración de problemas críticos a otros menos importantes que pudiera manejar.

Los hombres se volvieron expertos en olvidar temporalmente sus problemas reales concentrándose en otros menos importantes. Llegaron a depender de hobbies, deportes o cualquier otra actividad que los distrajera de los pensamientos de tener que proporcionar el sustento. Los hombres de hoy, siguiendo los pasos de sus antepasados, dependen igualmente de distracciones y hobbies para aliviar la presión generada por un mal día en la oficina.

Un hobby es una actividad libremente elegida que un hombre lleva a cabo en su tiempo libre. Si bien le exige poco a nivel personal, significa un desafío porque requiere habilidad. Aunque un hobby tenga poca importancia en el mundo real, es importante para la paz mental de un hombre y, en última instancia, apoya su pericia y habilidad para resolver problemas de importancia.

COMPETENCIA Y DEPORTES

Los deportes competitivos permiten a un hombre redirigir y canalizar su agresión. Le permiten también expresar su frustración por no poder resolver problemas de la vida real. En lugar de matar a su presa o a sus enemigos potenciales, se concentra en vencer al otro equipo o jugador.

Para actuar plenamente como un alivio del estrés, un hobby o una actividad debe ser algo en lo que el hombre se destaque. Aunque se sienta mal porque no logró lo que quería en el trabajo, empezar a hacer algo en lo que es bueno lo hace sentirse más en control de la situación. Esta transición lo prepara para reconectarse con su compañera.

Al desviar su concentración del trabajo mediante una actividad aparentemente trivial, el hombre poco a poco recuerda lo que es más importante para él: su amor por su mujer y su familia, y el deseo de estar allí para ellos y con ellos.

LA CAZA, LA PESCA, EL TENIS Y EL GOLF

Si un hombre no puede resolver los problemas de trabajo, aún puede acechar a una presa o traer pescado a casa. Es por esta razón que la caza y la pesca son actividades tan importantes para el tiempo libre. Después de un día provechoso, en lo más profundo de su espíritu masculino siente que ha resuelto su problema y ahora puede relajarse y recibir el amor y el apoyo de su compañera.

El tenis y el golf también son distracciones perfectas para relajarse haciendo algo. Dos hombres se sienten mucho más cómodos estando juntos y en ocasiones hablando si a la vez están haciendo algo.

EL CINE

A muchos hombres les gusta ir al cine porque las imágenes son más grandes que la realidad y les permiten desviar su concentración porque absorben su atención. Al identificarse con los personajes de la pantalla, se liberan temporalmente de sus problemas personales. Las películas de acción son muy útiles para un hombre con un trabajo sedentario. Las películas de suspenso son útiles si tiene un trabajo rutinario. Las películas violentas son útiles si tiene que mostrarse afectuoso todo el tiempo. En el cine, los hombres se conectan con sentimientos que sus "trabajos diurnos" no les permiten sentir o procesar.

LEER O MIRAR LAS NOTICIAS

Cuando el hombre se concentra en los problemas del mundo, los suyos de pronto parecen más pequeños. Puede relajarse porque no siente ninguna responsabilidad inmediata de resolver esos problemas. Están fuera de su control.

LA TELEVISIÓN Y MIRAR EL FUEGO

La actividad más común que el hombre contemporáneo realiza en su tiempo libre es mirar televisión. La mayoría de las mujeres no entienden esto. Algunas detestan cuando un hombre mira televisión porque acapara toda su atención. Otras realmente piensan que los hombres miran televisión para desquitarse. Pero mientras que la televisión es un invento reciente, mirarla es la forma contemporánea de un antiguo ritual.

Cuando visité comunidades tan primitivas que no tenían televisión, noté que al atardecer, mientras las mujeres estaban ocupadas hablando y desempeñando tareas, los hombres estaban sentados en silencio en círculo observando fijamente el fuego.

Mirar el fuego es la actividad que reduce el estrés masculino más antigua y poderosa. Cuando los hombres modernos miran fijamente la televisión están, en efecto, mirando el fuego distraídamente. Permite a los hombres redirigir su atención, dejar de pensar y relajarse. Esta relajación rejuvenece el cuerpo y libera el estrés y las tensiones del día.

CÓMO LOS HOMBRES PUEDEN LOGRAR MÁS HACIENDO MENOS

Cuando un hombre que maneja el estrés olvidando los problemas llega a su casa y lo recibe una mujer que quiere hablar de problemas, por lo general existe mucha frustración. Este problema puede solucionarse cuando un hombre aprende a escuchar sin sentirse responsable de resolver los problemas de la mujer. Cuando el hombre adquiere práctica en esto, puede hasta aprender a desestresarse del día escuchando a su compañera.

Una de las actividades más relajantes es mirar las noticias. Es relajante porque no son problemas que siento que tengo que resolver. Cuando realmente me di cuenta de que no tenía que resolver los problemas de mi mujer para sentirme mejor, escucharla se volvió tan relajante como escuchar las noticias. Y lo que es mejor, ella me aprecia y la televisión, no.

La mayoría de los hombres no se dan cuenta de que haciendo menos en una relación pueden apoyarse a ellos y a sus compañeras mucho más. Al aprender a escuchar los sentimientos de una mujer de un modo comprensivo y concentrándose menos en resolver sus problemas, el hombre no sólo puede hacerla mucho más feliz sino que también puede relajarse. A pesar de que el resultado es una mayor comodidad y apoyo mutuo, requiere bastante esfuerzo lograr dominar este método avanzado para las relaciones.

Es común que un hombre oiga los sentimientos de infelicidad de una mujer después de un día difícil de trabajo y llegue a la conclusión de que debe hacer más para hacerla feliz. Cuando él hace más y ella sigue abrumada, él naturalmente se siente frustrado y poco apreciado y deja de dar. Complacer a una mujer abrumada se convierte en una tarea imposible.

Cuando una mujer está abrumada, necesita apoyo *emocional*. En la mayoría de los casos, primero necesita hablar de sus sentimientos con un compañero que la entienda y le exprese empatía. Sólo entonces puede apreciar los esfuerzos físicos de él para resolver sus problemas.

**Hacer más para que una mujer tenga menos trabajo
no es la respuesta para hacerla feliz.**

La mejor forma de apoyar a una mujer es alimentando su lado femenino para que no sienta la urgencia de hacer todo ahora. Los hombres no se dan cuenta instintivamente de que los sentimientos abrumadores de la mujer no se "arreglan" ni se aclaran ayudándola a resolver sus problemas. Para apoyarla, un hombre debe recordar que sus sentimientos abrumadores se liberan sólo a través de una conversación cariñosa y alentadora.

Como dijimos en el capítulo 3, el trabajo de una mujer *nunca* acaba. Siempre habrá más que hacer. Sin embargo, si aprende a iniciar una conversación y a escuchar respetuosamente, un hombre puede liberarla de la urgencia de hacer todo ahora. Desde esta perspectiva centrada y afectuosa, ella puede lograr lo que es humanamente posible de una manera más relajada.

LOS HOMBRES QUE HACEN DEMASIADO

Cuando un hombre se concentra en resolver los problemas de su compañera más que en proporcionarle el apoyo emocional inicial —a pesar de que sus esfuerzos y acciones son motivados por amor y cariño— empeorará las cosas haciendo demasiado. Observemos algunos ejemplos comunes.

Como tantos hombres, Tom se sentía frustrado al oír a su mujer, Sharon, quejarse porque tenía demasiado que hacer. Su forma de manejar el problema era tratar de dividir las responsabilidades domésticas según pautas que ella aceptaba que eran justas. A pesar de que este esquema parecía la respuesta, los llevó al borde del divorcio.

Vinieron a verme en busca de consejo como la última oportunidad para salvar su matrimonio. Tom empezó quejándose de que aun cuando ya había empezado a hacer la mitad del trabajo de la casa, Sharon no estaba satisfecha. "No soporto más", me dijo. "Estoy dispuesto a hacer más en la casa si eso la hace feliz. Pero si va a seguir así, no quiero seguir con esto."

Tom cometió el clásico error de esperar que Sharon se sintiera feliz si él resolvía sus problemas. Lo que no sabía era que Sharon siempre necesitaría hablar de sus sentimientos; por muchos problemas que él le resolviera, seguiría habiendo otros de los que ella querría hablar.

El problema era que Sharon estaba tan insatisfecha como Tom. Cuando él empezó a hacer más tareas domésticas, ella sintió que había perdido el derecho de quejarse. A esta altura, él se había vuelto tan sensible que cada vez que Sharon estaba abrumada o molesta, automáticamente sacudía la cabeza y se enfurruñaba o la criticaba por ser negativa.

En los sinceros intentos de ambos por resolver el problema, sin querer lo habían empeorado. Observemos qué sucedió:

1. Como estaba haciendo más en la casa, Tom esperaba que Sharon estuviera más feliz.

2. Cuando en ocasiones ella se mostraba abrumada, él se sentía aún más frustrado y poco apreciado.

3. Entonces Sharon no podía hablar de sus sentimientos porque eso molestaba demasiado a Tom.

4. Con el tiempo, Sharon empezó a sentirse cada vez más abrumada.

5. Cuanto más tenía Sharon que controlar sus sentimientos, más urgente se volvía su necesidad de identificar y resolver los problemas.

6. A Sharon ya le resultaba imposible relajarse y disfrutar de su vida y su relación.

HACER MENOS PERO APOYAR MÁS

Al aprender los métodos avanzados para las relaciones, Tom y Sharon pudieron encontrar una solución creativa a su dilema y así salvar su matrimonio. El nuevo deber de Tom no incluiría hacer más en la casa y tratar de resolver los problemas sino escuchar y reconfortar a Sharon. Practicaría dar un apoyo cariñoso y alentador.

Sharon estuvo de acuerdo en tratar de apreciar a Tom por lo que hacía en el trabajo sin exigirle hacer más en la casa. Se concentraría en pedirle que la escuchara hablar de sus sentimientos mientras se aseguraba de que él supiera cuánto apreciaba su apoyo emocional. A medida que él fuera aprendiendo a escucharla cada vez más, podría hacer más sin esperar que ella siempre estuviera feliz o lo apreciara. Resolvieron este problema común en dos etapas.

Primera etapa: sin soluciones

Inicialmente, ambos estuvieron de acuerdo en que Tom no intentaría *hacer* más por ella sino que se concentraría sólo en escucharla.

Él practicó mostrar comprensión hacia los sentimientos de Sharon mientras se aseguraba de no hacer nada directamente para resolver sus problemas. Sharon ya le había enviado el mensaje claro de que él ya *hacía* bastante, y de que lo único que le pedía era que compartiera sus sentimientos.

Con esta dinámica en claro, Tom pudo escuchar a Sharon sin frustrarse. Se sorprendió por lo eficaz que resultó el simple hecho de escuchar. A veces ella sólo decía: "Gracias por escucharme. Me siento mucho mejor". En otras ocasiones declaraba: "Ahora me siento tanto mejor. Me encanta poder hablar así contigo. Siento alivio al saber que puedo hacerlo". Con esta clase de respuesta, no pasó mucho tiempo antes de que Tom comprendiera lo que su mujer realmente requería de él. No sólo era algo placentero sino que en realidad era más fácil que tratar de resolverle los problemas.

Sharon, por otra parte, estaba sorprendida por la atención que le brindaba Tom cuando sabía que todo lo que quería de él era empatía. Tom dijo que se sentía tan libre como cuando se habían conocido. No se sentía responsable por los problemas de Sharon ni los tomaba como algo personal. Como no tenía que *hacer* más, se encontró queriendo hacer más, pero de un modo natural. Después de varias semanas de práctica exitosa, él sugirió empezar la segunda etapa.

Segunda etapa: él ofrece ayuda

Tom debía seguir escuchando como antes pero ahora podía ofrecer su ayuda para resolver problemas haciendo más por ella en pequeñas dosis.

Recomendé que Tom empezara escuchando la letanía de problemas de Sharon y le ofreciera ayuda para resolver los más fáciles. Él se sorprendió al enterarse de que no se esperaba que resolviera los más difíciles. Lo que Sharon necesitaba de él era sentir que no estaba sola con sus problemas. De hecho, Tom descubrió que ofreciéndose a hacer varias cosas pequeñas, daba a Sharon más apoyo que tratando de hacer frente a un problema más grave.

> **Cuando una mujer está convencida de que no está sola**
> **frente a los problemas de la vida,**
> **se siente profundamente reconfortada.**

Sin sentirse presionado para resolver los problemas de Sharon, Tom no sólo aprendió a escucharla mejor sino que —usando sus propios sentimientos como parámetro— aprendió a regular cuánto podía dar sin esperar que su mujer se sintiera feliz todo el tiempo.

Cuando se sintió frustrado porque ella no estaba feliz, reconoció que era una señal de que estaba dando demasiado, no que ella pedía demasiado. A Sharon le encantó eso. Al no sentirse más protectora o responsable por los sentimientos de Tom, pudo compartir libremente sus emociones y hablarle con franqueza sobre su vida. Por fin, se estaba alimentando un parte profunda y femenina de su ser.

Con el tiempo, Tom empezó a dar y a hacer más al sentirse apreciado por sus esfuerzos y no porque estuviera tratando de deshacerse de los sentimientos negativos de Sharon sino porque verdaderamente comprendía sus necesidades y quería ayudar. Se dio cuenta de que, la mayor parte del tiempo, ella sólo necesitaba hablar. Tom pudo cambiar las cosas porque estaba bien preparado.

CÓMO PREPARAR A UN HOMBRE PARA QUE ESCUCHE

Cada vez que la mujer comparte sentimientos abrumadores, el hombre tiende, equivocadamente, a sentirse frustrado o culpable. Es sorprendente, pero sólo hace falta una simple frase para prepararlo adecuadamente de modo que pueda evitar sentirse culpable y escuche con atención. Yo mismo pasé por un proceso gradual para aprender que lo que mi mujer necesitaba o quería de mí no era que resolviera sus problemas. Recuerdo que Bonnie aplicó los métodos avanzados para las relaciones a fin de ayudarme a apoyarla mejor.

En los primeros años de nuestro matrimonio, Bonnie a veces se sentía agobiada y se quejaba de lo que le pasaba en el trabajo.

En cada oportunidad, yo la escuchaba durante algunos minutos y luego le ofrecía lo que pensaba que era un consejo sabio: "Si no te gusta tu trabajo, ¿por qué no lo dejas? No tienes que soportar todo eso". Ella continuaba diciéndome lo que le había pasado que le molestaba o la estresaba. Entonces yo le decía otra vez que debía cambiar de trabajo. Le señalaba por qué tenía que dejarlo y ella defendía su trabajo. Después de un rato, yo ni siquiera quería oírla. Pensaba: "No estés todo el tiempo quejándote de algo si no piensas hacer algo al respecto".

Ella sentía que a mí no me importaban sus sentimientos y que la controlaba demasiado. Discutíamos mucho.

Entonces un día ella intentó con algo nuevo que cambió todo. Me dijo: "Me gustaría hablar sobre mi día, pero primero quiero que sepas que me encanta mi trabajo y no quiero dejarlo". Luego empezó a quejarse. Fue sorprendente. A cada pausa, yo quería decir: "¿Por qué no dejas ese trabajo?", pero no podía porque ya me había contestado diciendo que le encantaba. Al no tener nada que decir, tenía que escucharla sin hablar ni tratar de resolverle los problemas.

Ya me había preparado.

Ella seguía. Después de un tiempo, me di cuenta de que, sin ninguna solución de mi parte, Bonnie estaba, de hecho, más feliz. Al prepararme para lo que iba a decir hizo que fuera más fácil para mí escucharla.

Una mujer puede preparar a un hombre para que la escuche haciéndole saber de antemano qué es lo que necesita. Esto permite que el hombre adapte sus expectativas instintivas a expectativas aprendidas. Por ejemplo, cuando un hombre ha trabajado mucho o le fue especialmente bien ese día, sus expectativas instintivas son mucho mayores. Cuando ella habla de sus problemas, él espera que ella responda favorablemente a sus soluciones y no percibe la necesidad que ella tiene de comunicar sentimientos y hablar de problemas como una manera de sentirse bien. Instintivamente siente que, como resultado de sus acciones de ese día, ella debería estar feliz. Sin una preparación por parte de la mujer, es fácil que el hombre se sienta frustrado.

ÉXITO Y RELACIONES

Cuando un hombre empieza a darse cuenta de que profesionalmente ha llegado a un tope y su compañera se queja, él se desespera pensando que nunca recibirá el apoyo que más necesita. Al ir ascendiendo profesionalmente, había siempre una vocecita que le decía al oído: "Cuando tenga un poco más de éxito, ella me va a apreciar. Cuando gane más dinero y la lleve de vacaciones, estará feliz". Pero cuando él finalmente alcanza un ingreso fijo, le resulta muy difícil manejar la infelicidad de su mujer. Este estrés se alivia cuando el hombre comprende lo que ella realmente necesita, y no se trata de cuánto dinero gana o de si puede resolverle los problemas.

LAS MUJERES Y LA RIQUEZA

Las mujeres también tienen obstáculos que superar cuando sus compañeros ganan más dinero y ellas ya no tienen que trabajar. Se espera que una mujer que no tiene que trabajar sea categóricamente más feliz. Esto no lo espera sólo su marido sino todos sus conocidos. Sin embargo, la falta de una relación en donde encuentra apoyo y aliento es lo que provoca la infelicidad en las mujeres, no la falta de dinero. Una mujer que no tiene que trabajar también necesita un incentivo emocional.

Como puede decirnos cualquier persona sin problemas económicos, el dinero no elimina los problemas. A veces, hasta hace que la vida sea más compleja. Cuanto más dinero, más difíciles son las decisiones acerca de cómo gastarlo, usarlo, protegerlo.

El dinero no impide que las mujeres se sientan abrumadas.

Si un hombre puede usar su dinero para tener más tiempo para estar fuera del trabajo y pasarlo con su mujer y ser más comprensivo con sus frustraciones y problemas diarios, entonces el dinero puede ayudar en una relación. Sin embargo, por lo general, ganar mucho dinero sin arruinar una relación exige un esfuerzo disciplinado y consciente tanto por parte del hombre como de la mujer. Él debe esforzarse por escucharla y ella, por apreciarlo.

Las mujeres se sienten abrumadas cuando sus relaciones diarias no alimentan su espíritu femenino; no tiene nada que ver con el dinero.

Una fortuna mayor puede ayudarla a encontrar más alimento para su espíritu o impedírselo. Como las mujeres con dinero tienden a recibir menos simpatía, muchas veces se sienten abrumadas.

Las mujeres que no tienen tanto dinero no sólo no suelen responder comprensivamente a sus problemas sino que el marido de una mujer rica se vuelve cada vez más intolerante porque instintivamente cree que el dinero debería comprar la felicidad de ella.

Por todas estas razones, es esencial que una mujer rica aprenda a ayudar a su compañero para que le dé el apoyo que ella merece. A veces, todo lo que hace falta son algunas frases bien elegidas que lo preparen para que escuche lo que ella siente. Cuando él puede hacerlo y entiende lo que la mujer está pasando, para ella es más fácil brindarle la apreciación que él necesita.

EL PAPEL CONTRARIO DE LA RIQUEZA

Jeff es un exitoso abogado y Teresa, una esposa y madre que no tiene que trabajar. Durante los diez primeros años de su matrimonio, estaban enamorados y su relación fluía. Cuando Teresa expresaba sentimientos de infelicidad, Jeff podía mostrarse comprensivo porque, aunque trabajara mucho, no tenían mucho dinero. Cuando ella se quejaba, él entendía perfectamente porque apreciaba sus sacrificios. También sentía que un día lograría el éxito y tendría mucho dinero, lo cual finalmente la haría feliz.

De modo que prosperó, pero, como han hecho las mujeres durante siglos, Teresa siguió hablando ocasionalmente de sus problemas. Sin embargo, ahora él no podía manejar la situación y la tomó como algo personal. Sintió que no le daba lo suficiente y que nunca habría dinero que la satisficiera. Cada vez que ella se quejaba acerca de su día o quería más de él, Jeff sentía que ella no apreciaba todo lo que él trabajaba.

Cuando Teresa pidió consejo profesional, insistía en que no le importaba el dinero, los autos o la casa. Ella quería el amor de Jeff.

De inmediato le pedí que se tomara un respiro porque me imaginaba que Jeff reaccionaría a esas palabras con un deseo de atacar.

—Sé cómo se siente —le dije—, pero también sé cómo debe de sonar eso para Jeff. El dinero es el regalo más preciado que le hace.

Trabajó mucho para conseguirlo. Tratemos de encontrar otra manera de compartir esos sentimientos sin rechazarlo. Aunque comprendo que quiera sentirse amada, ¿aprecia también la vida que él le brinda?

—Pero por supuesto —respondió Teresa—. Jeff me da todo. En ese sentido me siento muy afortunada.

—Qué bueno —le dije—. Ahora, esta vez, antes de decirle lo que siente, prepárelo haciéndole saber cuánto aprecia todo lo que él le da.

Teresa necesitaba un pequeño cambio en la dirección para que Jeff viera con claridad todo lo que ella decía. Esto es lo que le dijo:

—Quiero que sepas que me siento muy afortunada de estar casada contigo. Trabajas mucho y me das muchas comodidades que mis amigas no tienen. Algunas ni siquiera saben si podrán pagar el alquiler a fin de mes. También tengo muchos otros sentimientos. Te extraño. Quisiera pasar más tiempo contigo. Me da la sensación de que tus clientes se llevan la mejor parte de ti y cuando llegas a casa estás demasiado cansado para estar conmigo. Todos estos años he deseado poder pasar más tiempo contigo. En el pasado, tenías que trabajar mucho para que pudiéramos subsistir, pero ahora me encantaría darme el lujo de pasar más tiempo contigo.

Esta vez, Jeff pudo oírla sin ponerse a la defensiva y de pronto se volvió mucho más cooperativo. Le expliqué lo importante que era para las mujeres sentirse oídas y que les validaran sus sentimientos. Jeff aprendió que era normal que su mujer tuviera necesidades emocionales y que era perfectamente apropiado que experimentara sentimientos abrumadores.

Jeff poco a poco aprendió a escuchar sin sentir que Teresa no apreciaba todo lo que él le daba. Todo esto llevó mucho tiempo y paciencia, pero ambos cambiaron sus actitudes positivamente mediante el uso de métodos avanzados para las relaciones.

Teresa aprendió a tomar con humor su experiencia de aprendizaje y Jeff lo apreció mucho. A veces, antes de hablar con él de sentimientos difíciles, ella lo preparaba diciendo cosas como: "Realmente estoy feliz de tener tanto dinero. Me encanta y de verdad me hace feliz. También tuve un día horrible; ¿podrías escucharme durante unos minutos? No tienes que decir nada y me sentiré mucho mejor".

Con el tiempo, Jeff logró escucharla mucho y, sin que Teresa tuviera que pedírselo, empezó a pasar más tiempo con ella. A medida que la comunicación mejoró, ella dejó de sentirse tan abrumada y estaba feliz de ver a Jeff al cabo del día. Poco a poco, él empezó a hacer más para ayudar, pero lo que fue más importante, se concentró en escuchar sin sentirse responsable de tener que resolver los problemas de Teresa.

CÓMO LAS MUJERES, SIN QUERERLO, ALEJAN A LOS HOMBRES

Es muy común que un hombre desee alejarse de una mujer porque no entiende la necesidad femenina de hablar de sentimientos y problemas. Mientras que ella cree que sólo está conversando y haciéndole saber que está abierta para él, él interpreta mal la situación, siente que nunca podría hacerla feliz y decide no comprometerse.

Un chofer de *limousine* con quien tuve oportunidad de hablar lo expresó de la siguiente manera cuando le pregunté acerca de las mujeres y las relaciones. Tenía treinta y dos años, era soltero y tenía experiencia. Decía haber tenido siete relaciones que consideraba "especiales". Sentí curiosidad por descubrir qué fallaba. Después de hablar un rato dijo:

—Creo que tengo mal de ojo. Sólo me atraen las mujeres con problemas psicológicos.

Me reí y le dije:

—A ver si puedo adivinar qué pasó. Al principio, estas mujeres eran muy cálidas y estaban bien contigo. Cuando estabas con ellas te sentías bien contigo mismo. Te importaban y querías hacerlas felices. Luego, a medida que la relación progresaba, empezaban a hablar de sus problemas. Era como si dijeras lo que dijeres, volvían con más problemas.

—¡Sí, eso es! —exclamó—. ¿Cómo lo supo? —Le aseguré que esas mujeres no tenían problemas psicológicos. Cuando le expliqué por qué las mujeres se sienten abrumadas y lo que realmente necesitan, él, como la mayoría de los hombres, empezó a sentirse aliviado y expresó un renovado interés en seguir con la relación que estaba queriendo terminar.

Si bien esta es una historia bonita, hay millones de hombres que no saben cómo reaccionar cuando una mujer habla de sus sentimientos. Si las mujeres desean seguir siendo femeninas y compartir sus sentimientos, es esencial que aprendan los métodos avanzados para preparar a un hombre para que las escuche.

Muchas veces sólo hace falta una frase para recordarle de una forma juguetona que la mujer aprecia que la escuche, que sabe que debe de ser difícil escuchar y que en realidad no necesita que le diga nada ni que haga más para que ella se sienta mejor.

Una vez que la mujer domina el arte de preparar a un hombre para que la escuche, empezará a experimentar una nueva libertad de expresión en su relación, ya sea que esté empezando una o que ya la tenga. Y, como sucede con todos los métodos avanzados, sólo hace falta un pequeño cambio que no supone cambiar quienes somos.

DAR Y RECIBIR CON ÉXITO

Sin agobiarse, un hombre *puede* aprender a brindar un apoyo más eficaz a su compañera. A cada paso, la apreciación de ella lo motivará a hacer más. No va a suponer un gran sacrificio ni tampoco se va a sentir controlado.

Los hombres *quieren* ser quienes mantienen a su familia, *quieren* llevarse el crédito por la felicidad de una mujer y se enriquecen al sentirse exitosos por marcar una diferencia. Necesitan sentirse apreciados por ello. Es la clase de amor y apoyo que un hombre más desea de una mujer.

El hombre y la mujer se complementan de un modo mágico. El hombre se enriquece al cuidar con éxito a su compañera mientras que la mujer se enriquece al sentirse cuidada. Es cierto que a la mujer también le encanta cuidar a su compañero pero principalmente necesita sentirse cuidada. Nunca oí decir a una mujer: "Mi marido no me hace nada de caso, pero aun así me *encanta* ocuparme de él". De un modo similar, el hombre necesita sentirse cuidado pero principalmente necesita sentirse exitoso al satisfacer a su compañera.

POR QUÉ SE SEPARAN LAS PAREJAS

Al escuchar a cientos de parejas a punto de separarse, oigo siempre el mismo mensaje. Las mujeres dicen que dan y dan y están cansadas de dar y no recibir. Quieren más.

El descontento de un hombre es similar aunque diferente de un modo muy importante. Los hombres dicen: "Doy y doy, pero haga lo que hiciere, nunca basta para hacerla feliz". Esto es porque la condición masculina para la satisfacción se basa principalmente en llenar las necesidades de la mujer. Cuando ella está feliz, él es feliz.

Los hombres que no quieren dar más simplemente no se sienten bastante apreciados. Antes de pedirle más, la mujer debe convencerlo de que ya está haciendo suficiente. Leerle una lista de lo que está haciendo mal sólo crea más resistencia. Apreciar lo que sí hace, sin embargo, y hacer requerimientos específicos en pequeñas cuotas es la clave para obtener más.

Este simple enfoque del hombre como el que da y de la mujer como la que recibe no significa que los hombres no necesitan a las mujeres o que las mujeres no deben dar. Las mujeres siempre dan y los hombres siempre van a estar felices de recibir. Ese no es el problema. La cuestión es que las mujeres dan demasiado y se sienten muy exigidas, mientras que los hombres sólo dan lo que sus padres dieron y esperan recibir la misma medida de apoyo.

POR QUÉ LAS MUJERES SIENTEN QUE DAN MÁS

Las mujeres modernas sienten que dan más y a cambio esperan que los hombres les devuelvan más.

No se trata de que el hombre esté dando menos. Da lo que los hombres siempre dieron. Mediante la comprensión del problema sin culpa, tanto el hombre como la mujer se sienten motivados para resolver su parte de la situación.

Para resolver este problema básico, primero debemos reconocer que no se trata realmente de cuánto más hace la mujer. En cambio se trata de lo que no recibe para sentirse satisfecha. Como ya hemos visto, la verdadera necesidad no satisfecha de la mujer es su necesidad de ser oída.

Cuando el hombre aprenda a proporcionar apoyo emocional mediante los métodos avanzados para las relaciones, entonces —y no antes— la mujer va a empezar a sentir más calidez y apreciación. Luego, cuando ella se sienta de verdad centrada y brinde al hombre su aprecio, él se sentirá naturalmente motivado a dar cada vez más en la casa.

De la misma manera en que un levantador de pesas poco a poco va formando sus músculos agregando peso lentamente, un hombre hará y dará más en la casa para brindar aliento y apoyo a su compañera si se trata de un proceso gradual.

**Una vez que comienza a experimentar la apreciación de su mujer,
su resistencia a hacer más desaparece.
En lugar de sentirse como un niño controlado por su madre,
empieza a recibir de buena gana los pedidos de ella
para que le dé más y está feliz de responderle.**

En el próximo capítulo estudiaremos cómo los hombres pueden usar los métodos de los antiguos guerreros para eludir y esquivar los ataques verbales en una conversación. Haciendo un pequeño cambio a los antiguos métodos, pueden aprender fácilmente a escuchar a una mujer sin molestarse con ella. Después de concentrarnos en los métodos que los hombres pueden usar, nos dedicaremos a los métodos avanzados que pueden usar las mujeres para comunicarse a fin de que los hombres las escuchen y las entiendan de verdad.

Capítulo 5

Métodos para que el hombre escuche sin enojarse

Para dar a una mujer el apoyo emocional que ella requiere, un hombre debe escucharla de una manera nueva, usando métodos avanzados para las relaciones. Cuando ella está molesta, su manera más poderosa de ayudarla a sentirse mejor es escucharla sin enojarse. Para poder hacer esto bien, no tiene que hacer cambios fundamentales en su propia persona. En cambio, se le pide que vuelva a conectarse con sus métodos de antiguo guerrero.

Aprendiendo a eludir y esquivar lo que oye como censura, falta de confianza y crítica, el hombre puede aprender a escuchar pacientemente y no desmoronarse por el ataque. Escuchando de una manera hábil para no sentirse herido por las palabras y sentimientos de la mujer, empezará a oírla con calma.

Si bien el hombre es perfectamente capaz de dominar este método avanzado para las relaciones, no le resulta tan fácil como suponen las mujeres. La ayuda consciente de su compañera en este proceso puede acelerar su progreso en gran medida.

Ya hemos dicho que oír a una mujer hablar de sus problemas es particularmente difícil para un hombre porque él tiende a ofrecer soluciones que ella no aprecia, o se siente culpable por lo que la molesta.

Si un hombre simplemente practica escuchar de una forma pasiva durante más de diez minutos sin una pauta clara y sin hacer algo para que su compañera se sienta mejor o por lo menos para defenderse, estará cada vez más frustrado y molesto.

Aunque la mujer no tenga la intención de atacarlo o culparlo al hablar de sus sentimientos, es posible que el hombre sienta que lo está haciendo. El solo hecho de escuchar es demasiada inactividad para él. Es como si estuviera de pie frente a un pelotón de fusilamiento. Cuando ella empieza a hablar, él quiere defenderse o ponerse una venda alrededor de los ojos.

En lugar de dejarse herir por las palabras de su compañera, el hombre puede practicar el método avanzado de eludir y esquivar el ataque. Cuando se siente atacado, puede brindarle apoyo activamente no tomándoselo como algo personal. Está fantásticamente equipado para ello pues protegerse del peligro es la habilidad más básica de los guerreros. Si sobrevivió hasta el momento, con algunos ajustes puede empezar a aplicar su habilidad en la conversación.

AUTODEFENSA EMOCIONAL

Los instintos que impulsaban a los guerreros a luchar valientemente para defender o proteger a sus seres queridos entran en juego cuando el hombre moderno trata de escuchar a la mujer moderna.

**El hombre moderno tiene que ser un guerrero
pero ahora debe defenderse sin tomar represalias.**

Para prevalecer, debe aprender bien a eludir y esquivar el ataque. Eludir y esquivar los ataques requiere nuevas estrategias mentales para interpretar correctamente la situación. En lugar de reaccionar ante la censura y la crítica, el hombre aprende a oír el mensaje amoroso correcto en las palabras femeninas y responde en formas que disminuyen la fricción y el conflicto. Eludir y esquivar el ataque permite a un hombre mantenerse calmo y responder con respeto a la necesidad de la mujer de comunicarse.

Cuando el hombre escucha a la mujer *sin* eludir ni esquivar sus palabras, se sentirá todo el tiempo atacado y comenzará a sentirse culpado, criticado, no apreciado, mal interpretado, rechazado, blanco de la falta de confianza o el aprecio. Por mucho que la ame, después de tres golpes directos ya no podrá escucharla de un modo que la apoye. Estalla la guerra.

Cuando un hombre recibe el golpe de las palabras femeninas, es mucho más difícil contener sus instintos de antiguo cazador de intimidar, amenazar o tomar represalias. Una vez que se disparan estas respuestas defensivas, intentará hacer que la mujer cambie de idea mediante la discusión o querrá protegerla de sus propias reacciones agresivas alejándose emocionalmente. Sin embargo, con los métodos avanzados para escuchar sin sentirse atacado, puede apartar con facilidad las reacciones provocativas.

LAS MUJERES AÚN QUIEREN QUE LAS PROTEJAN

Si bien la mujer moderna es independiente y confiada, su naturaleza femenina aún busca al hombre fuerte que pueda brindarle protección. Aún quiere que la protejan, pero en un sentido diferente.

La mujer ahora mira al hombre para que le proporcione el clima emocional en donde explorar y expresar sus sentimientos a salvo. Cuando un hombre puede prestar atención a los sentimientos de una mujer y permitirle expresarlos sin responder en forma negativa, ella no sólo muestra gran aprecio sino que, como resultado, se siente más atraída hacia él.

Eludiendo y esquivando el ataque, el hombre evitará sentirse molesto con su compañera y creará una nueva dimensión de protección para la mujer que ama. Esta nueva habilidad y fuerza no sólo la ayuda sino que asegura que él también obtenga el amor que merece.

La seguridad es el regalo más importante que un hombre contemporáneo puede dar a una mujer. En sociedades cazadoras, esa seguridad era principalmente física. Hoy, también es emocional.

**Cuando una mujer se siente lo bastante segura
como para compartir sus sentimientos con el hombre que ama,
y él puede escucharla sin sentirse herido, la relación progresará.**

No voy a olvidar nunca el día en que descubrí esta verdad en mi propio matrimonio. Antes de entonces, aun sabiendo que la mujer necesitaba ser oída y sentirse comprendida, no me daba cuenta de que la seguridad era un elemento todavía más importante para ella.

El último día del año, decidí comprar una nueva computadora. Había postergado esa decisión durante mucho tiempo pero finalmente me decidí la víspera del día de Año Nuevo para que la descontaran de los impuestos de ese año. Cuando se lo mencioné a Bonnie, la fuerza de su reacción me sorprendió.

—¿*Por qué* necesitas comprarte una nueva computadora? —quiso saber—. Ya tienes una.

Aunque no me gustaba sentirme "cuestionado", me detuve a pensar en su pregunta y luego empecé a explicárselo diciendo simplemente:

—Bueno, por muchas razones.

Al decir lo menos posible, pude "esquivarla" y evitar ser atacado por su inevitable respuesta emocional. De no haberlo hecho, habríamos chocado. Al hacerlo, impedí que la situación se convirtiera en una lucha.

—¿Qué le pasa a la computadora que tienes? —insistió Bonnie.

Volví a hacer una pausa y luego observé:

—Pareces molesta. ¿Cuál es el problema?

—¿Investigaste el mercado? —persistió, sin responder a mi pregunta—. ¿Cuánto va a costar esta computadora?

Aunque otra vez estaba haciéndome preguntas exigentes, supe que Bonnie estaba molesta y necesitaba hablar. Si empezara a darle explicaciones complicadas de por qué necesitaba una nueva computadora, no sólo seguiría molesta sino que yo también lo estaría porque sería como si ella no apreciara mis explicaciones.

**Los hombres deben evitar responder
a las preguntas directas de las mujeres si son provocativas,
dirigir la conversación hacia ellas
y mantener sus respuestas al mínimo
para que ellas expresen sus sentimientos.**

Así fue como sucedió:

John: Creo que antes de hablar de la computadora deberíamos hablar de cómo te sientes. Quiero entender qué sientes y por qué estás fastidiada.

Bonnie: Bueno, estoy fastidiada. Cada vez que quieres algo, sales y te lo compras. No sé por qué debes comprarte otra computadora. La que tienes funciona perfectamente. Si vamos a gastar dinero, hay otras cosas en las que podríamos hacerlo.

John: Está bien, ¿qué crees que deberíamos comprar?

Bonnie: No lo he pensado. Es una sensación. Siento que tú compras lo que quieres y yo estoy en segundo lugar. Quizá yo esté loca al pensar que quieres mucho más que yo. Cuando yo quiero algo, no parece tan importante.

John: ¿Qué quieres?

Bonnie: No lo sé. Pero me da la sensación de que todo lo que hacemos es para ti y no para mí. Siempre hacemos lo que tú quieres y siempre te sales con la tuya. Me temo que no voy a conseguir lo que quiero.

John: Entiendo ese sentimiento.

Bonnie: Esperamos seis meses para rehacer el piso. Tenemos que retapizar el sofá. Todavía hace falta una alacena para la cocina. Hay tantas cosas en la casa en que tenemos que gastar dinero y tú quieres comprarte una computadora. Es como si no te preocuparas por mí. Vas a comprarte lo que quieres y ya está. Lo que yo digo no tiene importancia.

A medida que la conversación se desarrollaba de esta manera, yo esquivaba y eludía sus palabras decididamente. Seguí refrenándome sin contestarle pero me di cuenta de que no podía seguir con esa actitud.

John: De verdad quiero entender tus sentimientos y realmente me cuesta. Estoy empezando a creer que dices que soy un egoísta. ¿Acaso no hago nada agradable?

Bonnie (ablandándose): Por supuesto que sí. No quiero que te molestes. Es sólo que siento muchas cosas. Realmente aprecio que trates de escucharme. El solo hecho de haber podido hablar de mis sentimientos sin que te molestaras conmigo me hace sentir muy amada.

Luego se echó a llorar y yo la abracé con ternura.

LA IMPORTANCIA DE LA SEGURIDAD

En ese momento me di cuenta de lo importante que era para Bonnie sentirse lo bastante segura para expresar sus sentimientos. Cuando cuento esta anécdota en mis seminarios para parejas, a las mujeres siempre se les empañan los ojos al sentirse identificadas con los sentimientos de Bonnie.

**La libertad para expresar las emociones a salvo
con la ayuda de su compañero es de vital importancia para ellas.
Los hombres inevitablemente expresan sorpresa
ante lo mucho que las mujeres necesitan sentirse seguras.**

Cuando un hombre busca una compañera íntima, quiere principalmente sentirse necesitado y apreciado. Cuando una mujer busca un compañero, un requisito clave es la capacidad del hombre de protegerla. Este es un sentimiento primordial directamente conectado con su bienestar emocional.

A lo largo de los siglos, las mujeres buscaron a los hombres para que las protegieran porque era crucial para la supervivencia de su familia. Este papel de protector llega a nuestra generación de relaciones, pero ahora, como ya dijimos, está más vinculado con la seguridad emocional.

**La seguridad emocional garantiza que una mujer
se sienta segura para compartir sus sentimientos
sin la discusión o la interrupción de un hombre quitándoles validez.
Es la fuerza que la libera para ser ella misma.**

Significa que puede hablar sin preocuparse por herirlo y sin temer represalias. Significa que ella puede estar de mal humor sin que su compañero se lo eche en cara o la pase por alto. La seguridad emocional la libera para ser ella misma.

LA LIBERTAD EMOCIONAL PARA SER ELLA MISMA

Las mujeres están tan presionadas para ser afectuosas y dulces que la libertad de ser ellas mismas es el mayor regalo que un hombre puede darles. Aunque él no comprenda realmente sus sentimientos, el intento de hacerlo la hace sentirse poderosamente respaldada.

En ocasiones, una mujer no entiende sus propios sentimientos hasta que habla libremente de ellos. Si no tiene que preocuparse porque su hombre pierda el control o no le demuestre su amor, se siente doblemente aliviada y muy agradecida. Aunque siga molesta *con él* después de recibir su apoyo, le resulta mucho más fácil sacar del fondo de su amor la fuerza para perdonar y olvidar.

Regresemos a la anécdota de la computadora: al hablar de sus sentimientos, mi mujer pudo procesar sus emociones —no sólo hacia el tema de la computadora— que se habían acumulado con el tiempo. Al expresarlos verbalmente, Bonnie pudo dejar de lado su resistencia emocional y apoyarme.

En términos generales, cuando alguien, hombre o mujer, tiene una fuerte reacción emocional, es hacia una combinación de muchos elementos, no sólo el tema en discusión.

EL MOMENTO ADECUADO PARA RESOLVER PROBLEMAS

Después de abrazar a Bonnie, comencé a concentrarme en sus preguntas. Ahora que se sentía oída, era hora de dejar las emociones de lado y dedicarse a resolver los problemas.

—Estuve averiguando sobre esta computadora durante meses —comencé—. Es una gran oportunidad. Y si la compro hoy, puedo pedir que me la descuenten de los impuestos de este año. Pero tengo que llegar al negocio antes que cierren.

"Entiendo que quieras cosas para la casa —le aseguré—. Cuando vuelva, ¿por qué no nos sentamos a planear lo que *tú* quieres? ¿Te parece bien?

—Me parece bien —respondió con una sonrisa.

Así que me compré la computadora y Bonnie arregló los pisos. Lo más importante fue que ambos tuvimos la satisfacción de saber que de alguna manera habíamos hablado el lenguaje del otro, nos habíamos comunicado por completo y habíamos crecido juntos en el amor.

SE TRATA DEL SENTIDO DE LA OPORTUNIDAD

El sentido de la oportunidad es esencial cuando se ofrecen soluciones. Personalmente descubrí que me sentía muy molesto con Bonnie cuando seguía dejándose dominar por las emociones o discutiendo después que le ofrecía soluciones. Como hombre, creía que el regalo más valioso que podía ofrecerle era una solución. Era como darle mi joya más preciada a la mujer que amaba y que ella la rechazara.

Poco a poco aprendí que cuando una mujer está molesta, pocas veces tiene la capacidad para apreciar soluciones. Esto es porque lo que necesita en ese momento es que la oigan, no que le solucionen los problemas. En algunos casos una solución empeora las cosas minimizando o hasta invalidando sus sentimientos.

Culpar a Bonnie por no apreciar mis soluciones cuando está molesta y necesita que la oigan sería como culpar a un león hambriento por morderme la mano luego de habérsela puesto en la boca. Si bien puedo entender intelectualmente que hay momentos en que mi mujer no puede apreciar del todo mis soluciones, la sensación sigue siendo de un rechazo.

El arte de ofrecer soluciones es primero asegurarse de que una mujer sea receptiva a los intentos de ayudarla.

**Al ofrecerle una solución antes de que esté lista para oírla,
el hombre se arriesga a sentirse rechazado, lo cual disminuye mucho
su capacidad para seguir escuchándola sin fastidiarse más.**

Una vez que se siente golpeado, inevitablemente volverá a sentir lo mismo y cada golpe emocional será cada vez más doloroso. Después del tercer golpe, es aconsejable tomarse tiempo para calmarse, pensar las cosas y luego reanudar la conversación cuando se sienta más equilibrado.

LA MECÁNICA INTERNA DE ESQUIVAR Y ELUDIR EL ATAQUE

Para algunas mujeres, el diálogo anterior podría sonar como si John Gray fuera un hombre afectuoso que puede oír a su amada mujer porque la adora. La verdad es que la amo con todo mi corazón, pero en el incidente de la computadora, evitamos una desagradable discusión y un encuentro de voluntades porque pasé años practicando los métodos para esquivar y eludir, y Bonnie me apoyó en ese proceso.

Al principio de nuestro matrimonio, Bonnie y yo muchas veces nos peleábamos y discutíamos porque en esencia no hablábamos el mismo idioma. Ahora, después de conocer los cambios que debemos hacer y practicar los métodos avanzados para las relaciones, la comunicación es mucho más fácil.

Cuando las conversaciones se convierten una y otra vez en peleas, uno o ambos terminarán cerrándose y la pasión empezará a desaparecer. Cuando los hombres empiezan a entender esto, se sienten motivados a escuchar más. Sin embargo, si uno no es ágil para esquivar y eludir los ataques, todo se vuelve muy difícil. Los hombres que asisten a mis seminarios siempre se sienten agradecidos por los consejos acerca de esquivar y eludir y siempre piden información nueva.

Volvamos al "incidente de la computadora" pero esta vez notemos las reacciones y reflejos interiores para esquivar y eludir el ataque que me permitieron escuchar con paciencia y darle a mi mujer la consideración y el apoyo que merecía. Esta descripción de lo que hace falta para escuchar con paciencia puede sorprender a las mujeres y ayudarlas a apreciar más lo que le ocurre a un hombre. Una comprensión profunda puede ayudarla a aceptar y a ser más paciente cuando él necesita tomarse su tiempo y no hablar por un rato.

Antes de mencionar siquiera la computadora, tengo que prepararme para la resistencia de Bonnie, pues cada instinto de mi cuerpo me dice que ella lo desaprobará. Para empezar, no tiene la misma apreciación que yo hacia los aparatos y cosas eléctricas.

Su resistencia hace que la conversación me resulte mucho más difícil. En cierto sentido, me siento como un niño o un subordinado pidiendo permiso. No me siento muy hombre, de hecho, me siento débil.

Logro superar mi resistencia recordándome que no necesito su aprobación sino que estoy apoyándola respetando su necesidad de ser incluida en la decisión. Para sentirse respetada, necesita que yo seriamente considere cualquier oposición o sugerencia suya.

Aunque la computadora es una compra exclusivamente para mí, Bonnie es mi igual en la vida y merece ser incluida en cualquier decisión económica importante. Para que ella se sienta igual, necesita que yo tenga en cuenta sus emociones.

Planeo mis palabras con cuidado pensando en que sean lo más breves posible para darle espacio para cualquier reacción que tenga. Después de todo, pasé seis meses dominando mi resistencia, sopesando los pros y los contras de comprar una nueva computadora. ¿Por qué no habría de mostrar ella algo de resistencia? Con esta preparación, empiezo la conversación.

La importancia de la contención

John (al pasar): Durante varios meses estuve pensando en comprar una computadora nueva. Sé lo que quiero pero también quiero incluirte en el proceso. ¿Qué te parece?

Bonnie (escandalizada): ¿*Para qué* necesitas una computadora nueva? Ya tienes una.

Hago una pausa y considero su pregunta. Antes de contestar, "contengo" mi reacción y practico el método avanzado para esquivar y eludir el ataque. Respiro profundamente y me recuerdo que es normal que esté molesta. No significa que yo no pueda obtener lo que quiero.

No tengo que molestarme. Que hable. Fue una forma rápida de esquivar el ataque.

Bonnie: ¿Qué le pasa a la computadora que tienes?

John: Hmmm.

A esta altura la eludo con rapidez y vuelvo a estudiar la situación pensando que aunque suena como si ella estuviera controlándome, no lo está haciendo. No dice que me equivoco por querer una computadora y tampoco actúa como mi madre que me dice que no puedo comprarme una. No necesito su permiso, pero merece mi consideración.

Sin embargo, está molesta y necesita hablar antes de apoyarme. A lo mejor esto lleva veinte minutos. Es crucial que me relaje, me ponga cómodo y deje que sondee sus sentimientos en voz alta. Aunque suene como una censura, no lo es. No debo tomarlo como algo personal.

Mientras me esfuerzo por esquivarla, siento deseos de gritar: "¿Cómo te atreves a decirme qué hacer? ¿Por qué tienes que molestarte porque quiero comprar una computadora?" Por suerte, aprecio la sabiduría de la contención y la esquivo no cediendo al impulso de expresar lo que siento.

LAS MUJERES NO EXIGEN CONFORMIDAD

Los hombres no se dan cuenta de que una mujer emocionalmente molesta no está exigiendo conformidad o sumisión por parte de ellos. Sólo quiere ser considerada. Él supone erróneamente que tiene que luchar para ser él mismo cuando ella sólo quiere ser oída, no detenerlo ni controlarlo.

Un hombre no entiende esto instintivamente porque está mucho más orientado hacia un objetivo.

**Cuando un hombre está molesto y habla,
su objetivo es hacer que quien lo oye esté de acuerdo con él
para que el problema pueda resolverse.**

Cuando una mujer está molesta, primero quiere hablar de ello y decidir más tarde qué cree que debería pasar. Un hombre supone erróneamente que tiene que ceder ante los sentimientos femeninos y sacrificarse si desea complacerla. Llega a la conclusión de que tiene que estar de acuerdo con su punto de vista antes que ella pueda volver a sentirse bien. Si no está de acuerdo y no quiere ceder, el hombre se siente impulsado a señalar las deficiencias de los argumentos de ella para hacer que esté de acuerdo con él.

Si comprende esta diferencia, un hombre puede contener su tendencia a discutir cuando una mujer se deja llevar por las emociones. Cuando uso mi cerebro en lugar de mis entrañas, puedo esquivar y eludir su ataque con total eficacia. Esto no significa que deba pasar por alto mis impulsos. Son inevitables. Lo que hace falta en una relación es que los hombres controlen sus instintos cuando se sienten censurados o atacados y no tomen represalias.

Por supuesto, habrá momentos en que un hombre se sienta golpeado por las palabras y se moleste. Es de esperarse. Una mujer puede manejar la situación cuando él está molesto si él puede contener sus reacciones negativas y responder respetuosamente. Siempre que él contenga sus sentimientos y no pierda el control, eso se convierte en apoyo. Sin embargo, una sola expresión despectiva puede echar a perder veinte minutos de apoyo atento.

Cuando las emociones están comprometidas, es importante que los hombres piensen antes de actuar. Cada vez que contengo mis reacciones y uso el cerebro para responder, tanto Bonnie como yo salimos ganando. De otra forma, ambos perdemos. Quizá yo gane la discusión, pero terminaré perdiendo su confianza.

LO QUE LAS MUJERES ADMIRAN EN LOS HOMBRES

Una mujer admira a un hombre si él tiene la fuerza para controlar sus emociones y la sensibilidad para considerar los méritos y la validez de lo que ella dice. No tiene que meter la cola entre las patas y hacer todo lo que ella quiera.

> **Una mujer admira a un hombre si él tiene la fuerza
> para controlar sus emociones y la sensibilidad
> para considerar respetuosamente su punto de vista
> como una perspectiva válida.**

A las mujeres no les gustan los hombres pasivos y sumisos. No quieren ser el jefe en una relación íntima. Quieren ser socias por igual. Si un hombre respeta la necesidad primaria de una mujer de ser oída, ella responderá a sus deseos con el mismo respeto.

ESQUIVAR EL DESAFÍO

Volvamos a Bonnie, yo y la computadora. La conversación continúa y ella dice con tono desconfiado: "¡Bueno! ¿Hiciste averiguaciones de mercado? ¡¿Cuánto va a costar esta computadora?!"

Yo estoy lívido y en silencio me digo: "¿Quién es ella para dudar de mi capacidad? No necesito que me diga cuánto dinero gastar en una computadora. ¡No necesito otra madre!"

Antes que estas emociones se vuelvan reales, me aseguro de refrenarlas recordando mi objetivo: proporcionar un lugar seguro para que ella comparta los sentimientos que tenga.

Me resulta muy útil siempre tener mi objetivo en mente. Necesito recordar que no estoy tratando de ganar un juicio. En cambio, sí quiero dar a mi mujer apoyo y aliento en un momento en que ella tiene poco que darme.

Si fuera abogado, mi objetivo podría ser invalidar de inmediato sus credenciales. No sólo trataría de desacreditar su capacidad, sino que establecería la mía propia en el campo de las computadoras. Después de todo, yo usaba una y ella no. Además, yo había estudiado programación de computadoras. ¿Cómo se atrevía a desafiar mi autoridad?

Esta clase de enfoque en las conversaciones crea un conflicto y una fricción inmediatos. Es posible que convenza a un juez, pero si un hombre usa estas tácticas en sus relaciones personales, terminará usándolas en el juicio de divorcio.

> **Lo peor que puede hacer un hombre**
> **cuando discute con una mujer**
> **es invalidar los sentimientos de ella.**

MÁS QUE TENER RAZÓN, HAY QUE HACER LO CORRECTO

Cuando una mujer se deja llevar por las emociones, cualquier intento por parte del hombre para explicar lo correcto de su punto de vista invalida los sentimientos de la mujer. En lugar de tratar de tener razón, trato de ver lo correcto de sus sentimientos. De esta forma, ella a su vez podrá apoyarme más.

Para tratar de seguir prestándole mi apoyo en la conversación, tengo que recordar que Bonnie no pretende desacreditarme. Los cuestionamientos son una reacción automática cuando las mujeres no se sienten lo bastante seguras para compartir sus sentimientos. De modo que, en vez de responder, esquivé los misiles de desconfianza y recordé que ella estaba atrapada en medio de un proceso y en realidad no pretendía ser despectiva con respecto a mi capacidad.

Más que a sentirme desafiado, aprendí a interpretar las preguntas de mi mujer como un ruego para que la "oyera".

> **Cuando las mujeres se dejan llevar por las emociones,**
> **en general hacen preguntas como señal**
> **de que necesitan ser cuestionadas ellas mismas**
> **para poder explorar sus sentimientos.**

La duda y el temor de Bonnie eran menos por mi capacidad que por si yo estaba interesado o no en sus sentimientos. Esta duda era válida, porque mi instinto me decía que yo no quería que ella interfiriera. Pero mi corazón y mi cabeza me decían que ella me importaba y quería darle el respeto que merecía.

Ahora volvamos a nuestro diálogo.

En respuesta a las preguntas de Bonnie, rechazo hacer caso a mi instinto de discutir en favor de realinearme con mi objetivo principal: apoyarla y recibir su apoyo.

John: "Creo que antes de que hablemos de la computadora deberíamos hablar de cómo te sientes. Quiero entender tus sentimientos y por qué estás molesta".

Esta clase de enfoque firme es necesario si se quiere minimizar las discusiones. Aunque un hombre practique los métodos avanzados para las relaciones e intencionalmente no resuelva los problemas de la mujer, el cuestionamiento de ella puede atraparlo fuera de guardia. De pronto, está ofreciendo respuestas en lugar de hacer más preguntas.

Cuanto más dice un hombre, más tiene la mujer para cuestionar, y más molesto se pondrá él. Cuantas más palabras diga la mujer, más oída se sentirá ella y él, más apreciado. La técnica avanzada para recordar aquí es tratar de no responder haciendo más preguntas. Responder a su pregunta pidiéndole que hable más.

El hombre siempre se sentirá tentado a defender su punto de vista. Instintivamente siente que si tan sólo pudiera compartir *su* comprensión de la situación, ella se sentiría mejor. En realidad, la mujer se siente mejor sólo cuando él comparte su interpretación de una situación. Cuando la mujer se siente comprendida y valorada, puede relajarse. De otro modo, siente que debe luchar para que la oigan.

SOLUCIONES RETRASADAS

A esta altura de la conversación sobre la computadora, me estoy conteniendo para no ofrecerle soluciones a Bonnie. No le explico que, como escritor, dependo de mi computadora como un cowboy de su caballo. Que adoro las computadoras y que ciertamente puedo pagar una. Que mis detalladas averiguaciones me aseguran que este modelo y este precio son el mejor negocio que puedo hacer. O que como es una amortización de este año, en realidad estoy ahorrando dinero comprándola hoy. Pero todos estos argumentos son fútiles hasta que no averigüe antes qué es lo que en realidad le molesta.

Si no hubiera estado molesta ni necesitara hablar cuando le comenté lo de la computadora, simplemente habría dicho: "Quieres otra computadora. ¿Qué características tiene?" Al escuchar durante un momento, podría decir con toda naturalidad: "¿Cuánto va a costar? ¿Qué opinan las revistas?", etcétera, y yo lo habría hablado con ella.

Sin embargo, esta vez no está respondiendo de tan buena gana. Para evitar empeorar las cosas en momentos como éste, aprendí a no querer jamás buscar la lógica y tratar de mantener una conversación técnica orientada hacia una solución.

**Cuando una mujer está molesta,
le resulta muy difícil apreciar las explicaciones del hombre o,
para el caso, todo su enfoque racional.**

EVITAR LAS GENERALIZACIONES

A mi pregunta acerca de sus sentimientos, Bonnie contesta: "Bueno, estoy molesta. Cada vez que quieres algo, lo consigues. No sé por qué tienes que tener otra computadora. La tuya funciona perfectamente. Si vamos a gastar dinero, hay otras cosas en que podríamos hacerlo".

Cuando reconoce que está molesta, mi voz interior dice: "¡Sí! Ahora puedo hacerle hablar de eso y pronto se sentirá mejor. Cuidado, John, no corrijas nada de lo que diga, escúchala en silencio. Recuerda: los sentimientos no deben tomarse literalmente. Son expresiones poéticas para indicar las emociones pasajeras. No deben tomarse como afirmaciones reales. Tampoco se refieren a mí".

Cada vez que Bonnie empieza a usar afirmaciones incorrectas o a hacer generalizaciones, me relajo porque es un signo claro de que no estamos sosteniendo una conversación intelectual o basada en hechos reales. Está expresando la necesidad de sentirse oída. Cuando finalmente se siente oída, los sentimientos de resistencia pasan.

La mayoría de los hombres temen que si no corrigen las afirmaciones de una mujer, ella va a seguir aferrándose a ellas como si fueran hechos. Esto es verdad en la corte pero no en una relación. Si en la corte dijera: "Cada vez que quieres algo, lo consigues", yo tendría que señalar la incorrección de su declaración. Me defendería recordándole todas las cosas que quiero y no tengo. Le señalaría todas las veces que sacrifiqué mis deseos por ella. Mientras que es posible que esta sea la forma en que giran las ruedas de la justicia, no es eficaz en una relación personal.

Explicar que yo también hago sacrificios —como esperar seis meses para comprar la computadora— sólo confirmaría que no comprendí sus sentimientos en general. También estimularía su necesidad de hablar de sus sacrificios. Antes de que nos diéramos cuenta, estaríamos discutiendo sobre quién se sacrifica más.

HACER PREGUNTAS AMISTOSAS

La conversación de la computadora continúa y Bonnie completa sus comentarios diciendo: "Hay otras cosas en las que podríamos gastar el dinero". Hace una pausa. Esta es mi oportunidad para ser cortés y preguntarle qué piensa que deberíamos comprar.

Cuando ella hace la pausa, tengo una oportunidad. Puedo hacerle una pregunta con tono amistoso o por lo menos neutro para hacer que se exprese más. O puedo deshacer todo lo que logré preguntando algo censurador como: "¿Cómo puedes decir eso?"

Lo que la mayoría de los hombres no entiende es que cuanto más siente una mujer su derecho de estar molesta, menos molesta va a estar. Si un hombre no la critica por ser crítica, ni la culpa por culparlo, le da una oportunidad de expresar cualquier crítica o censura que pueda estar abrigando.

POR QUÉ LOS HOMBRES DISCUTEN CON LOS SENTIMIENTOS

Los hombres suponen que el pensamiento de una mujer emocional es inflexible. No se dan cuenta de que en esos momentos, cuando una mujer habla de sus sentimientos no está llegando a conclusiones ni expresando opiniones fijas.

**Cuando una mujer comparte emociones negativas,
en general está en medio del proceso de descubrir
lo que cree que es verdad. No está estableciendo un hecho objetivo.**

Habla para "descubrir" el alcance de los sentimientos dentro de ella, no para dar una descripción precisa de realidad objetiva, Eso es lo que hacen los hombres. En cambio, ella está más interesada en descubrir y describir lo que sucede en su mundo subjetivo e interior.

Mientras tanto, espero que Bonnie responda a mi pregunta acerca de lo que *ella* siente que deberíamos comprar en lugar de la computadora, pero ella aún está tratando de descubrir cuáles son sus sentimientos. Finalmente me dice: "No es que ya tenga todo esto pensado. Es sólo un sentimiento. Siento que tú consigues lo que quieres y siempre te sales con la tuya. Quizá me enfurezca que tú quieras tanto más que yo. Cuando quiero algo, no parece tan dramático".

Me doy cuenta de que "No es que ya tenga todo esto pensado" significa que aún habla de sentimientos, no de hechos. Pero aun con su ayuda, sigo tratando de esquivar y evitar sentirme criticado y poco apreciado. Por dentro parezco un volcán en ebullición.

¿Cómo puedes decir que siempre me salgo con la mía?, le cuestiono en silencio. Hago tantas cosas por ti. Trabajo mucho para que puedas tener prácticamente todo lo que quieres. ¿Cómo tienes el descaro de siquiera sugerir que no eres importante para mí? Aunque estas sean mis reacciones, me doy perfecta cuenta de lo contraproducente que sería expresarlas.

Si tuviera que "decirle lo que pienso de ella", sólo sería para tratar de convencerla de que está equivocada o de que es muy injusta. Lo único que lograría sería invalidar sus sentimientos y confirmar sus dudas y desconfianza. Pero escuchándola sin atacarla, le doy tiempo y la oportunidad de hablar más, recordar las cosas que tengo y liberarse de los comentarios negativos *sola*. A pesar de mi resentimiento, estoy convencido de que pronto lo conseguirá.

Cuando una mujer tiene la oportunidad de compartir sus sentimientos libremente comienza a sentir más amor. En ocasiones, es posible que se dé cuenta de lo equivocadas, incorrectas e injustas que sonaron sus afirmaciones, pero en la mayoría de los casos, se olvida de ellas cuando empieza a ver las cosas desde una perspectiva de mayor amor.

Para los hombres es difícil comprender enseguida este cambio de estado de ánimo porque es ajeno a su naturaleza y no logran entenderlo. Cuando un hombre está molesto y habla con la persona que lo está perturbando, tiende a seguir molesto a menos que esa persona esté de acuerdo con él de alguna manera significativa o hasta que encuentre una solución. El solo hecho de escucharlo y asentir con la cabeza demostrando comprensión no basta si está realmente molesto.

Después que una mujer comparte un sentimiento negativo, el hombre equivocadamente lo toma como su conclusión "definitiva" y piensa que ella lo está culpando. No sabe que los sentimientos de la mujer van a cambiar si él le permite hablar de ellos.

POR QUÉ LOS HOMBRES SE SIENTEN ATACADOS

En las sesiones de terapia, es muy común que una mujer comparta sus sentimientos y un hombre se sienta atacado y juzgado. Así es como sucede:

Él dice: "Me estás culpando".

Ella contesta: "No. Sólo comparto mis sentimientos".

Entonces él añade: "Pero tus sentimientos me dicen que estás culpándome. Cuando dices que sientes que te paso por alto, estás diciendo que no soy atento. Cuando dices que no te sientes amada, me estás acusando".

Ella replica: "No, no es así. Estoy hablando de cómo me siento yo. No estoy hablando de ti".

Él: "¡Sí que lo haces! Soy el único con quien estás casada".

Ella: "No puedo hablar contigo".

Él: "Ahí estás otra vez culpándome por cómo te sientes".

Sin una intervención, seguirán discutiendo hasta que se rindan, frustrados.

El hombre debe entender lo que está pasando realmente en el interior de una mujer cuando ella parece culparlo. Por otra parte, una mujer puede establecer comunicación con mucha más facilidad comprendiendo por qué su compañero imagina que ella lo está culpando.

A medida que los hombres empiecen a entender el pensamiento y el proceso de los sentimientos de las mujeres, verán que desde el punto de vista femenino, en realidad ella no los está culpando.

Durante años no pude comprender esto al escuchar a mi mujer. Era verdaderamente difícil esquivar el problema cuando me sentía una y otra vez culpado. Cuando ella hablaba de sus sentimientos conmigo, yo sentía una imperiosa necesidad de discutir con ella. Hasta que un día todo eso cambió. Fue algo que me ocurrió cuando la acompañaba a hacer algunas compras.

Al observar a mi mujer haciendo compras, noté una marcada diferencia entre nosotros. Cuando yo iba de compras, encontraba lo que quería, lo compraba y me iba lo antes posible, como un cazador que atrapa una presa y se apresura a volver a su hogar con ella. Sin embargo, Bonnie estaba encantada probándose un montón de ropa.

Cuando por fin encontró una tienda que le interesó, me sentí aliviado y me instalé en una silla junto a los probadores. Bonnie estaba muy entusiasmada con varios conjuntos. Yo estaba muy entusiasmado porque no sólo ella estaría feliz sino porque por fin nos iríamos. ¡Qué equivocado estaba!

En lugar de limitarse a comprarse uno o dos conjuntos rápidamente, tardó lo que me parecieron años probándose cada uno para ver cómo se sentía con ellos. Al regodearse frente al espejo, hacía comentarios tales como: "Éste es ideal, ¿no? Pero no estoy segura. ¿Es realmente como para mí? Los colores están bien. Me encanta el largo".

Finalmente anunció: "No, no es para mí". Esta escena se repitió con cada uno de los conjuntos. A veces, antes de quitarse uno, decía con firmeza: "Me gusta éste".

Después de cuarenta y cinco minutos con lo mismo, nos fuimos sin que comprara nada. Para mi sorpresa, no estaba en absoluto frustrada. Yo ni siquiera podía imaginarme invirtiendo tanto tiempo y energía en la caza, y luego volver a casa con las manos vacías y aun así estar feliz.

Al reflexionar sobre ese incidente, me di cuenta de que esa era la clave para comprender por qué una mujer parece censurar aunque diga que no es así.

Es que una mujer abrumada habla de sus sentimientos de la misma manera en que hace compras. No espera que le compremos un sentimiento en particular y tampoco piensa comprarlo ella misma. Básicamente se está probando conjuntos emocionales para ver si le quedan bien. El hecho de que tarde mucho tiempo probándose uno o poniendo a prueba una emoción no significa que sea "ella".

Las mujeres que comparten sus sentimientos no están comprometidas con ellos sino que están en proceso de descubrir qué se adapta mejor a ellas. El hecho de que una mujer diga algo no significa que vaya a llevárselo a su casa y usarlo para siempre.

Ahora bien, para ser justo, cuando mi mujer parece censurarme, finjo que estamos de compras y que apenas está empezando a probarse ropa. Es posible que pase una hora antes de que realmente "salgamos de la tienda", pero sólo entonces puedo saber lo que finalmente cree.

LOS SENTIMIENTOS NEGATIVOS NO SON PERMANENTES

Es más sencillo para un hombre evitar los sentimientos de resistencia de una mujer y no sentirse censurado si recuerda que sus sentimientos no son permanentes y que está probándoselos para ver cómo le quedan. Si el hombre discute con ella, se pondrá a la defensiva. Al tener que protegerse, la mujer es incapaz de colocarse de inmediato en el lugar en donde puede volver a poner sus sentimientos negativos en su estante y "comprar" otros más positivos.

Las mujeres expresan cosas negativas en voz alta para descubrir el cuadro positivo, afectuoso y más preciso de lo que sucedió. Aunque el hombre haya cometido algún error, al despojarse de los sentimientos negativos, la mujer logra ver el cuadro general y recordar todo el bien que él le hace.

Expresar sentimientos negativos ayuda a las mujeres a aceptar a los hombres y amarlos tal como son sin esperar que sean perfectos ni depender de ello. Para encontrar el verdadero amor que no exija perfección, la mujer necesita el apoyo del hombre para poder expresar sus sentimientos sin tener que responsabilizarse por cada palabra que pronuncia.

La mujer necesita expresar sus sentimientos de una forma libre y fluida si desea encontrar el amor en su corazón.

LOS SENTIMIENTOS NO SON HECHOS

Cuando un hombre expresa un sentimiento, es más como un hecho, algo que cree que es cierto pero carece de evidencia objetiva para respaldarlo. Esto no es lo que desea expresar la mujer cuando comparte sus sentimientos. Para las mujeres, los sentimientos no son tanto acerca del mundo exterior como acerca de su *experiencia* de ese mundo. Para ellas, los sentimientos y los hechos son animales muy diferentes.

El comentario de Bonnie de que "Siento que todo lo que hacemos es para ti y no para mí. Siempre hacemos lo que tú quieres y siempre te sales con la tuya" parecía un comentario crítico sobre mí. La oí decir: "Eres egoísta y sólo te preocupas por ti mismo. Yo no te importo. Sólo hacemos lo que tú quieres". Pasé por alto ese comentario recordando que sus sentimientos no eran hechos acerca de mí. Cuando logro recordarlo, eso la ayuda a recordarlo a su vez. También me quedé tranquilo porque sabía que cuando una mujer puede expresar, dramatizar o intensificar sus sentimientos acerca de una situación y sentirse oída, puede empezar a ver sola los hechos positivos con mayor claridad.

CÓMO ELUDIR LA CRÍTICA

Para eludir la crítica de Bonnie, tuve que recordar que ella en realidad no quería que sus palabras fueran la afirmación de un hecho. Sus sentimientos no eran una declaración final y crítica acerca de mí y mis acciones. Traducido a un lenguaje que yo entendía, ella dijo:

"A veces, cuando me dejo dominar por las emociones y no pienso con claridad, como ahora, olvido lo maravilloso que eres y todas las veces que estás allí para ayudarme, y empiezo a sentir *como si* todo lo que hacemos fuera para ti y no para mí. Siento *como si* no pudiera pedir lo que quiero porque a ti no te importa. Sé que en realidad sí te importa, pero así es como reacciono *a veces*, en particular cuando, como hoy, realmente quieres algo. Cuando realmente quieres algo, lo expresas con tanta claridad que *parecería* que ya no fuéramos una pareja y todo lo que yo digo no cuenta. Yo sé que sí te importo, pero esos sentimientos surgen. Tu consideración de mis sentimientos haría que me sintiera bien ahora. ¿Podrías dejarme tranquila diciéndome que sí te importo y escuchando mis sentimientos?"

Esperar que en realidad diga todo esto no es realista. Iría en contra de su naturaleza femenina ser en extremo racional, lógica y objetivamente precisa cuando está en medio de un proceso de explorar, compartir y liberar sus emociones negativas.

**Un hombre que no exige una precisión masculina y exacta
a una mujer que se deja llevar por la emoción
le permite alcanzar la objetividad
con mayor amor, confianza , aceptación y apreciación.**

Para lograr eludir la crítica, un hombre debe recordar que todos los sentimientos son temporales. Escuchando las emociones negativas de la mujer, le da la oportunidad de descubrir también sus sentimientos positivos. A cambio, la mujer puede ayudarlo *a él* a eludir y esquivar estas situaciones haciendo comentarios que la apoyan. En el próximo capítulo exploraremos más a fondo estos comentarios.

LOS SENTIMIENTOS CAMBIAN

Otro consejo para evitar estas situaciones es recordar que los sentimientos negativos pueden girar ciento ochenta grados en unos minutos sin que un hombre diga nada. Si un hombre reacciona de un modo negativo a los sentimientos negativos de una mujer y ella no se siente comprendida, debe seguir explicando esos sentimientos antes de poder avanzar. Lo único que se logra reaccionando de un modo negativo es prolongar el proceso.

No es una contradicción —de hecho, es perfectamente normal— que una mujer diga en una sola conversación: "Siento que sólo te interesas por ti mismo" *y* "Realmente te preocupas mucho y me brindas mucho apoyo".

Una vez que es consciente de la flexibilidad inherente a la mujer, el hombre puede relajarse y escuchar en lugar de concentrarse en cómo hacerle cambiar de idea. Cuando un hombre no sabe cómo evitar estos momentos, se resiste "expresando lo que le sale de las entrañas", lo que a su vez obliga a la mujer a perder su flexibilidad y a adoptar una actitud cerrada, rígida y de justificada indignación.

APACIGUAR HACIENDO MÁS PREGUNTAS

Cada vez que un hombre hace preguntas a una mujer, le envía el mensaje *apaciguador* y tranquilizador de que le importa y que está allí para ella. Al hacer preguntas o comentarios como "¿Cómo puedo ayudarte?" o "Cuéntame más", él la libera de sentir que está luchando una batalla perdida. En el capítulo 7 encontraremos una lista de preguntas "apaciguadoras".

**Ganamos preguntando más,
perdemos hablando de nuestras reacciones.**

El secreto de apoyar a una mujer que se siente perturbada o abrumada es ayudarla a elaborar sus sentimientos haciendo que diga más palabras, negativas o positivas, precisas o imprecisas, defensivas o vulnerables. Cuanto más palabras el hombre puede oír y eludir, más se sentirá ella oída y vista, lo cual hará cambiar su actitud hacia el amor.

Recordemos que si una mujer no tiene que concentrarse para que un hombre la escuche, puede hacer lo que le resulta más natural: hablar y cambiar *su propia* actitud. Para ayudarla a sentirse más afectuosa y aprobadora, a continuación se ofrece una lista de consejos para los hombres:

1. Cuando sospeche que está enojada, no espere que ella inicie la conversación (cuando usted lo hace, le quita el cincuenta por ciento de su carga emocional).
2. Al dejarla hablar, recuerde que no la ayuda molestándose con ella por estar enojada.
3. Cada vez que sienta una fuerte necesidad de interrumpirla o corregirla, no lo haga.
4. Cuando no sepa qué decir, no diga nada. Si no puede decir algo positivo o respetuoso, guarde silencio.
5. Si ella no quiere hablar, hágale más preguntas hasta que lo haga.
6. No importa lo que usted haga, no corrija o juzgue los sentimientos de ella.
7. Manténgase tan tranquilo y centrado como pueda, reprima sus reacciones. (Si pierde el control y "expresa lo que le sale de las entrañas" aunque sea por un momento, pierde y tiene que empezar todo otra vez pero con desventaja.)

Así como eludir, esquivar y apaciguar son todos métodos de lucha, también lo es brindar. En una lucha verdadera, un hombre necesita esperar y estar atento al momento adecuado para asestar el golpe y hacer contacto. En una conversación amorosa, el hombre necesita aplicar este mismo método. Tiene que observar y esperar el momento adecuado para brindar una palabra o una frase de apoyo que acabe con la batalla.

En una conversación amorosa, el hombre tiene que aplicar la habilidad guerrera de brindar apoyo.

Durante la conversación de la computadora, después de oír muchos de los sentimientos de Bonnie, esperé su pausa natural para preguntarle qué quería. Al apoyarla cuando expresa sus deseos —aunque todavía no sepa lo que quiere— le permito que se abra y sienta mi deseo de apoyarla.

Preguntarle qué quiere no significa que yo deba abandonar lo que yo quiero. Sí significa que voy a tener que expandir mi percepción para ver cómo puedo apoyar sus deseos y los míos. Eso le muestra que tomo en consideración sus necesidades tanto como las mías, Esta clase de respeto por igual es un ungüento calmante que alimenta su alma femenina herida.

LO QUE SIGNIFICA ENTENDER LOS SENTIMIENTOS

Para ilustrar mi siguiente punto, volvamos a la conversación de la computadora. Cuando Bonnie expresa sus sentimientos, yo estoy esperando brindarle otro comentario sustentador para convencerla de que estoy de su lado. Después que dice que tiene miedo de no lograr lo que quiere, es fácil apoyarla.

Le digo: "Entiendo ese sentimiento".

Al decirle que la entiendo, no quiero decirle que estoy de acuerdo con su miedo. No le estoy diciendo: "Sí, tienes que tener miedo de no lograr nunca lo que quieres. Estás casada con un tipo de verdad egoísta".

Al decirle: "Entiendo ese sentimiento" , en realidad le estoy diciendo: "Entiendo lo que es sentir miedo de no lograr lo que uno quiere. Muchas veces me sentí así en mi vida. Es doloroso e incómodo".

Durante una conversación en la que dominan las emociones, el hombre tiene que estar alerta y dispuesto a ofrecer muestras simples de su apoyo como asentir con la cabeza, darle un abrazo o hacer sonidos que indican comprensión.

Cuando las mujeres están molestas, quieren ser vistas. A diferencia de los hombres, no quieren que las pasen por alto o las dejen solas. Lo más importante que un hombre puede hacer es notar cuando su compañera está molesta. Cuando ella se siente vista, puede verse a sí misma más directamente y puede explorar mejor sus sentimientos.

Cuando un hombre escucha, la tendencia básica es desviar la mirada para pensar en lo que se está diciendo. A las mujeres les resulta difícil comprender esta diferencia porque cuando hablan de sus sentimientos entre ellas, instintivamente se brindan apoyo mirándose mucho a los ojos.

Si un hombre se limita a mirar a una mujer a los ojos cuando ella habla de sus sentimientos, su mente se pondrá en blanco y se apartará de todo. Si no entiende que una mujer necesita mayor contacto visual que él, el hombre tiende a desviar la mirada para tratar de entender lo que su compañera quiere decir o cómo va a responderle.

Aprender a mantener el contacto visual no sólo brinda una clase muy importante de apoyo sino que también ayuda al hombre a contener su reacción de tratar enseguida de ofrecer una solución a los problemas de la mujer. El truco para un hombre es no sólo recordarlo sino hacerlo sin que su mente quede en blanco.

Esto puede lograrse si mira de una manera especial. En lugar de fijar la vista, primero debe mirarla a los ojos durante dos o tres segundos. Luego, cuando su instinto natural sería volver la cabeza y desviar la mirada, debe mirarle la punta de la nariz. Después de eso, debe mirarle los labios, el mentón y luego toda la cara. Después de todo esto, debe empezar otra vez.

Este procedimiento lo hace mirarla y, sin embargo, le impide alejarse mentalmente. También logra relajarlo porque es algo más que puede hacer en lugar de permanecer pasivo, sin hacer nada.

LOS FRENTES FRÍOS

Cuando percibo un frente frío que viene de la dirección de mi mujer, mi antiguo método para hacerla sentirse mejor era suponer que necesitaba espacio para estar sola. Después de un rato, notaba que el frente cada vez era más frío, y definitivamente se dirigía hacia mí. Murmuraba para mis adentros que no merecía la frialdad de Bonnie y en mi interior empezaba a enfurecerme. Terminábamos discutiendo y nuestra peleas sacaban chispas.

Una vez que comprendí más a las mujeres, ya no me quedé sentado sin hacer caso a mi mujer cuando se mostraba fría ni me puse cada vez más furioso cuando ella se distanciaba cada vez más.

Con el tiempo se me ocurrió que, al darle más espacio, lo único que hacía era empeorar las cosas. Finalmente me di cuenta de que Bonnie no quería más espacio sino que quería más contacto y atención. La mayoría de las veces en que sentía el frente frío, yo ni siquiera era la causa de él, ella solamente necesitaba hablar para entrar en calor. Pero cuando no me daba cuenta y me acercaba a tocarla y a hacerle preguntas afectuosas, ella se volvía más fría y distante. De modo que si bien al principio sus sentimientos no eran por mí, pronto lo eran.

Ahora manejo los frentes fríos preparándome para ponerme un abrigo y lanzarme a la tormenta. Tocándola e iniciando una conversación, sé que va a terminar entrando en calor sin que yo tenga que hacer más que esquivar, eludir, apaciguar y brindar apoyo.

CÓMO HACER QUE UNA MUJER FRÍA ENTRE EN CALOR

Ahora cuando percibo una corriente fría que proviene de Bonnie, de inmediato voy a tocarla.

Si ella no me rechaza cuando hago contacto físico, sé que no soy yo la causa de su aflicción. Si me rechaza, me doy cuenta de que voy a tener que esquivar y eludir mucho más, pero también sé que va a terminar amándome aún más.

No sólo la toco para disipar su enojo, sino también para controlar la temperatura. Si está realmente furiosa conmigo, lo averiguo y hago las preguntas apropiadas. Si no lo está, simplemente me relajo al no tener que esquivar y eludir posibles ataques. Para iniciar una conversación, le pregunto cómo estuvo su día o si está molesta conmigo. En el capítulo 7 se ofrece una lista completa de preguntas.

En la mayoría de los casos, una mujer va a responder a esas preguntas con: "No, no eres tú. ¡Pasan tantas cosas!", y luego va a seguir hablando. Aunque *haya estado* un poco molesta con su compañero, enseguida tenderá a desechar esos sentimientos porque él inició la conversación. Cuando se siente apoyada, puede ser muy generosa con su amor.

Si una mujer abrumada dice: "No eres tú"
antes de empezar a decir a un hombre lo que la molesta,
para él por supuesto es más fácil escucharla.

QUÉ HACER CUANDO ELLA ESTÁ ENOJADA CON ÉL

Cuando una mujer está enojada con un hombre, el mensaje más efectivo que él puede enviarle es que tiene derecho a estar enojada, que puede hacerlo con tranquilidad y que él quiere entender qué hizo para molestarla y así dejar de hacerlo.

Cuando toco a Bonnie y ella permanece fría o se aparta, lo más importante para mí es recordar no sentirme herido u ofendido por su rechazo. Como estoy controlando la temperatura, estoy preparado para un posible rechazo. Si no estuviera preparado, instintivamente reaccionaría con ira.

Observemos otro ejemplo. Un día sentí un frente frío que venía creciendo desde hacía varias horas. De verdad no tenía idea de qué podía tratarse. Mi antiguo yo habría reaccionado sintiéndose poco apreciado e injustamente rechazado. En cambio, sabía cómo tomar el toro por las astas dándole una oportunidad de hablar de lo que le pasaba.

Cuando la toqué, de inmediato se apartó. Pero en lugar de alejarme a toda prisa, reuní mis habilidades y métodos para las relaciones y no tomé su reacción como algo personal. Permanecí en el mismo lugar, mirándola, preguntándome qué estaría perturbándola. Tardó por lo menos de quince a treinta segundos en darse cuenta siquiera de que me había rechazado. Como mi reacción no había sido negativa, resultó fácil reconstruir la confianza.

Ahora sabía con toda certeza que estaba furiosa conmigo. Para protegerme y no sentirme herido por su ira y censura, me cuidé mucho de hacerle una pregunta como: "¿Estás enojada conmigo?" o "¿Hice algo malo?" Para no sentirme herido, era mejor empezar por lo menos con una pregunta que no me vinculara directamente con su enojo.

EL PODER DE LA PERSEVERANCIA TIERNA

La pregunta neutra más efectiva que puede hacerse en esos momentos es: "¿Quieres hablar de algo?" Si la respuesta es no, es fácil esquivar la situación porque en el fondo puedo comprender con facilidad que no tenga ganas de hablar.

Digo: "Realmente quiero entender lo que sucedió". Otra vez me cuido de no exponerme demasiado a su enojo.

Ella hace una pausa y declara: "No hay mucho que decir". Eso me indica que hay mucho que decir. Empiezo a prepararme para eludir y esquivar los comentarios.

Mi objetivo es perseverar con suavidad en mi objetivo de estar allí para ella. Al mantenerme firme sin exigir más, me gano su respeto y ella recibe el mensaje de que realmente me importa.

Cuando las mujeres no quieren hablar,
en general es porque no se sienten seguras,
no sienten que nos importa, o creen que no vamos a entender.
Esta resistencia sólo puede vencerse con una tierna perseverancia.

Teniéndolo en cuenta, digo: "¿Se trata de algo que dije o hice?"

Su respuesta es una profunda inhalación y un largo suspiro que indican que en realidad no quiere hablar del tema.

Digo: "Si es así, realmente quiero saberlo", luego, después de una pausa: "Si te herí, quiero saber qué hice para no repetirlo".

A esta altura ella se abre y contesta suavemente: "El otro día cuando estábamos hablando, atendiste el teléfono justo en la mitad de lo que estaba diciendo. Después ni siquiera me pediste que terminara lo que había empezado a expresar. Me sentí de verdad herida".

Digo: "Lo siento, fue muy insensible de mi parte". Aunque en mi boca se agolpa una serie de explicaciones, las aparto y extiendo la mano para tocarle el hombro. Esta vez ella no me rechaza.

Bonnie procede a hablar de sus sentimientos y después de un rato volvemos a sentirnos unidos. Hace algunos años, nunca habría sabido cómo hacerlo. ¿Cómo podría? Nadie me lo enseñó jamás. Pero ahora que estoy "trabajando" según pautas nuevas basadas en los métodos avanzados para las relaciones, sé qué hacer.

LO QUE HACE FALTA PARA ESQUIVAR Y ELUDIR EL ATAQUE

Una vez que hemos dominado los elementos de los métodos avanzados para las relaciones, sólo hace falta un momento para discernir cómo usarlos. Es parecido a golpear una pelota de tenis o de golf: hace falta mucha práctica para desarrollar el swing pero, una vez que se aprende, es prácticamente automático.

Aprender a escuchar es parecido a aprender cualquier método nuevo. Cuando se conduce un auto por primera vez, el mecanismo parece muy complejo.

Después de mucha práctica, sin embargo, un conductor avezado ni siquiera piensa en los cambios porque el proceso se convierte en una serie de acciones reflejas.

Para un hombre, aprender a escuchar con atención sin molestarse o frustrarse cuando una mujer está enojada es definitivamente una habilidad nueva y difícil. Sin embargo, con mucha práctica puede convertirse con facilidad en algo natural.

SI TAN SÓLO NUESTROS PADRES HUBIERAN SABIDO

Si un hombre hubiera observado a su padre en repetidas ocasiones escuchar a su madre cientos de veces mientras crecía, no necesitaría un entrenamiento intensivo. Pero como nuestros padres y madres no conocían los métodos avanzados para las relaciones, hay técnicas que todos nosotros debemos aprender.

En las generaciones futuras, cuando nuestros hijos tengan la oportunidad de crecer observando a sus padres emplear estos métodos de comunicación, no les resultará tan difícil aplicarlos en sus relaciones.

Hasta ese momento, si los hombres deben aprender este método importante, la ayuda de las mujeres es invalorable. En mi propia experiencia, el elemento que me ayudó a aprender más rápidamente es la cooperación y el apoyo de mi mujer. Al no esperar que yo fuera perfecto y al hacerme saber cuándo la estaba ayudando, hizo mi camino más fácil.

En el próximo capítulo, estudiaremos los métodos avanzados para las relaciones que las mujeres pueden usar para ayudar a los hombres a saber escuchar. Basándose en antiguos métodos para brindar apoyo y ternura, pueden aprender a amar y cuidar a un hombre sin convertirse en su madre. Las mujeres aprenderán a aplicar los métodos para brindar amor incondicional que les son tan naturales mientras que, al mismo tiempo, se aseguran de recibir el amor y apoyo que ellas mismas necesitan.

Capítulo 6

Métodos para que la mujer hable y el hombre la escuche

Cuando las mujeres se dirigen a los hombres del modo en que siempre hablaron con otras mujeres, ellos no las entienden o sencillamente dejan de escucharlas. Es como si las mujeres hablaran un idioma diferente que los hombres tienden a interpretar mal. Una mujer puede ayudar mucho a un hombre a aprender su idioma haciendo unos cuantos cambios significativos en su estilo de comunicación.

Aprendiendo a hacer una pausa y preparar a un hombre antes de compartir sus sentimientos, la mujer de inmediato empieza a recibir la clase de apoyo que más necesita.

**Dejando bien en claro cómo quiere que la apoye,
puede relajarse y hablar de sus sentimientos sin tener que preocuparse
por molestarlo o perder su atención.**

Esta fórmula para hablar a fin de que un hombre escuche puede resultar tan fácil como decir la siguiente frase: " No tienes que decir ni hacer nada. Sólo necesito hablar de mis sentimientos para sentirme mejor".

Haciendo primero una pausa y luego preparándolo de esta manera, él no se siente obligado a ofrecer sugerencias o pensar en soluciones para que la mujer se sienta mejor. En lugar de concentrarse en tratar de resolverle los problemas cuando ella se los cuenta, el hombre puede relajarse y escucharla realmente. Haciendo menos, logra brindarle el apoyo emocional que ella está buscando.

Los hombres se comunican y hacen negocios de un modo principalmente lógico y centrado. Durante ocho horas diarias y en diferentes grados, una mujer que trabaja siente la exigencia de expresarse de esta manera. Si se limita a hablar en "masculino", es posible que el hombre la escuche más, pero ello la aleja de su femineidad.

Cuando la mujer llega a su casa, su primera prioridad es encontrar el equilibrio para volver a ser femenina. Sin embargo, si de pronto comienza a hablar en "femenino" y trata de compartir sus sentimientos sin una guía clara, el resultado será un inevitable detrimento de sus relaciones íntimas. Terminará adoptando la postura masculina o cerrando su parte femenina que necesita hablar. Ambas cosas son desastrosas para su felicidad y satisfacción.

Para relajarse y volver a conectarse con sus sentimientos cálidos, afectuosos y femeninos después de ser combativa, eficiente y tener un objetivo preciso durante el día, la mujer necesita la libertad, el permiso y el apoyo en su relación para comunicar sus sentimientos sin objetivo preciso, sin lógica ni razón determinadas.

Para recuperarse de su día, necesita expandirse libremente expresando sus sentimientos. Si está siempre examinándolos para asegurarse de que estén correctos, precisos y presentados de un modo lógico, permanece de su lado masculino. Si no comprenden lo que hace falta para alimentar el lado femenino de la mujer, los hombres se sienten en extremo frustrados con la necesidad que tienen las mujeres de hablar de un modo femenino.

Un hombre no sabe todo esto instintivamente porque su lado masculino se alimenta cuando ella habla de una manera centrada, directa, clara, lógica y con un objetivo preciso después de mucho pensamiento, consideración y deliberación. No se da cuenta de que exigir a su compañera este enfoque centrado es contraproducente e inevitablemente le impedirá ser femenina.

La mujer contemporánea se enfrenta a un nuevo dilema. O bien se entrena para hablar como un hombre y pierde parte de sí misma así como una fuente esencial de felicidad, o resta importancia a la resistencia del hombre y da rienda suelta a sus sentimientos. En respuesta a la libre expresión de ellos, el hombre deja de escucharla y ella termina perdiendo el amor y el apoyo masculinos. Como ningún enfoque funciona, es una suerte que exista otra salida.

Tradicionalmente, las mujeres no dependían de los hombres para mantener una conversación que las llenara ni tampoco se les exigía hablar como hombres a lo largo del día. Si una mujer tenía que ser más lineal cuando en ocasiones hablaba con un hombre, estaba bien porque tenía todo el día para hablar con un desplegado estilo femenino.

Las mujeres modernas tienen una necesidad mucho mayor de hablar de un modo "femenino" con sus compañeros porque las privan de esa oportunidad en el trabajo.

La necesidad de comunicarse con los hombres es un nuevo desafío tanto para las mujeres como para los hombres. Mediante la aplicación de nuevos métodos femeninos, una mujer puede ayudar mucho a un hombre a escuchar sus sentimientos. Una vez que el hombre está preparado, la mujer puede relajarse y dejarse llevar. Este es el secreto. Cuando ella dice unas pocas palabras, el hombre se condiciona para tratar eficazmente con el diferente estilo femenino de comunicarse. Aunque las palabras de ella normalmente suenen críticas y reprobatorias para un hombre en idioma "masculino", aunque él aún sea bueno para esquivarlas y eludirlas, si está preparado correctamente hasta puede manejar un golpe directo.

El gran Houdini

Mi ejemplo preferido de la necesidad de un hombre de estar preparado proviene de la vida del gran Houdini. El mago Harry Houdini hizo el desafío de que podía salir de cualquier parte. Era un escapista. Se hizo famoso por salir de cajas encadenadas, camisas de fuerza, cajas fuertes y cárceles. El segundo desafío que hizo no es tan conocido.

Dijo que cualquiera, por grande que fuera, podría golpearlo en el estómago y no le dolería. Podría soportar cualquier golpe.

Una noche de Halloween, durante el intervalo de su espectáculo de magia, un joven estudiante universitario fue a verlo a su camarín y le preguntó:

—¿Es verdad que puede soportar cualquier golpe?

—Sí —respondió Houdini.

Antes de que éste tuviera oportunidad de prepararse, el estudiante le asestó un golpe corto y rápido. Fue ese golpe el que mató al gran Houdini. Lo llevaron de inmediato al hospital pero murió al día siguiente.

Como Houdini, un hombre puede hacer frente a los golpes verbales de una mujer si está preparado y, en cierto sentido, puede endurecer los músculos del estómago para evitar que lo hieran. Si no está preparado, entonces es doblemente vulnerable y pueden herirlo con mucha facilidad.

Hay una serie de formas en las que la mujer puede preparar al hombre para que oiga lo que ella dice sin que las palabras lo afecten. En este capítulo, sugeriré algunas que pueden ser apropiadas para usted y otras que tal vez no lo sean. Con el tiempo, es posible que otras formas le parezcan más apropiadas a medida que usted y su pareja se familiaricen con ellas.

PROBARSE DIFERENTES CONJUNTOS

Trate estas sugerencias como si fueran conjuntos diferentes de ropa que le gustaría ponerse. Pruébeselos, y si le gustan, véalos con su pareja para ver si también le gustan. Elija el que prefiera.

Sugiero los siguientes ejemplos como punto de partida para desarrollar otras expresiones. Una vez que entienda el mecanismo, se convertirá en una forma natural de apoyar a la persona que más ama en su vida. Con el tiempo se encontrará integrando estos métodos avanzados para las relaciones con todos sus conocidos.

Darle al hombre las pautas de su tarea

Cuando una mujer habla, es común que el hombre no sepa qué se requiere de él. Le resulta difícil escuchar porque no entiende qué se espera de él o qué está diciendo ella en realidad en su idioma. Si no es hábil para esquivar y eludir las palabras, cuanto más se *preocupa*, más golpeado se sentirá por lo que le parece una crítica según su idioma "masculino".

**Para un hombre es mucho más fácil esquivar y eludir ataques
en el terreno de los negocios porque no interactúa
con una preocupación tan abierta por los demás.
En sus relaciones románticas es mucho más abierto y vulnerable,
de modo que cuando se siente golpeado le duele mucho más.**

La nueva tarea de una mujer es hacerle saber disimuladamente lo que necesita antes de empezar a hablar. Al darle las pautas de lo que tiene que hacer en un lenguaje que pueda entender, él tiene la oportunidad de relajarse y no tiene que esforzarse tratando de adivinar qué quiere ella. Este es un giro nuevo para las mujeres, pero una vez que lo aprenden se liberan y pueden expresar su poder como mujeres de un modo distinto y nuevo.

Usar métodos antiguos en una forma nueva

A pesar de su nuevo giro, la "preparación" es una habilidad femenina realmente antigua en la que las mujeres son muy hábiles. Su naturaleza instintiva les exige preparación. Mientras que los hombres de las cavernas se concentraban en la cacería del día, las mujeres se preparaban para el futuro.

Hay un conocimiento intuitivo en las mujeres que reconoce que todo crece naturalmente en pequeñas etapas cuando se crean y se alimentan con paciencia las condiciones apropiadas. El lema instintivo de la mujer es: Una pizca de prevención vale un kilo de cura.

Hasta ahora, las tradicionales responsabilidades diarias de la mujer reflejaban esta tendencia a preparar. Cada día pensaba con anticipación para planear y preparar las comidas para su familia. Para crear un ambiente de afecto y cariño para ella y su familia, preparaba su hogar para hacerlo tan bello y edificante como fuera posible. Para tener un jardín, primero preparaba la tierra antes de plantar las semillas.

Como madres, las mujeres siempre se tomaron tiempo para preparar a sus hijos para el mundo, paso a paso. Al guiar a un niño para que juegue en forma independiente, una madre primero le ofrece los juguetes apropiados o establece las condiciones. Para preparar al niño para leer, *ella* le leerá primero a él. "Preparando" un ambiente de calidez y ternura, ella sabe que el niño automáticamente crecerá y florecerá.

Tradicionalmente, las mujeres ponen mucha más atención a cómo se visten y al aspecto que tienen. Cuando una mujer se viste, instintivamente emplea más tiempo para prepararse a fin de que su expresión personal sea apropiada al acontecimiento o al ambiente. Preparar su rostro con el maquillaje adecuado, preparar su piel porque es más sensible y ponerse adornos en el cuerpo para atraer la atención apropiada son todas expresiones de su tendencia a preparar.

Hasta biológicamente las mujeres requieren más preparación. Para dar a luz a un hijo, se prepara durante nueve meses. Para disfrutar plenamente del sexo, su cuerpo requiere mucho más tiempo, estimulación y preparación. En particular, antes de la conveniente aparición de toallas femeninas, la mujer tenía que prepararse de antemano para su ciclo menstrual.

Tradicionalmente, la mujer se preparaba para el matrimonio permaneciendo virgen. Antes de tener relaciones sexuales y, por lo tanto, un bebé, se preparaba asegurándose de que su compañero estuviera comprometido con ella y pudiera proporcionarle el sustento. Hasta el seguro de vida es un antiguo rito femenino de preparación. En la antigüedad, ella se preparaba para la posibilidad de la muerte de su marido manteniendo una imagen positiva en la comunidad.

Las mujeres siempre están preparándose. Es su naturaleza, y son buenas en eso. Una de sus grandes frustraciones ocultas es que no saben cómo preparar a un hombre para que escuche. Sin una clara comprensión de que los hombres hablan en "masculino" y no en "femenino", la mujer no puede intuir la necesidad de prepararse para tener una conversación. Ella ingenuamente supone que si él la ama, por instinto comprenderá su idioma.

Aun así, las mujeres sí preparan a un hombre para que las escuche pero generalmente en formas instintivas que funcionarían con otras mujeres pero no con hombres. Ella supone equivocadamente que si le hace muchas preguntas acerca de cómo fue su día, él va a estar preparado para escucharla. Esta clase de preparación no sirve.

Preparar a un hombre para que escuche es una nueva técnica para las mujeres.

De la misma manera en que los hombres pueden emplear sus antiguas habilidades de cazador para esquivar y eludir ataques, una mujer puede transformar un antiguo arte femenino es un método avanzado para las relaciones aprendiendo a preparar a un hombre para que la escuche.

Los tiempos han cambiado, así que ni siquiera un hombre bien intencionado e inteligente sabe lo que una mujer en realidad necesita. Mientras ella habla, él le ofrecerá todo el tiempo una sarta de comentarios, correcciones y soluciones. En respuesta, ella dirá: "No entiendes".

La falta de comprensión es una de las de las quejas más comunes que las mujeres tienen de los hombres. Es tan trillada que cuando un hombre la oye, de inmediato se pone a la defensiva porque en "masculino" ella está diciendo que él es estúpido y, por lo tanto, incapaz de ayudarla.

Esta frase: "No entiendes" es tan automática para una mujer que no tiene idea de que está impidiendo que el hombre le brinde el apoyo que necesita. Esta frase no sólo suena a crítica sino que para él no tiene sentido alguno.

Él siente que lo que hace demuestra que sí entiende lo que ella dice y para mantener su orgullo está dispuesto a luchar para demostrarlo. Aunque empezó con la intención de ayudar, termina deseando discutir.

Cuando una mujer dice: "No entiendes", en realidad quiere decir: "No entiendes que en este preciso momento *no* necesito una solución".

No obstante, el hombre oye que ella no aprecia su solución y se estanca discutiendo acerca de la validez de su enfoque y explicando su punto de vista en un momento en que lo único que ella necesita es hablar.

**Si la mujer quiere que el hombre comprenda
lo que ella realmente necesita, debe evitar decir:
"No entiendes" aunque lo piense, pues la frase es tan acusatoria
que a un hombre le resulta difícil oírla.**

Sin embargo, hay una alternativa. Primero, haga una pausa y considere que él está esforzándose por comprenderla y luego diga: "Déjame intentar decir eso de un modo diferente".

Cuando el hombre oye esta frase, también recibe el mensaje de que no terminó de entender a la mujer, pero de un modo no crítico. Está mucho más dispuesto a escuchar y a tomar en consideración lo que ella dice. No se siente criticado ni censurado y, como resultado, desea apoyarla. Sin saber qué moviliza a los hombres, sería casi imposible que una mujer adivinara que un hombre preferiría mucho más oír: "Déjame intentar decir esto de un modo diferente" en lugar de "No entiendes". Sin embargo, para un hombre la diferencia es tan obvia que nunca pensaría en sugerirlo.

LA SABIDURÍA DE LA PAUSA Y LA PREPARACIÓN

Para cuando el hombre ofrece soluciones y la mujer sólo quiere que la oigan, existen métodos avanzados para las relaciones que no lo ofenden, mediante los cuales la mujer puede ayudarlo a brindarle el apoyo que necesita. Si aprende a "hacer una pausa" y "prepararlo" para escuchar, la mujer puede continuar sin que él la interrumpa con sus soluciones.

Cuanto antes deja claro la mujer que no necesita una solución, más fácil será para su compañero cambiar de actitud, dejar de ofrecer soluciones y escuchar. Por ejemplo, Si un hombre ha estado escuchando y ofreciendo soluciones durante veinte minutos y la mujer hace una pausa para hacerle saber que no necesita sus soluciones, él se sentirá tonto, no apreciado y se pondrá a la defensiva.

A veces, cuando mi mujer, Bonnie, habla de sus problemas, empiezo a ofrecerle pequeñas soluciones. A pesar de que enseño métodos avanzados para las relaciones, en ocasiones me olvido de esquivar y eludir sus palabras.

En lugar de expresar una reacción inmediata como: "No entiendes" o "No estás escuchando", ella hace una pausa y me prepara para que le brinde mi apoyo. En lugar de concentrarse en lo que estoy haciendo mal, ella me recuerda lo que se supone que tengo que hacer. Esta estrategia es definitivamente un método avanzado para la relaciones.

Dice de modo indiferente: "Ay, no tienes que resolver esto. Sólo necesito hablar de ello. Ya estoy empezando a sentirme mejor. Creo que lo único que necesito es sentirme oída".

Lo dice con el mismo tono de voz que uno podría emplear con un invitado que después de cenar se pone a lavar los platos. En esa situación, un anfitrión amable diría automáticamente: "No tienes que molestarte, ya lo haré más tarde. No es para tanto. Volvamos al living".

Cuando me recuerda con suavidad lo que debo hacer, me siento feliz de hacer el cambio y brindarle mi apoyo. Cuando una mujer usa este clase de tono indiferente cuando le recuerda algo a un hombre, minimiza el error de él y le permite seguir escuchando sin dificultad.

CÓMO AYUDAR A UN HOMBRE A ESCUCHAR

Una vez, después de escuchar a Bonnie durante unos diez minutos, comencé a mostrarme bastante cansado. Al llegar a casa, me sentía maravillosamente, pero después de oírla quejarse de su vida durante diez minutos, me sentí un completo fracaso. También me sentí un inútil porque pensé que ella era infeliz y que era poco lo que yo podía hacer para cambiar eso.

Ella terminó notando lo deprimido que yo estaba y me dijo:

—Estás como me sentía yo.

Fue una revelación para mí porque no tenía idea de que estuviera sintiéndose mejor.

—¿Quieres decir que te sentías así pero ya no? —le pregunté.

—Sí —contestó ella—. Ahora me siento mucho mejor. Siento mucho que hayas tenido que pasar por esto pero ahora me siento mucho mejor.

De pronto yo también me sentí mucho mejor. Le dije:

—Bueno, si te sientes mejor, entonces supongo que yo también. Pensé que estábamos destinados a tener una noche realmente horrorosa.

Creo que, a nivel emocional, yo sentía que estábamos destinados a tener una vida horrorosa. El hecho de que Bonnie me diera una respuesta positiva acerca de lo útil que le había resultado que la escuchara cambió mi estado de ánimo por completo.

En consecuencia, la vez siguiente que hablamos me resultó muchísimo más fácil escucharla sin sentirme vencido. Cada vez que hablábamos *y* yo sentía que el resultado era que ella estaba más feliz, me parecía más fácil la siguiente vez.

CÓMO AYUDARLA A HACER UNA PAUSA CON UNA REVISIÓN DE LA REALIDAD

Recuerdo otra oportunidad en que Bonnie parecía realmente molesta conmigo y me dijo cosas como: "Siento que ya nunca pasas tiempo conmigo. Tu trabajo es más importante que yo. Éramos tanto más felices. Siento que las cosas están empeorando". Esas palabras eran difíciles de oír, pero traté de esquivarlas y eludirlas. Recordé que no estaba hablando de mí sino que simplemente estaba investigando lo que la molestaba.

En cierto momento, para evitar sentirme atacado y molestarme aún más, la ayudé a hacer una pausa y revisar la realidad. Le dije:

—Tus palabras parecen indicar que no hago nada bien. ¿Existe algo que sí haya mejorado? ¿Acaso hay algo que yo haga bien?

En ese momento, ella declaró:

—Sí, en el pasado nunca podría haber hablado así. Me siento mucho más segura contigo. Sólo necesito desahogarme y luego ya me sentiré mucho mejor. Sé que es difícil para ti y de verdad lo aprecio.

—Está bien, dime más —le pedí. Todo lo que yo necesitaba era que me recordara que sus sentimientos no iban dirigidos a mí como una crítica.

Una vez, hizo una pausa en medio de una conversación emotiva y dijo:

—Sé que estos sentimientos parecen muy injustos; simplemente necesito expresarlos y entonces puedo librarme de ellos. ¿Está bien?

De inmediato pude relajarme y escucharla sin ponerme a la defensiva.

—Gracias —le contesté—. Me parece bien. —Cambió mucho las cosas porque se tomó un momento para prepararme para que la escuchara.

**En general, las mujeres no son conscientes
de que unas pocas palabras
pueden cambiar mucho las cosas para un hombre.**

PARECE PEOR DE LO QUE ES

En otra oportunidad, en medio de una difícil conversación, Bonnie dijo:

—Sé que esto debe de ser difícil para ti. Necesito hablar de ello. Parece mucho peor de lo que es. En realidad, no es para tanto. Sólo quiero que sepas lo que me pasa.

Esas palabras: "Parece mucho peor de lo que es" o "No es para tanto", resultaron dulces como la miel. Aunque un hombre nunca debe decir a una mujer: "No es para tanto", si una mujer se siente segura para compartir sus sentimientos y si siente que él les da importancia, entonces puede decir con comodidad que no es para tanto.

Para muchas mujeres, oír que les dicen "No es para tanto" sería contraproducente, en particular si cuando crecían recibían todo el tiempo el mensaje de que sus sentimientos no eran importantes. Sin embargo, de adulta, cuando percibe que sus sentimientos son respetados y tomados en consideración, entonces le resulta más fácil hacer la clase de comentarios que ayudan a un hombre a escuchar.

Cuando la mujer empieza a comprender a los hombres, se da cuenta de que un hombre dará mucha más importancia a sus sentimientos si ella no se lo exige. Si prepara a un hombre diciéndole: "En realidad no es para tanto. Sólo quiero que sepas cómo me siento", él va a escucharla con más atención que antes.

En otras ocasiones, cuando la mujer quiere iniciar una conversación, una buena técnica que puede usar para preparar a un hombre para que la escuche es decirle: "Siento muchas cosas y me gustaría hablar de ellas. Quiero que sepas de antemano que parece peor de lo que es. Sólo necesito hablar un rato y sentir que te interesa. No tienes que decir nada ni hacer nada diferente". Esta clase de enfoque va a motivarlo a pensar qué podría cambiar para apoyarla más.

QUÉ DECIR CUANDO ÉL SE RESISTE A ESCUCHAR

Cuando una mujer siente de antemano que un hombre va a resistirse a escuchar lo que está a punto de decir, existen nuevas formas de prepararlo para que pueda esquivar y eludir las palabras con más facilidad. Una mujer me dijo que se limita a decirle a su marido: "Gracias por ayudarme en esto, realmente aprecio que trates de esquivar y eludir lo que digo. Sé que debe de ser difícil de oír".

Esta es una técnica muy avanzada porque muchas veces, cuando se reconoce que un hombre hace algo difícil, él acepta su tarea de buen grado. La mujer muchas veces da por sentado que el hombre debe escucharla si la ama. No comprende instintivamente lo difícil que es para él recibir respuestas negativas de la persona que más le importa. Pretender que tenga que oírla con facilidad y comprenderla porque la ama en realidad hace que le resulte más difícil escucharla. Sin embargo, cuando la mujer empieza a reconocer esa dificultad, el hombre está mucho más dispuesto a hacer lo que haga falta para escucharla.

En el trabajo, el hombre está contento de hacer una tarea difícil si le pagan por ello. Sin embargo, si se le pide que haga una tarea más difícil y no recibe reconocimiento ni compensación, empieza a sentir que los demás piensan que es su obligación y el resultado es que se resiste a hacer más. De la misma manera, en una relación, si al hombre se le pide que haga algo difícil, él quiere que sus esfuerzos sean valorados; de otra manera, es posible que piense: "¿Para qué voy a tomarme el trabajo?" Observemos un ejemplo común.

Pearl y Marty

Fastidiada porque su marido, Marty, "muchas veces se equivocaba de salida", Pearl se sentía justificada cuando le daba consejos sin que se lo pidiera acerca de cómo conducir. Ella no tenía idea de por qué eso lo ponía tan mal. Percibía su resistencia, pero pensaba que era una tontería infantil. De modo que seguía dándole instrucciones y él seguía detestando esos momentos.

Después de asistir a uno de mis seminarios, Pearl se dio cuenta de sus errores. "Ahora entiendo que debí dejarlo conducir y aprender de sus propios errores", admitió. "No me di cuenta antes de que de esta manera podía darle el amor que necesita. Pero, ¿y yo? ¿Y si estamos yendo al casamiento de mi hija y llegamos tarde porque toma el camino equivocado? ¿Acaso no puedo decirle jamás cómo conducir?"

La respuesta a su pregunta es sí. Pearl puede aconsejarlo, pero en el momento adecuado y sólo en situaciones que, en una escala de importancia del uno al diez, tengan un diez. Si ella no lo está haciendo todo el tiempo, Marty podrá tomarlo bien y no molestarse.

**Una forma de preparar a un hombre para oír un consejo
en esos momentos realmente importantes
en que la mujer tiene que darlo
es mostrar aceptación en aquellos en que comete pequeños errores.**

Por ejemplo, si su compañero se equivoca de camino, no le dé lecciones de conducción. Utilice el incidente como una oportunidad para prepararlo para una respuesta más importante en otro momento. Trate de no decir nada y actuar como si fuera perfectamente normal que un hombre tan brillante y competente esté tan concentrado en algo que pasa por alto las salidas de la autopista. Él no sólo se sentirá agradecido sino que estará más abierto a sus sugerencias en el futuro.

En cualquier situación, si una mujer puede aceptar los pequeños errores del hombre, cuando comete errores más graves él estará mucho más dispuesto a oír lo que ella tiene que decir.

LLEGAR A TIEMPO A LA IGLESIA

En respuesta a la pregunta de Pearl, le expliqué que si estaba preocupada por su ida al casamiento, lo mejor era advertirle de antemano de un modo que respete sus sensibilidades. Podría decirle: "Sé que detestas que te dé órdenes en el auto y por eso trato de no hacerlo, pero hoy, ¿te importaría si te ayudo a llegar? Estoy tan nerviosa por todo que me sentiría mucho mejor".

Cuando él diga que sí, ella debe agradecérselo como si él estuviera haciéndole un favor. Él no sólo estuvo dispuesto a escucharla, sino que esta clase de apoyo lo prepara para oír los comentarios o los consejos de ella con más facilidad en el futuro.

Es como si ella estuviera diciendo: "Respeto tu necesidad de hacer las cosas solo y no tengo derecho a invadir tu sensibilidad. No espero de ti más de lo que puedas ofrecerme. Aprecio tu flexibilidad para brindarme tu apoyo hoy".

Esta clase de consideración hace, poco a poco, que el hombre también se abra a las preocupaciones y los consejos de la mujer en el futuro acerca de otras cosas. El resultado es que cuanto más apreciado se siente el hombre y percibe que la mujer confía en su competencia y capacidad, más abiertamente puede oír cuando ella le pide más.

En mi relación, cuando llegamos tarde a alguna parte o no tengo en claro cómo llegar, me responsabilizo de solucionar la situación. Sé que a Bonnie le cuesta contenerse y no darme instrucciones, y la verdad es que no me vendría mal su ayuda. En esos momentos en particular, digo: "Está bien si hoy quieres ayudarme a llegar. Aprecio tu ayuda".

Muchas veces la mujer siente que el hombre no quiere oírla pero, como no logra expresarse de una manera mejor, no dice lo correcto.

Para superar este muro de resistencia, aplica más fuerza y en general cree que tiene derecho a ello al recordar todas las otras veces que él no la escuchó. Ella sigue avanzando sin tener en cuenta la resistencia de él.

Es como si tuviera que decirse a sí misma: "No me importa que él no quiera oírme. Tengo que decírselo". Esta clase de agresividad no tiende puentes sino que en general lo aleja más y asegura una mayor resistencia de su parte en el futuro.

Cuando una mujer no sabe cómo decir lo que quiere de una manera que un hombre podría oír con facilidad, la técnica más eficaz es hacerle saber sólo eso. Él va a apreciar su preocupación y va a tratar de ayudarla. Al tener el apoyo del hombre de esta manera, él aceptará más cualquier error que ella cometa y se mostrará más comprensivo acerca de lo que ella realmente trata de decir.

La actitud femenina que más le cuesta soportar a un hombre es que ella espere que él tiene que escucharla sin que lo que ella dice lo afecte en absoluto. Si la mujer siente que al hombre va a resultarle difícil oír lo que va a decirle, puede empezar diciéndole que lo sabe. Podría decirle: "Hay algo de lo que quisiera hablar pero todavía estoy en el proceso de averiguarlo. Lo que sí sé es que no quiero que suene como una crítica o una censura. Me sentiría realmente apoyada si supieras lo que siento. ¿Podrías escucharme unos minutos?"

Al prepararlo para lo que va a decirle, ella le dice, en efecto, que sabe que no va a ser fácil oírlo y que no quiere que así sea. Esta consideración hace que para él sea mucho más fácil oírla y tratar de entender lo que está diciendo en "femenino" en lugar de reaccionar como cuando suena en "masculino".

No tiene que cambiar de opinión

Recuerdo una vez que mi hijastra Julie utilizó una avanzada técnica de comunicación a los dieciséis años. Me quedé muy impresionado. Bonnie y yo habíamos decidido tomarnos tres días de vacaciones cuando se estaban haciendo algunas obras en la casa. Por diversas razones, Julie no quería ir, pero tampoco quería quedarse en medio de la remodelación.

Me dijo:

—Siento muchas cosas acerca de esto y me gustaría que me escucharas. No tienes que cambiar de opinión. Sólo quiero que tengas en cuenta mi punto de vista. —Luego me aclaró que no le gustaban las remodelaciones y esperaba que en el futuro las hiciéramos cuando ella también pudiera irse de la casa. Al compartir sus sentimientos, expresó sus emociones y luego se sintió mucho mejor. Recuerdo cuánto más fácil fue oír sus sentimientos simplemente porque me había preparado al decir: "No tienes que cambiar de opinión".

Esa frase hizo que yo abriera la mente para escucharla. El resultado de esa conversación fue que en el futuro me mostré más sensible a sus pedidos y me aseguré de que nunca volviéramos a dejarla en casa otra vez con alguna remodelación. También me volví más considerado en general.

Esto es lo sorprendente de los hombres. Si se los aborda del modo equivocado, se ponen a la defensiva y tratan de librarse de los sentimientos y necesidades de la mujer. Sin embargo, en un sentido positivo, cuando a un hombre se lo prepara de una manera que lo ayude a querer brindar su apoyo, se muestra mucho más considerado en general acerca de todo.

NO ES SU CULPA

Cuanto más practica una mujer preparar al hombre, menos necesitará prepararlo en el futuro. Cada interacción positiva ayuda al hombre a esquivar y eludir los ataques más eficazmente la próxima vez. Como pasa con cualquier método nuevo, lo mejor es empezar con problemas fáciles y luego pasar a otros más difíciles. La ayuda inicial de la mujer facilita las cosas para el hombre.

Así como los hombres necesitan ayuda para aprender a esquivar y eludir ataques, las mujeres a veces se olvidan de hacer una pausa y prepararlos. En estos momentos, la mujer debe recordar que nunca es demasiado tarde para corregir las cosas. Si nota que su compañero no está pasando por un buen momento o está frustrado o furioso, puede aplicar algunas técnicas para detenerse un instante y prepararlo.

Podría decir: "Para mí es lógico que te sientas...". Estas palabras son reconfortantes para él y lo ayudarán a calmarse. Otra razón importante por la que los hombres se molestan cuando escuchan es que se sienten culpados. Para ayudar a evitar esto, bastan unas pocas palabras para cambiar las cosas. Recuerdo muchas conversaciones con Bonnie en las que sólo decía algunas palabras que me permitían relajarme y escucharla en lugar de defenderme y pelear.

En medio de una conversación, cuando ella sentía que sus palabras me herían, hacía una pausa y decía: "Sé que probablemente todo esto te suene a censura. No quiero culparte. No lo mereces. Sólo necesito hablar de estos sentimientos. Sé que esto tiene otro lado. Primero deja que elabore mis sentimientos y luego podré apreciar tu punto de vista".

Después de algunos minutos, empezaba a decir cosas como: "Entiendo que en realidad no quisiste decir... Te interpreté mal porque pensé... De verdad aprecio que no te molestes demasiado por todo esto".

Cuando terminaba, yo no tenía tanta necesidad de decir demasiado en defensa propia. Me limitaba a decir: "Bueno, entiendo por qué estabas molesta y me alegro de que hayamos hablado". Si bien en el fondo detestaba tener que escuchar lo que parecía una crítica, a nivel del corazón y de la cabeza sabía que conversaciones como ésta eran una parte importante para mantener la pasión viva en una relación.

NO TIENE QUE DECIR NADA

Es probable que la frase más poderosa que una mujer puede decir para preparar a un hombre para que la escuche es: "No tienes que decir nada". Este mensaje es importante porque libera al hombre de tener que defenderse. Además, suavemente le recuerda que no tiene que resolver los problemas de la mujer.

Una mujer en general no pensaría en esto porque con otras mujeres sería grosero advertir: "No tienes que decir nada". Cuando la mujer habla en "femenino", la tradición dice que luego será el turno de hablar de la otra persona; el acuerdo tácito es que si yo te escucho durante cinco minutos tú debes escucharme otros cinco minutos.

Con un hombre es diferente. Si ella dice: "No tienes que decir nada", no es grosero, al contrario, se sentirá aliviado. Es una tarea fácil.

Otra expresión común que usan las mujeres y que para los hombres es como un baldazo de agua fría es: "No estás escuchando". Cuando una mujer usa esta frase, el hombre se siente frustrado porque en general de alguna manera *sí* está escuchando o, por lo menos, está tratando de hacerlo. Aunque no estuviera haciéndolo, es duro para él oírlo porque cuando era niño su madre se lo decía una y otra vez cuando estaba enojada con él.

Cuando lo oye al ser adulto, el hombre siente que su compañera le habla con altivez y lo trata como un niño. Lo recibe como algo no sólo "degradante" sino muy "controlador". Así como a la mujer no le gusta comportarse como la madre de un hombre, al hombre no le gusta que lo haga. Siente que ella lo culpa cuando en realidad lo único que quiere es que la oiga.

Cuando una mujer dice: "No estás escuchando", en general es porque el hombre no le está dedicando toda su atención. La está oyendo con parte de su mente cuando ella quiere toda su atención.

Decir: "No estás escuchando" no transmite el mensaje correcto, que es "No me estás dedicando toda tu atención".

Para el hombre, existe una gran diferencia entre estas dos frases. No puede discutir con el segundo mensaje, pero lo único que logra el primero es alejarlo más.

Cuando un hombre está escuchando a medias, distraído o desvía la mirada mientras la mujer habla, es muy común que ella transmita el mensaje de que él no la está escuchando alzando la voz. Para una mujer, esto es otra forma de decir. "No estás escuchando". Sin embargo, el resultado es el mismo: al final él terminará escuchando menos. Gritar a los niños también los programa para no escuchar.

Las respuestas críticas negativas no funcionan. Para la mayoría de las mujeres, la única opción es enojarse e irse. Aunque sus opciones parezcan sombrías, hay esperanzas. Aprendiendo a hacer una pausa y preparar al hombre, una mujer puede obtener de inmediato los resultados que desea. Observemos un ejemplo.

Muchas veces, cuando una mujer habla de su día, el hombre se concentra en ella durante un momento, se da cuenta de que va a hablar durante un rato y luego toma una revista y empieza a leerla hasta que ella "vaya al grano". Si él está mirando televisión, la escuchará durante algunos momentos y luego seguirá mirando televisión.

A lo sumo, la escucha durante unos treinta segundos y luego, cuando sienta que ella no está hablando de un modo lineal, automáticamente encuentra otro punto de atención para su lado masculino. Las noticias son fantásticas para esto, ya que con el primer párrafo de cada artículo capta de quién y de qué se trata, dónde, cuándo, cómo y por qué.

En mis seminarios, muchas veces pregunto cuántas mujeres han experimentado la situación de un hombre tomando una revista para leer en cuanto ella empieza a hablar. Casi todas las manos terminan levantadas. Lo hago para que las mujeres de la sala vean que no es sólo *su* marido el que "no escucha".

Martha era una de esas mujeres. Su marido no hizo el curso pero, al aprender en el seminario cómo preparar a un hombre para que escuche, ella experimentó un cambio inmediato y drástico. Logró superar el lapso de treinta segundos de atención y comenzó a recibir toda su atención.

Martha y Robert habían estado casados durante nueve años. Era muy común que cuando ella hablaba él le prestara atención un rato y luego siguiera mirando televisión. La reacción de ella era seguir hablando y, después de unos instantes, se ponía furiosa con su marido y se quejaba de que no la escuchaba. Si bien esta actitud es ciertamente instintiva en Martha, no sirve.

Esta pauta se repitió durante años. Aunque Martha se quejaba, Robert seguía mirando televisión mientras ella hablaba. Si el televisor no estaba encendido, él tomaba una revista y se ponía a leerla mientras ella hablaba. Como muchos miles de mujeres, Martha definitivamente no estaba recibiendo el apoyo que más necesitaba.

Robert no le brindaba toda su atención porque no sentía la misma necesidad de hablar de su día con alguien que le brindara toda su atención. No era que él no estuviera interesado en *ella* sino que no estaba interesado en los detalles de su día.

Para él, los detalles carecían de importancia a menos que estuvieran directamente dirigidos hacia algún punto. Los hombres están acostumbrados a organizar detalles de un modo lógico para demostrar algo o para encontrar una solución. Cuando una mujer habla sólo para relajarse y conectarse con su compañero, es normal que use detalles que no están necesariamente relacionados con ningún punto o solución en particular. Habla para compartir una experiencia, no para solucionarla. Cuando él se daba cuenta de que ella no iba a llegar a ningún punto en especial, entonces volvía a mirar televisión o tomaba una revista para encontrar un punto donde fijar su atención.

Un hombre necesita tener un objetivo o un punto de atención. En los momentos en que una mujer comparte sus sentimientos, la mente del hombre empieza a tensionarse al tratar de encontrar el punto. Cuando se da cuenta de que pasará un rato antes de que ella vaya al grano, él relaja la mente concentrándose en un diario, una revista o la televisión. En general, su intención no es ser grosero. Muchas veces ni siquiera se da cuenta de lo que hace.

ÉL PIENSA QUE ESTÁ ESCUCHANDO

Cuando una mujer habla y el hombre desvía la mirada, él sigue creyendo que está escuchando. Hay una parte de su mente que sigue sus palabras para cuando ella llega a donde quiere llegar y él tiene que responder. En cierto sentido, el hombre está esperando su turno para "hacer algo". Una pequeña parte de él está prestando atención, controlando lo que ella dice en caso de que haya algún problema que requiera toda su atención. Cuando ella dice que no está prestando atención, a él le parece ilógico porque sabe que no es del todo cierto.

Mientras la mujer siga quejándose de que el hombre no la escucha, él nunca oirá su verdadero mensaje. Lo que ella en realidad está diciendo es: "Cuando miras televisión siento que no tengo toda tu atención. Si me la das y apagas el televisor, me ayudarás a liberarme de esto mucho más rápidamente y me sentiré mucho mejor". Este es un mensaje que un hombre puede oír y entender.

Los hombres no se dan cuenta de lo importante y tranquilizadora que su atención puede ser para las mujeres.

Cuando una mujer no entiende cómo piensa y habla un hombre, ella supone equivocadamente que él no se preocupa por ella. Martha estaba dispuesta a poner fin a su matrimonio porque estaba convencida de que la televisión era más importante que ella para Robert. Cuando él tomaba una revista mientras ella hablaba, Martha pensaba que Robert la odiaba.

Era muy común que discutieran sobre si él realmente estaba escuchando o no.

—No estás escuchando —decía ella.

—Sí estoy escuchando —respondía él.

—No puedes escuchar y mirar televisión al mismo tiempo.

—¿Cómo sabes qué puedo hacer?

—Bueno, sé que no puedo hablar contigo —se quejaba Martha.

—Mira: estoy mirando televisión y estoy oyendo todo lo que dices. Puedo repetirte cada palabra que dijiste.

—Lo sabía: no puedo hablar contigo —terminaba ella.

Durante años tuvieron diversas versiones de esta misma discusión hasta que Martha intentó usar un enfoque diferente.

La siguiente vez que Robert tomó una revista, en lugar de quejarse o irse furiosa de frustración, Martha practicó un nuevo método. Hizo una pausa cuando estaba hablando y miró *con* él la revista. Después de treinta segundos, Robert notó que ella había dejado de hablar. Al hacer la pausa, ella recibió su atención y él recordó que ella estaba hablando.

Luego ella dijo:

—Gracias, de verdad aprecio que me dediques toda tu atención. Me llevará otros tres o cuatro minutos más. ¿Está bien?

Después de hablar durante tres o cuatro minutos más, Martha le agradeció por dedicarle toda su atención. En lugar de discutir acerca de quién estaba equivocado, Martha logró lo que quería. Robert empezó a dedicarle toda su atención cuando ella hablaba. Cada vez que se olvidaba de hacerlo, ella sabía exactamente qué hacer para recordárselo.

Cuando una mujer quiere que un hombre la escuche, es importante asegurarse de que él sienta que habrá una limitación de tiempo. Él debe saber qué se le requiere, cuánto tiempo tomará y qué recibirá a cambio.

En este caso, Martha le hizo saber en términos claros y positivos que necesitaba toda su atención (no que sólo escuchara). Le hizo saber que sólo le quitaría tres minutos y cuando terminó, le dijo que se lo agradecía.

Tres minutos es una buena cantidad de tiempo para que un hombre empiece a hacer trabajar sus músculos para el apoyo emocional. A medida que puede hacerlo, entonces ella puede empezar a hablar durante períodos cada vez más largos. Poco a poco, Martha aumentaba el tiempo de su conversación.

Cuando ella notaba que él comenzaba a molestarse, volvía a hacer una pausa y lo preparaba para que la escuchara diciéndole: "Otros tres minutos y termino". Esta clase de apoyo a Robert hizo que gradualmente él aprendiera a apoyar a su mujer. Si ella tenía algo más que decir, entonces usaba otro método avanzado. "Posponía" compartir sus sentimientos para otra ocasión.

EL RECURSO VITAL DE LA MUJER

La buena comunicación es el recurso vital de la mujer moderna. Sin ella, pierde contacto con la capacidad de sentir el amor en su corazón y recibir el apoyo afectuoso de los demás; pierde la capacidad de experimentar sentimientos cálidos, tiernos y dulces. Aprendiendo a apoyar a un hombre de un modo en particular, puede estar segura de recibir el apoyo que necesita para alimentar su lado femenino.

Para lograr este fin, es importante que se dé cuenta de que nunca se esperó que los hombres escucharan pacientemente los sentimientos de la mujer y de que nunca supieron cómo hacerlo. Si entiende este hecho con claridad, la mujer puede tener la paciencia y la conciencia para apreciar cada paso que el hombre da para satisfacerla.

En general, las mujeres sienten que si un hombre las ama querrá escuchar sus sentimientos. Un hombre no siente de esta manera porque para él no es tan importante compartir sus sentimientos y, tradicionalmente, las mujeres nunca quisieron compartir sus sentimientos con los hombres.

**Cuando un hombre ama a una mujer,
no significa que se sentirá motivado a iniciar conversaciones
y tampoco le resultará más fácil escuchar.**

En realidad, funciona al revés. Cuanto más se preocupa un hombre, si no aprendió a esquivar y eludir, le duele más cuando lo hieren. Cuando la mujer es infeliz, es mucho más difícil para el hombre escuchar sin sentirse censurado. Es más difícil porque cuanto más la ama, más siente que es un fracaso cuando ella no se siente amada y apoyada.

Si la mujer entiende que el hombre realmente necesita su apoyo para, a su vez, apoyarla como ella desea, entonces puede sentirse motivada para ayudarlo sin sentir que le está suplicando que la ame. Esta noción de que un hombre podría amarla profundamente pero también rechazarla cuando empieza a hablar de sus sentimientos la ayuda a asumir la responsabilidad de comunicarse de un modo que les brinde apoyo a ambos.

LA IMPORTANCIA DEL MOMENTO JUSTO

Ya he mencionado lo vital que es el momento justo para una buena comunicación. Cuando un hombre se está recuperando de las exigencias de su día de trabajo, es contraproducente exigirle más. Hasta que se vuelva ducho en el arte de escuchar, tratar de conversar en cuanto llega a su casa es como darle más trabajo, o por lo menos eso es lo que él siente, y su reacción será la resistencia. Aunque no quiera, su mente se dirigirá hacia algo menos exigente como la televisión o una revista. Luchar contra esta tendencia innata es inútil, pero trabajando con ella, la mujer puede lograr lo que necesita.

En mi libro, *Los hombres son de Marte y las mujeres son de Venus,* en el capítulo 4, se explora en detalle esta tendencia que tienen los hombres de alejarse temporalmente de una relación para recargar energía y se describe como momentos en la cueva. Oí este concepto por primera vez de una india norteamericana que decía que en su tribu, cuando una mujer se casaba, su madre le hacía esta sabia advertencia: "Cuando un hombre te ama, por momentos se alejará de ti y se irá a su cueva. Una mujer nunca debe tratar de seguirlo; de lo contrario, el dragón la quemará. Después de un rato, él regresará y todo estará bien".

Los momentos en la cueva para un hombre son instantes de soledad en que puede recuperarse más eficazmente de su día, olvidar sus problemas con la vista perdida en el fuego y poco a poco conectarse con sus sentimientos afectuosos y recordar lo que es más importante para él. Una vez que se siente mejor, automáticamente sale de su cueva y está listo para una relación.

Para asegurarse de tener conversaciones que brinden apoyo, una mujer debe postergar sus necesidades inmediatas de hablar de sus sentimientos hasta que su compañero salga de la cueva. Es desastroso iniciar una conversación antes de que el hombre esté realmente capacitado para escuchar y compartir sentimientos. Haciendo una "pausa" de esta manera y esperando el momento apropiado para hablar de lo que siente, la mujer puede obtener el apoyo que más necesita.

Una mujer en uno de mis seminarios confesó que era una destructora de cuevas. Usaba dinamita para meterse en su cueva y descubría que su marido cavaba túneles cada vez más profundos. Al no entender que él necesitaba tiempo para estar solo, tratar de acercársele sólo lo alejaba más.

Cuando un hombre no puede tomarse el tiempo que necesita para él, le resulta en extremo difícil encontrar los sentimientos de amor que en un principio lo atrajeron hacia su compañera. De un modo similar, cuando la mujer no tiene la oportunidad de hablar de lo que siente y conectarse con su lado femenino también pierde contacto con sus sentimientos profundos de amor.

COMPRENDER SU NECESIDAD DE METERSE EN LA CUEVA

La mayoría de las mujeres no comprende la necesidad del hombre de meterse en la cueva y tampoco reconoce cuando él sale. La mujer se frustra con facilidad porque siente la necesidad de hablar pero no sabe cuánto tiempo va a pasar antes de que él salga. Ella quiere que salga, pero no sabe qué puede hacer para ayudarlo. Esta incertidumbre hace que su necesidad de hablar sea más urgente aún.

Los hombres experimentan una frustración parecida cuando las mujeres hablan de sus problemas. Un hombre no sabe cuánto tiempo va a estar hablando la mujer antes de que se sienta mejor. Teme que ella nunca vaya a sentirse feliz. Para el hombre es difícil adivinar cuándo ella quiere su consejo y cuándo simplemente quiere hablar.

De un modo similar, para la mujer es difícil entender si él está mirando televisión porque no hay otra cosa que hacer o si está en su cueva y no está listo para mantener una conversación. Para resolver estos problemas comunes, no sólo tenemos que entender nuestras diferencias sino que debemos aprender nuevos métodos para obtener lo que deseamos.

LA NECESIDAD DE SIGNOS CLAROS

La mujer necesita signos claros de comunicación para saber cuándo un hombre está abierto y cuándo está cerrado de la misma manera en que el hombre necesita saber cuándo ella está abierta para recibir soluciones y cuándo necesita sólo que la oigan.

Así como para el hombre es difícil confiar en que la mujer se va a sentirse mejor después de compartir sentimientos negativos, es igualmente difícil para la mujer confiar en que el hombre la ama cuando él se aleja y la pasa por alto.

Para hacer una pausa antes de hablar o pedir algo a un hombre, la mujer primero necesita saber si él está en su cueva. Si no está dispuesto, ella debe postergar sus exigencias. Si puede apoyarlo de esta manera, él no sólo pasará menos tiempo en su cueva sino que se mostrará más cariñoso cuando salga.

Si persiste en este proceso de no tratar de cambiarlo sino de tratar de ayudarlo a apoyarla, la mujer puede mejorar mucho su relación.

Cuando un hombre está en su cueva, la mujer tiene que ser menos exigente con él. Esta actitud no exigente y de confianza resulta muy atractiva para el hombre y definitivamente acortará el tiempo que pasa en la cueva.

Aun cuando la mujer empieza a comprender la necesidad del hombre de estar en su cueva, es difícil saber cuándo sale de ella. Las mujeres me preguntan todo el tiempo: "¿Cómo sé cuando es buen momento para hablar? ¿Cómo sé cuando todavía está en la cueva?"

Mi ejemplo preferido para responder a esta pregunta tiene que ver con mi hija Lauren. Una noche, cuando ella tenía siete años, había asistido a una de mis conferencias acerca de las diferencias entre los hombres y las mujeres. Aunque gran parte del tiempo estuvo jugando en el fondo del salón, en realidad había oído mucho.

En esa conferencia hablé sobre no ir a la cueva del hombre. No había pensado en que Lauren estaba escuchando, pero cuando volvíamos a casa dijo:

—Papi, dijiste que si entras en la cueva de un hombre el dragón te quema. ¿Por eso es que a veces te enojas conmigo? ¿Es tu dragón? ¿Aún me amas?

—Así es —le contesté—. A veces estoy en mi cueva y necesito estar solo un rato y luego vuelvo a salir. Aunque a veces me siento enojado y frustrado contigo, te quiero mucho.

—Gracias, papi —me dijo—. Estoy muy contenta de saber lo de la cueva.

Al día siguiente, se me acercó mientras leía el diario y me dijo:

—Papi, ¿estás en la cueva? No quiero molestarte si es así porque no quiero que me queme el dragón. —Le dije que estaba en la cueva pero que pronto iba a salir. Me pidió que le avisara cuando saliera porque quería contarme sobre su día.

Cuando terminé de leer el diario, me resultó muy fácil buscar a mi hija y preguntarle sobre su día.

A veces podemos encontrar la respuesta a los problemas más complejos ante nuestros ojos. Se han escrito volúmenes enteros para responder a la pregunta de cómo lograr que un hombre se abra y, sin embargo, con la correcta comprensión, un niño podría hallar la respuesta.

La forma de averiguar si un hombre está en su cueva es preguntándoselo. Aunque puede parecer simple, requiere mucha práctica no sentirse rechazada si él no quiere hablar. Para la mujer es difícil preguntar porque instintivamente es un golpe para ella cuando el hombre no quiere hablar.

**La forma de averiguar si un hombre
está en su cueva es preguntándoselo.**

Esto es porque cuando la mujer ama a un hombre y se siente segura para hablar de lo que siente, después de un largo día siente grandes deseos de estar con él y compartir sus sentimientos. Cuando ella quiere hablar y él no, resulta incómodo. Ella siente que lo ama más de lo que él la ama a ella.

INICIAR EL SEXO VERSUS INICIAR UNA CONVERSACIÓN

La manera en que el hombre puede comprender la sensibilidad de la mujer con respecto a este tema es comparándola con la sensibilidad de un hombre con respecto al tema del sexo. Si él la desea y ella ni siquiera está interesada en tener relaciones sexuales, él se siente muy incómodo.

Cuando un hombre ama profundamente a una mujer, una de las formas más poderosas de sentir el amor de ella es durante las relaciones sexuales. Durante la excitación él es más sensible para recibir y dar amor. Sentirse rechazado cuando está excitado en general es el desafío más difícil que él tiene que manejar en una relación.

Todo hombre que haya amado apasionadamente a una mujer sabe lo doloroso que es amarla y querer hacerle el amor y luego sentirse sexualmente rechazado. Si luego él sigue iniciando el sexo y su compañera no tiene deseos de tener relaciones, automáticamente deja de sentir deseo sexual hacia ella.

POR QUÉ LOS HOMBRES PIERDEN INTERÉS EN EL SEXO

Es posible que él ni siquiera sepa por qué ya no está tan interesado en el sexo. El sólo pensar en el sexo hasta puede cansarlo. Esta fatiga se debe a que está reprimiendo su impulso sexual. Reprimir los sentimientos sexuales requiere mucha energía. Cuando un hombre se siente rechazado una y otra vez, sucede automáticamente.

De modo similar, cuando la mujer se siente rechazada porque el hombre no quiere hablar, pierde contacto con la parte tierna de su femineidad que quiere hablar de lo que siente. Es posible que la oportunidad de hablar la deje más exhausta o más abrumada. La energía que gasta reprimiendo su lado femenino la deja agotada.

Si entiende esto, el hombre está mucho más motivado para hacer que ella se sienta segura y hable. Si no es consciente de esto, el hombre no puede sensibilizarse con la forma en que puede estar hiriéndola.

Aunque la mujer deba entender y aceptar la necesidad del hombre de estar en la cueva, él puede ser sensible a los sentimientos que todo eso despierta en ella. Haciéndole saber cuándo está en la cueva y cuándo no, le facilita mucho las cosas.

De un modo similar, para mantener la pasión viva en su compañero, la mujer tiene que enviarle señales claras acerca de cuándo está con ánimo para tener relaciones y cuándo no.

Signos de que salió de la cueva

La forma en que un hombre puede ayudar a una mujer a saber cuándo salió de la cueva es con señales claras en un lenguaje que ella vaya a entender. Es probable que el modo más efectivo y simple para hacerlo es tocarla de una manera no sexual pero afectuosa.

Cuando salgo de mi cueva y estoy listo para entablar una conversación, busco a mi mujer y la toco de un modo afectuoso o le ofrezco abrazarla. Esta clara señal le dice que puede acercárseme.

Esta seguridad acerca de cuándo estoy disponible y cuándo no marca una gran diferencia. No tiene que preocuparse ni tratar de adivinar mis estados de ánimo.

Cuando un hombre está fuera de su cueva, para la mujer es mucho más útil reconocerlo si es él el que inicia la conversación. Esto no significa que el hombre tiene que hablar demasiado. Significa que brevemente comunica el mensaje de que salió de la cueva y está dispuesto a escucharla. Esto se logra mejor haciéndole preguntas a la mujer acerca de su día.

Iniciar una conversación es particularmente útil porque las mujeres modernas tantas veces están actuando desde su lado masculino que ni siquiera necesitan hablar hasta que se lo piden. En especial, si ella tuvo malas experiencias en el pasado cuando hablaba de sus sentimientos, conscientemente no sentirá la necesidad de hablar.

Con una clara señal de su compañero que inicia una conversación, la mujer no tiene que temer su falta de interés en lo que ella tiene que decir.

HACER UNA PAUSA PARA POSTERGAR HABLAR DE LOS SENTIMIENTOS

Una mujer tiene que esforzarse mucho para no reaccionar de una forma que dice a un hombre que es un mal chico y que no está haciendo feliz a "Mami". Para apoyarlo, ella tiene que alimentarlo con un amor que acepta y no comportarse como una madre tratando de enseñarle a ser "bueno".

Aunque estos mensajes son los verdaderos sentimientos de la mujer, cuando él está camino a su cueva no es el mejor momento para hablar de lo que siente. Para lograrlo, la mujer necesita practicar "postergar" sus sentimientos hasta tener un interlocutor más receptivo.

Esta clase de sentimientos son una influencia negativa para el hombre y lo mejor que se puede hacer es compartirlos con una amiga. Al postergar enviarle un mensaje negativo, la mujer se asegura de que él va a regresar más pronto. Para ella es mucho más fácil brindarle este apoyo cuando sabe claramente que él está en la cueva y que saldrá por voluntad propia.

Si estoy de malhumor y necesito un rato en mi cueva, es muy típico que salga a dar una vuelta en el auto. Todo lo que tengo que decir es: "Necesito ir a dar una vuelta", y mi mujer entiende que estoy en la cueva. Mi auto es negro con el interior negro. Para mí, es como una cueva móvil. Si estoy mirando televisión y estoy en mi cueva, paso los canales con el control remoto en los cortes comerciales. Si estoy abierto y receptivo, en los comerciales quito el sonido del televisor y hablo con ella.

En términos generales, cuando el hombre hace algo que la mujer

171

considera una pérdida de tiempo o poco productivo, significa que está en la cueva. Podría ser jugar con su computadora o con un auto viejo en el garaje. Para algunos hombres, su cueva es el taller del garaje, un paseo por la colina, trotar por el barrio, una hora en el gimnasio o una película.

CÓMO PEDIRLE A UN HOMBRE QUE HABLE

A menos que un hombre entienda la importancia de señales claras de que está en la cueva, la mujer debe depender de sí misma para adivinarlo. Aunque el hombre sepa la importancia de las señales, habrá ocasiones en que inevitablemente olvidará usarlas. Si este es el caso, es esencial que las mujeres sean hábiles para darse cuenta de si el hombre está en la cueva o no.

**Así como el hombre puede hacer una prueba
para ver lo molesta que está la mujer tocándola suavemente
y preguntándole si necesita hablar, la mujer puede hacer la prueba
haciéndole a él algunas preguntas sencillas.**

Cuando una mujer quiere hablar, en lugar de dar por sentado que el hombre está dispuesto a hacerlo, primero debe "hacer una pausa" y luego abordarlo para ver si el momento es el apropiado para él. Puede "averiguarlo" de diversas maneras.

Preguntándole al hombre sobre su día en seguida se da cuenta de si está de humor para hablar. Si ella dice: "¿Qué tal tu día?", cuando el hombre le ofrece una respuesta breve como "Bien", es una clara señal de que está en la cueva o de que está abierto para una conversación pero preferiría que ella hablara más.

Entonces ella puede decir: "¿Te parece un buen momento para hablar o preferirías dejarlo para después?"

Si él no está muy metido en su cueva, en general va a decir: "Este es un buen momento". Si bien es posible que él siga sintiendo un poco de resistencia, no se debe a que está en la cueva o a que no le importa, sino a que no tiene mucho que decir. No hay que decepcionarse si no dice: "Gracias por preguntármelo, me encantaría que habláramos".

Si él se muestra vacilante pero dice claramente: "Ahora no", entonces la mujer puede decir: "Está bien, esperemos un rato. ¿Te parece dentro de veinte minutos?"

En términos generales, ese lapso tendría que bastar. Si él necesita más tiempo, es importante estar preparada para aceptar lo que él desea. Cuanto más amable y poco exigente sea ella, más pensará él en tomarse tiempo para hablar.

Esta situación es similar a cuando el hombre extiende la mano y toca suavemente a su mujer; no puede esperar que ella siempre reciba sus caricias con una respuesta cálida y amorosa. Si ella lo rechaza y él no reacciona con furia sino que elude el rechazo y permanece abierto a ella, entonces ella va a estar mucho más dispuesta a abrirse a él.

De un modo similar, cuanto más espacio o aceptación le da la mujer al hombre al tiempo que le hace saber que está deseando hablar, más abierto y dispuesto a hablar estará él para buscar el momento para tener una charla.

LAS REGLAS TÁCITAS PARA LA COMUNICACIÓN

Si una mujer quiere hablar con alguien, en general espera su turno. Es su manera de ser amable. Escucha durante un rato y luego empieza a hablar o espera hasta que la otra persona le pregunte sobre su día.

La mayoría de los hombres desconocen estas reglas tácitas. Si una mujer espera que su compañero hable primero, es posible que nunca tenga la oportunidad de hablar porque él no tiene, automáticamente, demasiado que decir.

Las reglas tácitas del hombre son que si uno tiene algo que decir, que lo diga. No siente la necesidad de esperar a que se lo pregunten. Si quiere hablar, habla. Cuando hace preguntas, pocas veces piensa que ella tiene que hacerle preguntas.

Cuando una mujer hace preguntas y el hombre habla, él piensa que la está complaciendo al responderle las preguntas.

Los hombres ni siquiera se imaginan
que después de hablar un rato se supone que ahora
es su turno de hacerles preguntas a las mujeres.

Aunque el hombre haya aprendido que la mujer quiere que le pregunte sobre su día, tenderá a olvidarlo. Cuando ella le hace preguntas, está tan preocupado pensando en qué decir que le resulta difícil acordarse de preguntarle sobre su día.

Si el hombre da respuestas breves, la mujer no tiene que esperar hasta que haya pasado el turno de él. A él no le importa si ella empieza a hablar de su día. No sería una grosería si la mujer empezara a hablar de su día sin escucharlo antes a él.

HOMBRES QUE HABLAN DEMASIADO

Una sola mujer en uno de mis seminarios sobre las relaciones me hizo esta pregunta: Señaló: "Usted dijo que los hombres no quieren hablar. Mi experiencia es con hombres que hablan demasiado y no escuchan lo que yo tengo que decir. ¿Cómo hago para que escuchen?"

Le pregunté si ella era buena escuchando. Con orgullo dijo que sí. Luego le pregunté si ella *hacía* muchas preguntas. Nuevamente dijo con orgullo que sí.

Luego agregó: "Hago todo lo correcto, pero sin embargo no me escuchan".

Yo le dije que ella hacía todo lo correcto para hacer que una mujer la escuchara, pero no un hombre, porque si quería que el hombre dejara de hablar y escuchara más, entonces tenía que dejar de hacerle preguntas.

Cuanto más tiene que pensar el hombre en responder preguntas, menos pensará en ella o hará una pausa para dejarla hablar.

Para lograr toda la atención de un hombre, esta mujer primero tenía que dejar de hacer preguntas. Luego, cuando él hiciera una pausa, ella tendría que decir algo como: "Eso me parece lógico porque..."

Con esta clase de frase de entrada, la mujer puede lograr la atención de cualquier hombre. A ellos les encanta que los demás reconozcan que lo que dice tiene lógica. Estas simples palabras tranquilizan tanto a un hombre que de inmediato dejará de hablar y escuchará lo que ella tiene que decir.

La forma más eficaz de lograr toda la atención de un hombre es "prepararlo" para la conversación sacándolo del apuro de necesitar hablar más. Haciéndole saber de antemano que no tiene que hablar, él puede relajarse y escuchar en lugar de pensar en qué decir. Después de todo, ella es la que quiere hablar.

Saber esto es muy importante. El hombre puede estar fuera de la cueva y estar abierto para entablar una conversación pero quizá no tenga nada que decir. Instintivamente, no siente la necesidad de iniciar una conversación. Cuando la mujer percibe que el hombre no tiene nada que decir, se siente incómoda hablando o pidiéndole que la escuche como lo sugerí.

Le parece grosero decir algo como: "Bueno, si no quieres hablar, yo tengo mucho que decir. ¿Quieres escucharme? No tienes que decir nada". Ella no sabe que para él no es ser grosero. Es ser directo y no supone exigencia. A los hombres les gusta mucho esta clase de apoyo.

Al estar preparado de esta manera, el hombre no necesita resistirse al proceso de escuchar porque está muy claro que no tiene que decir nada.

POR QUÉ LAS MUJERES NO INICIAN CONVERSACIONES

En realidad, son muchas las veces en que un hombre está fuera de la cueva y dispuesto a conversar pero espera que la mujer inicie la conversación. Tal vez ella no lo sabe porque otras veces en las que él estaba en la cueva, ella trató de hablar pero vio que hacer que él hablara era imposible.

Después de algunos intentos fútiles de conversar, muchas veces se dan por vencidas sin siquiera darse cuenta de ello. En realidad creen que no tienen nada que decir y no quieren hablar. Cuando llegan a su casa, también ellas se meten en su cueva.

Estas mujeres no se dan cuenta de que se están perdiendo aquello que puede darles la mayor felicidad. La vida les enseñó que es tonto tratar de hablar con un hombre de lo que sienten. Pero con los métodos avanzados para las relaciones y una descripción nueva de lo que hay que hacer, pueden conseguir el apoyo y el respeto que necesitan para arriesgarse a compartir sus sentimientos femeninos.

Otras mujeres saben que se están perdiendo algo pero culpan a los hombres por no querer hablar. Sus madres no les enseñaron acerca de la cueva. Lo peor que puede hacer una mujer es culpar a un hombre por no querer hablar. Sería como si un hombre culpara a una mujer por hablar demasiado. Ningún enfoque es válido o productivo.

La mujer tiene que entender sus propias necesidades y seguir creando oportunidades para lograr la atención y la comprensión que necesita de su compañero.

MÉTODOS AVANZADOS PARA LA COMUNICACIÓN

Para asegurar la mejor comunicación en una relación, tanto hombres como mujeres pueden comenzar a aplicar métodos nuevos. Una forma fácil para que las mujeres recuerden lo que se requiere de ellas es acordarse de las cuatro P: pausa, preparación, postergación y persistencia. De la misma manera, los hombres pueden recordar las cuatro E: esquivar, eludir, encantar y entregar. Una relación es más fácil cuando ambos se esfuerzan al máximo. Sin estas nociones, las relaciones se vuelven mucho más difíciles de lo necesario.

Aunque el marido o novio de una mujer no haya leído este libro, aplicando estos métodos ella empezará a obtener más. Aprenderá a hablar en una forma natural para ella pero que también motivará al hombre a escucharla y a apoyarla más. Este resumen de las cuatro P puede resultar útil para que la mujer recuerde cuáles son los puntos básicos para obtener el apoyo que necesita.

1. Pausa
   A. Averigüe. Pregúntele si éste es un buen momento.
   B. No lo interrumpa si sabe que está en la cueva.

2. Preparación
   A. Establezca un límite de tiempo. Dígale cuánto tiempo tomará. Cuando un hombre no sabe hacia dónde se dirige la conversación, empieza a sentir pánico. Cuando sabe que hay un límite de tiempo, entonces se relaja.
   B. Explíquele con claridad lo que desea que haga. Dígale que no tiene que decir nada ni hacer comentarios para apoyarla.

C. Aliéntelo. En ocasiones recuérdele que no lo está culpando o que entiende que es difícil escuchar.

D. Agradézcale. Cada vez que termine de hablar, hágale saber que agradece que la haya escuchado y que se siente mucho mejor por su apoyo.

3. Postergación

A. Cuando él esté en su cueva, postergue hablar de sus sentimientos para otro momento en que esté más dispuesto a brindarle su apoyo.

B. No espere que él haga más; postérguelo hasta que pueda escuchar sus sentimientos, luego empiece a pedir más ayuda física en pequeñas cuotas.

C, Cuando se sienta censurada o criticada, hable primero con otra persona para recuperar su cariño y su lógica y luego hable con su compañero.

4. Persistencia

A. Siga dándole el apoyo que necesita él para apoyarla. No espere que lo recuerde siempre.

B. Cuando él se resista a conversar, siga pidiéndole que la escuche aunque él tenga poco que decir.

C. Supere la tendencia a rendirse y no comunicarse con él. Insista con paciencia y practique estos métodos.

Uno de los mayores obstáculos para practicar los cuatro métodos para las mujeres y los cuatro métodos para los hombres es no entender que el hombre y la mujer esencialmente hablan idiomas diferentes. Un hombre puede estar aprendiendo los métodos lenta pero seguramente pero cuando no logra escuchar o respetar los sentimientos de la mujer, ella siente que no hay esperanzas. De un modo parecido, la mujer progresa en su apoyo a su compañero y luego cuando se olvida de hacer una pausa y prepararlo y él se siente censurado, automáticamente él da por sentado que nada funciona.

Entendiendo los diferentes idiomas que hablamos es mucho más fácil reconocer que nuestras parejas nos aman y que , a su modo, están haciendo todo lo que pueden.

Capítulo 7

Los hombres hablan en "masculino" y las mujeres en "femenino"

Para una mujer es obvio cuando otra mujer está molesta y necesita hablar para sentirse mejor. También le resulta obvio cuando su conversación le sirvió para liberar estrés. Para los hombres, nada de esto es en absoluto obvio. Es como si los hombres y las mujeres secretamente hablaran idiomas diferentes con toda una serie de signos verbales, físicos y emocionales complejos y distintos. He aquí un ejemplo gráfico:

BOB Y MARGE: ANTES

Bob y Marge están casados desde hace seis años. Se aman pero no entienden esta diferencia básica entre el hombre y la mujer. Cuando Marge llega a su casa del trabajo y se siente agobiada, Bob se da cuenta de que está molesta.

—Marge, ¿qué te pasa? —le pregunta, tratando de mostrarse amigable y darle su apoyo.

Ella exhala un profundo suspiro y responde:

—Todos quieren algo de mí; ¡siento que tengo que hacer todo!

Bob de inmediato se siente frustrado. Trata de ayudarla, pero la oye culpándolo por cómo se siente y empieza a ponerse a la defensiva.

—¿A qué te refieres con que haces todo? ¿Quiere decir que yo no hago nada?

—No, no digo que no hagas nada. Estoy diciendo que siento que hago todo. Eso no significa que no hagas nada. Simplemente así me siento. ¿Acaso no puedo expresar mis sentimientos sin que tú te lo tomes como algo personal?

Bob reacciona diciendo:

—Escucha, si tú dices que haces todo, quiere decir que yo no hago nada. Si dices que todos quieren algo de ti, significa que yo quiero demasiado de ti.

—Pero yo no dije que querías demasiado de mí —replica Marge—. Dije que sentía que todos quieren algo de mí. No estaba hablando específicamente de ti, Expresaba el sentimiento de que no puedo ser todo para todos.

Bob, más furioso, dice:

—Sí, cómo no. Tú lo haces todo. Y yo no hago nada. ¿Sabes qué creo? Creo que ni siquiera importa lo que yo haga. Nunca es suficiente. Nadie podría hacerte feliz.

—¿Por qué no puedo expresar mis sentimiento sin que todo se trate de ti? —pregunta Marge—. No estoy diciendo que sea culpa tuya. Sólo quiero que me dejes hablar.

—Está bien —dice Bob con sarcasmo.

—Sabía que no podía hablar contigo. —Para sus adentros, Marge decide no volver nunca a discutir sus sentimientos con su marido.

—*Sí* puedes hablar conmigo —le dice Bob cuando ella sale furiosa del cuarto—. ¡Pero no seas tan negativa!

POR QUÉ DISCUTIMOS

A esta altura, Bob se siente culpado y poco apreciado, mientras que Marge se siente todavía más agobiada. Como sucede en la mayoría de las discusiones entre los hombres y las mujeres, Bob no comprende que Marge sólo necesita hablar de sus sentimientos para sentirse mejor. Como la mayoría de los hombres, comete el error de tomarla literalmente y tratar de corregirla. Aún no ha aprendido el método avanzado de escucharla sin sentirse culpado.

Como la mayoría de las mujeres, Marge pretende que Bob entienda que ella no estaba culpándolo y ni siquiera se da cuenta de que existen métodos avanzados para las relaciones que ella podría aplicar para impedir que él se sintiera culpado o poco apreciado.

Cuando un hombre es incapaz de traducir correctamente lo que quiere decir una mujer, le resulta cada vez más difícil escucharla demostrándole que la comprende.

Un hombre no puede sintonizar cuando siente que sus esfuerzos no son reconocidos ni apreciados. A pesar de que es posible que los sentimientos abrumadores de ella tengan poco que ver con él, él los toma como algo personal.

En vez de comprender lo que está pasando y usar un método avanzado para las relaciones para remediar la situación, Marge siente deseos de darse por vencida. La resistencia natural de Bob a escuchar sus sentimientos le indica que no la ama y nunca conseguirá el apoyo que necesita. Lo único que hace esto es empeorar el problema y aumentar lo que siente Marge: agobio y aislamiento.

BOB Y MARGE: DESPUÉS

Después de aprender los métodos avanzados para las relaciones, Bob logró eludir las palabras de Marge cargadas de emoción y no sentirse culpado. Marge, a su vez, aprendió a prepararlo para escuchar sus sentimientos y, de esta manera, hacer que le resulte más fácil esquivar las balas. Ahora, después de mucha práctica, su conversación suena así:

—Marge, ¿qué pasa? —pregunta Bob.

Marge hace una pausa para pensar cómo prepararlo para que no se sienta criticado y luego dice:

—Gracias por preguntármelo. (Pausa.) Tuve un día terrible. (Otra pausa.) Necesito hablar de eso, y luego estoy segura de que me voy a sentir mejor, ¿está bien?

—Por supuesto. —Bob ahora está preparado. Sabe que realmente no tiene que hacer nada para que ella se sienta mejor. Eso le permite relajarse y escucharla sin tener que pensar en resolverle los problemas.

—Todos quieren algo de mí —declara Marge—. Siento que hago

todo. —Una vez que estableció la escena y preparó a Bob, no necesita resumir sus sentimientos y puede expresarlos con libertad. La libre expresión es esencial si quiere liberar sus frustraciones.

Esta vez, Bob no se siente molesto porque entiende que ella necesita hablar. Esquiva con facilidad las balas de frustración y se limita a escuchar. Cuando ella hace una pausa, él la invita a decir más con un "Humm" cálido y comprensivo.

—Hoy —cotinúa Marge—, se suponía que tenía que terminar los libros cuando Richard me llamó. Todavía no pagó las cuentas, así que tuve que ir al Banco y hacer un giro telegráfico.

—¡Pero! —responde Bob compartiendo su enojo.

—Y —prosigue Marge— había tanto tránsito. Antes no era así. Todo está pasando con tanta rapidez. Hay demasiado que hacer para demasiada gente en poco tiempo. Todo el mundo corre. ¡Es una locura!

Bob sacude la cabeza, de acuerdo con Marge.

—Y además —sigue ella—, cuando finalmente volví al trabajo, había quince, ¡quince! mensajes para mí. Simplemente no tengo tiempo de hacer cosas para todo el mundo.

—¡Humm! —Bob apoya su irritación.

—Quiero decir, me encargué de todo pero... es demasiado.

—Es horrible —exclama Bob, acercándosele—. Marge, das tanto de ti. Deja que te abrace.

Después del abrazo, Marge inspira profundamente y exhala el aire despacio, como si se estuviera liberando de una pesada carga.

—Realmente necesitaba eso. ¡Me alegro tanto de estar en casa! Gracias por escucharme. —Marge se ocupa de agradecerle su ayuda.

A lo largo de la conversación, Bob recuerda no minimizar ni discutir con los sentimientos abrumadores de Marge. En cambio, la apoya con habilidad centrándose en su lado femenino y no manteniéndola en su lado masculino, que tiene que usar cuando trabaja, tratando de resolverle los problemas. Hasta donde puede, está tratando de hablar su idioma.

LOS BENEFICIOS DE MEJORAR LA COMUNICACIÓN

Gracias a que actualizaron y mejoraron sus métodos de comunicación, Bob y Marge no sólo evitaron discusiones sino que lograron resolver los verdaderos problemas: el hecho de que Marge se sintiera abrumada y sobreexigida y Bob, derrotado y poco apreciado. Con un conocimiento básico de lo "femenino", Bob pudo alimentar el lado femenino de Marge, mientras que Marge pudo apreciar más a Bob.

Marge logró liberar sus sentimientos abrumadores al poder hablar de ellos de un modo desinhibido, en "femenino". Bob pudo sentirse apreciado porque proporcionó a Marge la seguridad y el apoyo emocional que ella necesitaba para sentirse mejor.

Aunque Bob no fuera el único que llevaba dinero a su familia, pudo sentirse necesitado y apreciado en su nuevo papel como avezado interlocutor. Aunque Marge no estuviera feliz ni satisfecha al llegar a su casa, se alegraba de ver a Bob y enseguida después de su conversación estaba mucho más feliz y lo apreciaba mucho. Sin concentrarse en las soluciones de sus problemas del trabajo y de su casa, Marge consiguió liberar su sentimiento de pánico y empezar a volver a su lado femenino.

La mayoría de las parejas hoy en día no hablan con fluidez el idioma del otro. Cuando hablan, experimentan una creciente frustración en lugar de satisfacción.

**Es muy común que la relación se convierta en otra de las cargas
de la mujer más que en una forma de encontrar alivio de ellas.
Para el hombre, la relación señala cada vez más su derrota
en lugar de dar sentido a su vida.**

Cuando consideramos estas nuevas presiones sobre las relaciones y la vida familiar, y la ausencia de sistemas tradicionales de apoyo, no es raro que sea tan difícil permanecer juntos y explica por qué millones prefieren quedarse solteros. Ninguno de los dos sexos recibe el afecto y el apoyo del modo que más importa porque hablan diferentes idiomas.

CÓMO ROMPER LA BARRERA DEL IDIOMA

Como ya hemos dicho, no tiene que seguir siendo así. Por ejemplo, la frustración del hombre podría evitarse si, al cabo de hablar de los sentimientos, las mujeres pudieran decir cualquier combinación de lo siguiente:

"Muchas gracias por escucharme."

"Necesitaba sacarme eso de encima."

"Siento que haya sido difícil para ti escucharme."

"Puedes olvidar todo lo que acabo de decir."

"Ya no tiene tanta importancia."

"Me siento mucho mejor."

"Gracias por ayudarme a poner en orden mis ideas y dejar que hablara."

"Esta conversación realmente me ayudó a tener una mejor perspectiva de las cosas."

"Me siento mucho mejor ahora; gracias por escucharme."

"¡Es tremendo!, de veras tenía mucho que decir. Me siento muchísimo mejor."

"Me siento mucho mejor. A veces necesito hablar de ciertas cosas y luego me cambia el ánimo."

"Agradezco tu paciencia para ayudarme a ordenar mis pensamientos hablando."

Cualquiera de estos comentarios serían fantásticos para un hombre y lo harían sentirse cálidamente apreciado. Esto es porque en "masculino", su idioma nativo, tienen una importancia especial y positiva.

Cuando una mujer le dice a un hombre con tono amistoso: "Está bien" o "No es para tanto" o incluso "Olvídalo", para él será más fácil escucharla en el futuro. También hace que él recuerde lo que hizo que la molestó y trate en el futuro de hacer las cosas mejor.

Cuando un hombre empieza a ver que la mujer está dispuesta a olvidar lo que la molestó, la tendencia del hombre es recordar cada vez más para ser más considerado en el futuro.

Cuando una mujer dice: "Gracias por escucharme. Sé que para ti fue difícil", el hombre se dice a sí mismo en "masculino": "¡Fue duro pero puedo manejarlo!". La siguiente vez que ella esté molesta, el hombre va a mostrarse mucho más dispuesto a escucharla porque confía en que podrá manejar la situación y sabe que ella se lo agradecerá.

Cuando después de hablar de sus sentimientos la mujer les resta importancia diciendo: "Ahora que ya me lo saqué de encima, no es tan grave", la reacción "masculina" del hombre es: "Qué dulce de su parte decirlo, pero sé lo mucho que le importó. La próxima vez, voy a tratar de ser más sensible".

CUANDO LAS MUJERES NO PUEDEN HABLAR EN "FEMENINO"

El hecho de que una mujer se restrinja y sólo hable como lo hace un hombre es contrario a sus instintos. Termina impidiéndole manejar bien el estrés y la desconecta de los sentimientos cálidos, francos, amorosos y femeninos que le permiten aceptar, apreciar y confiar en la vida.

Es muy útil para los hombres recordar que las mujeres están instintivamente preparadas para comunicarse como un medio para ordenar sus pensamientos, aclarar sus prioridades y explorar sus sentimientos. Como ya hemos dicho, esto se debe a que en la antigüedad las mujeres aprendían a manejar los problemas de la vida hablando todo el día hasta la noche con otras mujeres. La seguridad de la mujer se afirmaba hablando y formando alianzas y amistades. El acto mismo de hablar hace surgir un sentimiento instintivo de seguridad.

Con esta seguridad, la mujer empieza a pensar con más claridad y puede ordenar sus pensamientos con más eficacia y de una manera llena de amor. En un sentido muy real, para las mujeres, hablar es como una bomba que genera mayor claridad. Ayudándolas a hablar en "femenino", los hombres les hacen un regalo precioso.

Sin la oportunidad de compartir libremente los sentimientos, las mujeres pierden algo muy importante.

POR QUÉ LOS HOMBRES NO HABLAN

Para un hombre, es lo opuesto. Lograr un objetivo en silencio genera un sentimiento instintivo de seguridad. Mientras hace tareas aparentemente sin sentido, como lustrar el auto o pegarle a una pelota de golf, el hombre puede ordenar en silencio sus pensamientos y preocupaciones; puede aclarar sus valores y prioridades así como desarrollar un plan de acción.

Puede olvidar las tensiones del día y empezar a relajarse para disfrutar de las alegrías de su relación y las comodidades de su hogar. Este proceso interno y silencioso le brinda una sensación de seguridad.

El cazador aseguraba su supervivencia moviéndose cautelosamente y luego logrando su objetivo. Los cazadores hablaban en "masculino", un idioma de pocas palabras. El silencio es el derecho de nacimiento de los hombres.

Cuando una mujer se siente libre para hablar, siente mayor seguridad. Compartir sus problemas y sentimientos es una expresión automática y natural de la forma en que su cerebro procesa la información y la forma en que sobrevivieron sus antecesoras. Éstas, que brindaban cariño y afecto, hablaban en "femenino", un idioma con un vocabulario infinito. Hablar es el derecho de nacimiento de las mujeres.

Si entienden esta diferencia crucial, hombres y mujeres pueden apoyarse con más amor y eficacia.

CÓMO REACCIONAN LOS HOMBRES A LOS SENTIMIENTOS

Cuando una mujer dice que necesita hablar, la mayoría de los hombres sienten que les dicen que hicieron algo mal. Cuando la mujer habla de sus problemas, el hombre supone equivocadamente que le ha fallado y que ella nunca va a ser feliz. Cuando ella quiere hablar de la relación, él no sabe que ella sólo quiere volver a encontrar su identidad femenina. Piensa que sólo quiere criticarlo o cambiarlo.

Esto se debe a que él oye sus observaciones en "masculino", mientras que ella está hablando en "femenino". Sus líneas de comunicación están totalmente averiadas.

Un hombre que interpreta mal el idioma "femenino" reacciona en una de tres formas básicas:

1. Ofrece una solución. Es posible que la mujer sólo desee que su compañero la escuche y le demuestre comprensión, pero si él no puede

hacerlo, por lo menos debe escucharla y no interrumpirla. Hacer un sonido como "humm" le indicará que él está considerando lo que ella dice y está tratando de entenderla.

2. Minimiza los problemas de ella. Piensa que ella se va a sentir mejor. Lo que no sabe es que ella está más preocupada por descubrir sus sentimientos que por la precisión de su descripción. Él dice cosas como:

"No es para tanto."
"No necesitamos hablar de esto."
"Entonces, ¿para qué?"
"Bueno, ahora no podemos hacer nada."
"Olvídalo. Yo me ocupo."

3. Desacredita los sentimientos de ella. Piensa equivocadamente que la está ayudando a analizar y a corregir su forma de pensar pero termina desacreditando sus sentimientos. No se da cuenta de que ella va ordenando sus pensamientos a medida que habla. Él dice cosas como:

"No debes tomarlo tan a la tremenda."
"No te preocupes por eso."
"Creo que tu reacción es exagerada."
"Ya hemos hablado de esto."

CONVERSACIÓN SIN UN OBJETIVO DETERMINADO

Cuando se le permite hablar de un modo no lineal, sin un objetivo determinado (puramente "femenino"), la mujer puede reconectarse con su lado femenino y manejar con mayor eficacia el estrés de trabajar todo el día desempeñando un papel tradicionalmente masculino. Si un hombre le ofrece consejo o trata de ayudarla a resolver sus problemas, en realidad la está reteniendo en su lado masculino, que quiere resolver problemas. Está exigiéndole que siga hablando en "masculino". Al permitir que una mujer hable de problemas sin la urgencia de resolverlos, el hombre la ayuda a hacer el cambio y hablar en "femenino". Limitándose a responderle con empatía, compasión y comprensión, el hombre le alimenta su lado femenino. Con esta clase de apoyo, la mujer puede liberarse de sus cargas y de sus sentimientos abrumadores. Poco a poco, recupera la energía y su corazón está lleno de agradecimiento y amor.

Si una mujer logra liberar sus sentimientos negativos de esta manera y no se aferra secretamente a ellos, para el hombre será más fácil estar más presente en la relación. Cuando un hombre inicia una conversación, a veces es particularmente útil porque las mujeres, hoy en día, están tanto en su lado masculino que ni siquiera saben que necesitan hablar hasta que se lo piden. En especial, si tuvo malas experiencias en el pasado al querer hablar de sus sentimientos, no sentirá conscientemente la necesidad de hablar. Con la clara señal de un hombre que inicia una conversación, la mujer no tiene que temer su falta de interés por lo que ella tiene que decir.

Incluso cuando ella siente la necesidad de hablar, en ocasiones no sabe por dónde empezar.

PREGUNTAS QUE LA AYUDAN A ABRIR SU CORAZÓN CUANDO ÉL ESTÁ DISPUESTO A ESCUCHARLA

Un hombre puede ayudar a una mujer a abrir su corazón y hacerle saber que está dispuesto a escucharla haciéndole cualquiera de estas preguntas o comentarios:

1. "¿Tuviste un mal día?"
2. "¿Qué tal tu día?"
3. "¡Estoy tan contento de verte! Déjame abrazarte."
4. "¿Puedo hacer algo por ti?"
5. "Cuéntame de tu día."
6. "Tienes buen aspecto, ¿tuviste un buen día?"
7. "Parecería que tuviste un día magnífico."
8. "Pareces cansada..."
9. "¿Estás molesta hoy?"
10. "¿Cómo te sientes?"

Cada comentario contiene el mensaje no exigente de que ella puede hablar breve o extensamente. Si ella lanza una respuesta corta, él debe ayudarla a decir más respondiendo con cualquiera o todas las siguientes cuatro preguntas:

1. "¿Qué pasó?"
2. "Cuéntame más."
3. "¿Y después qué pasó?"
4. "¿Cómo te sentiste?" o "¿Cómo te sientes?"

Sin embargo, si una mujer formula a un hombre cualquiera de las diez preguntas anteriores y él le da una respuesta corta, ella debe darle espacio. Si ella necesita hablar, debe preguntar si es un buen momento.

SEÑALES DE QUE ÉL NO PUEDE ESCUCHARLA EN ESTE MOMENTO

Si un hombre está demasiado estresado por las presiones del día como para oírla, debe enviarle señales claras de eso. Una forma en que puede comunicarle que aún no está listo para oírla es simplemente decir una de las siguientes frases:

1. "Necesito estar solo un rato pero ya estaré contigo."
2. "Tengo que hacer XYZ durante un rato y luego estaré contigo."
3. "Ahora estoy en mi cueva. Necesito XYZ y luego estaré contigo."
4. "Ahora estoy en mi cueva. Hablaremos cuando salga."

Es importante que el hombre se sienta libre para hacer estos comentarios. Cualquier mensaje negativo puede hacer que le resulte más difícil salir de la cueva. Algunos mensajes comunes que una mujer envía por error verbalmente o con una mirada se oyen de la siguiente manera:

1. "¿Pero por qué ahora?"
2. "¿Pero por qué no podemos pasar ningún tiempo juntos?"
3. "¿Por qué no puedes estar cuando te necesito?"
4. "¡Sólo piensas en ti mismo!"

5. "¿Acaso hice algo mal?"
6. "¿Cómo puedes dejarme ahora?"
7. "Pasas demasiado tiempo fuera."
8. "¡No me amas!"
9. "No puedo manejar esto. ¡Me siento tan abandonada y rechazada!"
10. "Lo sabía. En realidad no te importo."
11. "Pero ya estuviste en la cueva esta semana."

Si se evita cualquiera de estos mensajes, el hombre puede sentir libertad y apoyo para alejarse cuando lo necesita para poder volver antes. Muchas veces, cuando un hombre se aleja, quiere volver pero recuerda el comentario o mensaje negativo de ella y no está seguro de que vaya a recibirlo bien. Entonces se enfrenta al problema de si tiene que disculparse por haberse alejado cuando es algo que necesita hacer. Tener que enfrentarse al temor del rechazo de la mujer cuando vuelve definitivamente le impide salir hasta que queda claro que está todo olvidado y perdonado.

CÓMO AYUDAR A UN HOMBRE A ESQUIVAR Y ELUDIR LOS ATAQUES

Durante una conversación difícil, hay muchos comentarios breves o "suavizadores" que puede hacer la mujer para ayudar a un hombre a esquivar y eludir ataques y poder oír los sentimientos de ella sin ponerse a discutir. A continuación se ofrecen algunos ejemplos:

No diga:	Diga:
1. "De verdad me parece que…"	1. "No estoy del todo segura de esto pero me parece que…"
2. "Estoy segura de que…"	2. "En realidad no sé si es verdad para ti, pero a mí me parece que…"

No diga:	Diga:
3. "No me parece que esté bien. Me parece..."	3. "No es que tenga todo esto pensado. Es una sensación. Siento que..."
4. "No, no me refiero a eso. Me parece que..."	4. "En realidad, no lo había pensado, pero en este momento me parece que..."
5. "No estoy de acuerdo porque..."	5. "Lo veo de otra manera. Me parece que..."
6. "No estoy para nada de acuerdo. Me parece..."	6. "No sé qué es lo correcto, pero me parece que..."
7. "¡No es verdad! Me parece que..."	7. "Según mi experiencia, me parece que..."

Comentarios como éstos aseguran al hombre que las palabras y sentimientos de su compañera no son inamovibles. Le recuerdan que la acción de compartir sus sentimientos es un trabajo en progreso. Así, el hombre puede esquivar las críticas más eficazmente y evitar tomar las emociones momentáneas de su compañera como hechos.

Cada uno de los ejemplos anteriores es igualmente útil para que los aplique también el hombre. Muchas veces él expresa sus ideas con tanta certeza que la mujer siente que no está abierto para oír el punto de vista de ella. Cuando un hombre usa comentarios suavizadores, ayuda a la mujer a sentirse libre para compartir su perspectiva.

CUANDO UN HOMBRE SE RETIRA A SU CUEVA

Es muy común que cuando los hombres se retiran a sus cuevas privadas, las mujeres equivocadamente piensen que algo está mal y traten de hacer salir a sus compañeros. La mujer interpreta mal las necesidades del hombre, piensa que está perdiendo el tiempo y empieza a criticarlo.

Un hombre podrá emerger de la cueva sólo cuando haya olvidado sustancialmente los problemas de su día. Cuando su mujer lo espera en la puerta con más problemas, se resiste a salir de la cueva. Y la resistencia de ella a que esté en la cueva es lo que en realidad lo mantiene allí adentro.

**Cuanto más tratan las mujeres
de hacer salir a los hombres de la cueva,
más tiempo permanecerán éstos en ella.**

TRES PASOS PARA HACER VOLVER AL HOMBRE

Hacer que el hombre vuelva poco a poco a la familia es un elemento crucial de la nueva tarea de la mujer. Aquí ofrecemos los tres pasos básicos:

Paso 1. Déle mucho espacio para que esté solo y hágale ver que a usted no le importa. Aliéntelo para que pase tiempo con sus amigos no molestándose o sintiéndose herida cuando él expresa el deseo de hacerlo.

Trate de evitar agobiarlo o mostrarse crítica. Recuerde que el idioma "masculino" en general recibe un consejo no pedido como una crítica, Cuando le sea posible, dígale cuánto aprecia sus esfuerzos por tener éxito en su trabajo.

De ser posible, actúe como si el hecho de que se retire a su cueva no tuviera importancia. Cuando vuelva y comience a mostrarse afectuoso, asegúrese de hacerle saber lo mucho que a usted le gusta.

Paso 2. Pídale que haga pequeñas cosas específicas para usted y exprese su gratitud cuando las haga. Por ejemplo, no se queje de que no pasa bastante tiempo con usted. Es una acusación que lo pondrá a la defensiva. En cambio, pídale que la lleve a un restaurante o a una película específica un día específico. No deje que piense dónde y cuándo ir. Facilítele las cosas cuanto pueda.

Hágale experimentar todo el tiempo su éxito en satisfacerla. De esa manera, irá asociando el hecho de complacerla con el de liberar estrés. Con el tiempo, cuando quiera liberarse del estrés, empezará a pensar en pequeñas cosas que puede hacer para usted.

Paso 3. Esta tercera técnica es la más importante y requiere más habilidad y práctica: en momentos determinados, pídale que la escuche expresar sus sentimientos. En esos momentos, cuídese de no ofenderlo o darle la impresión de que no hace bastante. Al prepararlo para que no se sienta culpado y al agradecerle luego por escucharla, le permite aprender lentamente a tomar conciencia de la relación.

Hable de problemas y sentimientos. Si él empieza a frustrarse, recuérdele que no le está pidiendo que le resuelva los problemas y que sólo quiere que la escuche. Al no sentir la presión de tener que solucionar problemas, él va a relajarse y escucharla cada vez con más atención.

Aunque un hombre sepa que usted está usando métodos avanzados para las relaciones con él, le estará agradecido. Tenga en cuenta que los hombres quieren estar dentro de una relación. Estos tres pasos tienen sentido cuando una mujer comprende que las necesidades de su compañero son diferentes. Así como ella necesita que el hombre le brinde apoyo escuchando sus sentimientos para poder olvidar sus problemas, él necesita que ella lo apoye recordando lo que realmente es importante para él.

QUÉ HACER CUANDO EL HOMBRE ESTÁ MOLESTO

Mientras que las mujeres directamente procesan sus sentimientos hablando, los hombres necesitan hacer algo mientras piensan en silencio en ellos. Sólo después de pensar en sus sentimientos será beneficioso para el hombre hablar de ellos.

En términos generales, el hombre siente la necesidad de hablar principalmente cuando piensa que va a ayudar a brindar información para resolver un problema. Si alguien lo ofendió o hirió, es posible que sienta la necesidad de hablar para expresar que lo que esta persona hizo estuvo mal y que debe cambiar.

**Cuando un hombre habla estando enojado,
en general está muy empeñado en tener razón.**

El hombre interpreta mal cuando una mujer que está molesta quiere hablar porque equivocadamente cree que está diciendo que él no tiene razón y que debería cambiar. ¿Por qué? Porque cuando un hombre dominado por las emociones siente la misma necesidad, el *sí* culpa y acusa. Los hombres deben aprender que cuando una mujer habla de sus sentimientos, por muy furiosa y acusadora que parezca, en realidad está pidiendo empatía.

Entendiendo esto, la mujer puede apreciar la sabiduría de *no* insistir en tratar de sacar al hombre de su cueva cuando no quiere hablar. No sólo no debe cuestionarlo sino que debe esforzarse al máximo para postergar la conversación de buen grado aunque él *esté* dispuesto a hablar mientras lo dominan las emociones.

El viejo consejo que advierte a las parejas que nunca se vayan a la cama molestos o enojados puede causar muchos problemas hoy. Cuando un hombre está enojado, recomiendo mucho que la mujer le dé mucho espacio y que deje que medite mucho. Espere hasta que se le haya pasado un poco antes de hablar juntos acerca de qué lo está molestando.

Sin embargo, si la mujer está molesta, entonces es aconsejable que él inicie una conversación, le haga preguntas y la haga aflojarse haciéndole ver que puede hablar con tranquilidad. La vieja frase acerca de no irse a la cama enojados era principalmente para que los hombres entendieran a las mujeres. La mujer no tenía necesidad de aplicarla porque cuando su marido estaba molesto en general se alejaba para enfrentarse solo a sus sentimientos.

Los hombres de hoy en día están más en contacto con sus tendencias femeninas, y cuando están molestos o enojados a veces desean hablar. Es importante que las mujeres comprendan la sensatez de postergar esta clase de conversaciones, en particular si antes tuvieron discusiones y negativas dolorosas. Este método para postergar es otro que su madre no pudo enseñarles.

Si un hombre está molesto y quiere hablar, la mujer tiende a suponer que se calmará hablando. Es verdad sólo si ella está de acuerdo con lo que él dice. Recordemos que los hombres quieren tener razón cuando hablan y están molestos al mismo tiempo. Si ella no está preparada para estar de acuerdo con lo que él tiene que decir o por lo menos para apreciar sus puntos de vista, entonces es importante que postergue la conversación.

La mayoría de las mujeres no considerarían hacer que un hombre postergara el hecho de hablar de sus sentimientos porque no querrían que él hiciera lo mismo con ellas. Si una mujer hace esto con otra mujer, resulta grosero. Si un hombre puede escuchar y prefiere que la mujer postergue la conversación, resulta grosero. Pero si una mujer siente que no puede estar de acuerdo con sus puntos de vista cuando él está molesto, o por lo menos tomarlos en cuenta, entonces aunque a él le parezca grosero, es muy importante que ella posponga la conversación.

Es muy importante el modo en que la mujer maneja la postergación. No debe mostrarse acusadora porque lo que único que logrará será enfurecerlo. Lo que debe hacer es validar los sentimientos de él y luego postergar la discusión. Después, sin decir más, debe alejarse como si lo que hiciera fuera perfectamente normal y todo estuviera bien. Es un método avanzado que permite al hombre salvar las apariencias y tranquilizarse.

Lo que la mujer debe decir:	Lo que la mujer no debe decir:
1. "Tienes derecho a estar molesto. Necesito tiempo antes de que hablemos."	1. "No puedo hablar contigo cuando estás enojado."
2. "Quiero oír tus sentimientos, pero necesito tiempo para ordenar los míos."	2. "No te importo. ¿Por qué tengo que hablar contigo?"

Lo que la mujer debe decir:	Lo que la mujer no debe decir:
3. "Déjame tomarme un tiempo para apreciar lo que dijiste, y luego podré hablar de eso."	3. "¡Sólo quieres tener razón! No oyes lo que digo."
4. "Necesito tiempo para pensar en lo que estás diciendo."	4. "¡No entiendes!"
5. "Entiendo que estés enojado y necesito tiempo antes de poder hablar de esto."	5. "No puedo creer la forma en que estás hablándome."

Las mujeres deben recordar que, a diferencia de ellas, los hombres se sienten mejor cuando se toman tiempo para calmarse y pensar las cosas. Hacer preguntas a un hombre cuando está molesto y enojado empeorará las cosas.

El mejor momento para hablar con un hombre es cuando él tuvo la oportunidad de pensar acerca de un problema, liberó cualquier sentimiento negativo y se reconectó con otros más positivos. Si después de estar un rato solo parece seguir molesto, la mujer definitivamente no debe insistir en tener una conversación. Debe esperar al día siguiente y entonces preguntarle, sin darle mayor importancia, si le pasa algo de lo que quiera hablar. Si dice "No es nada", pero no se muestra cálido y afectuoso, es probable que necesite un poco más de tiempo para sentirse aceptado y apreciado por lo que hace por ella antes de empezar a volver a ser él.

Así como es posible que un resfrío ya no contagie pero sí produzca síntomas, un hombre tal vez ya resolvió sus sentimientos y solucionó sus problemas pero necesita ser amado y apreciado antes de que reemerjan sus sentimientos de calidez.

Cuando aprende a hablar en "femenino", una de las cosas más sustentadoras que puede hacer un hombre es escuchar y estar preparado para ofrecer gestos simples de apoyo y confianza. Estos pueden ser tan básicos como un abrazo, el contacto visual, un asentimiento ocasional o sonidos que se traducen como arrullos tranquilizadores que indican que entiende el idioma "femenino".

Cuando una mujer habla, éstos son algunos de los sonidos que le hacen sentir que el hombre la escucha. Cada sonido está acompañado de una breve traducción.

Él dice:	Ella oye:
1. "Humm"	1. "Estoy pensando en eso."
2. "Oh"	2. "Estoy sorprendido. Ahora entiendo."
3. "Ajá"	3. "Te estoy siguiendo, estoy contigo aquí, sigue."
4. "Ah…"	4, "Ahora empiezo a entenderlo. Cuéntame más."
5. "Mmmm"	5. "Siento mucho que haya pasado eso, me siento realmente mal."
6. "¡Uf!"	6. "No puedo creer que haya pasado eso. No mereces que te traten así."
7. "Uuh"	7. "Estoy impresionado. Eso debe de haberte dolido."

Él dice:	Ella oye:
8. "¡Ay!"	8. "Comparto tu dolor."
9. "¡Guau!	9. "¿De verdad pasó eso?"
10. "¡Uy!"	10. "Qué mal, lo siento mucho."
11. "Tch"	11. "Lo que hicieron está mal; no tienes que aguantarlo."
12. "¡Eh!"	12. "Qué bueno; es interesante."

Estos diversos sonidos deben hacerse principalmente cuando ella hace una pausa. Practicarlos puede ayudar a un hombre a esquivar y eludir posibles ataques. En lugar de ofrecerle soluciones cuando hace una pausa, el hombre puede concentrarse en emitir un sonido tranquilizador.

Si un hombre no está acostumbrado a hacer esta clase de sonidos, es posible que al principio parezca artificial. Sin embargo, una vez que vea que es útil, poco a poco se volverá más automático y natural.

CUANDO UNA MUJER TIENE SENTIMIENTOS FUERTES

A veces, cuando una mujer tiene sentimientos fuertes, habla para descubrir cuáles son sus sentimientos. Si su compañero sabe escucharla con atención y puede esquivar y eludir los ataques sin interrumpirla, ella puede expresar todo lo que tiene dentro. Puede ayudarla mucho si percibe que está molesta, cansada o agobiada y luego inicia una conversación haciendo preguntas.

A continuación se ofrecen algunas preguntas que puede hacer un hombre para iniciar una conversación. Estas son:

1. "Parece que tuviste un día largo."
2. "¿Qué te pasa?"
3. "¿Qué está sucediendo?"
4. "¿Quieres que hablemos de algo?"
5. "¿Qué tal tu día?"
6. "¿Estás molesta conmigo?"
7. "¿Hice algo que te molestó?"
8. "¿Hay algo de lo que tengamos que hablar?"

En la mayoría de los casos, ella dirá algo como: "No es por ti. Están pasando tantas cosas", y luego empezará a hablar de eso. Aunque estuviera un poco molesta con él, enseguida tenderá a desechar esos sentimientos porque él inició la conversación. Cuando se siente apoyada, es capaz de ser muy generosa con su amor. Si la mujer acepta hablar pero está abrumada y tiene dificultad para expresar sus sentimientos o dirige las emociones negativas contra él, las siguientes son cinco preguntas básicas "conciliadoras" que el hombre puede emplear para hacer que la mujer se abra y así poder desviar sus proyectiles verbales.

1. "¿Cómo te sientes cuando...?"
2. "¿De qué otra forma te sientes cuando...?"
3. "Cuéntame más."
4. "¿Con qué te sentirías bien?"
5. "¿Qué necesitas para sentir que te doy mi apoyo?"

Preguntas como estas bastan para que la mujer se sienta apoyada. Cuando no siente la responsabilidad de iniciar una conversación, puede ordenar sus sentimientos con mayor facilidad.

LA NECESIDAD DE LA MUJER DE UN RATO PARA REFLEXIONAR

Cuando la mujer expresó sus sentimientos, es posible que ni siquiera sepa exactamente lo que dijo hasta unos minutos después. Eso se debe a que elabora las cosas a medida que habla. Está en medio de un proceso. Una vez que termina, entonces tiene la oportunidad de mirar atrás y ver lo que dijo.

En términos generales, si una mujer está molesta y habla de lo que siente, tarda unos quince minutos en reflexionar acerca de lo que dijo. Después de esta consideración, empieza a apreciar el fuerte apoyo que le brinda el hombre.

Sin embargo, si un hombre dice algo en "masculino" (que en general es provocativo) durante esos quince minutos, puede echar a perder todo el adelanto que hizo. Será como si le hiciera un regalo y luego se lo quitara. Y para una mujer eso es peor que no dárselo.

Durante esos quince minutos, la mujer es muy vulnerable. Es un momento en que ella reflexiona acerca de lo que dijo. Si un hombre trata de decirle que está equivocada, o si ella siente que tiene que defenderse, entonces le resulta difícil ver sus errores y liberar cualquier sentimiento negativo al que se está aferrando.

CÓMO LOS HOMBRES APRENDEN DE SUS ERRORES

De un modo similar, cuando el hombre comete un error y la mujer se encarga de recordárselo, él no se siente libre para reflexionar acerca de su error y planear aprender de él. Cuando la mujer corrige la conducta del hombre, él instintivamente se pone a la defensiva regresando a su cueva donde sólo se habla en "masculino".

En general, las mujeres sienten una fuerte necesidad de corregir la conducta del hombre. Instintivamente, ofrecen consejos o critican sus decisiones o conducta, sin saber que le están impidiendo hacer el ajuste interno que necesita hacer.

CÓMO INFLUIMOS UNOS SOBRE OTROS

Cuando hombres y mujeres empiezan a entender sus diferencias bajo una luz nueva y positiva, aprenden sus respectivos idiomas y practican métodos avanzados para las relaciones, pueden sacar de sus parejas lo mejor que éstas tienen que ofrecer. Como resultado, hombres y mujeres están más satisfechos. Un hombre se siente muy satisfecho porque se siente exitoso al apoyar a su compañera y ella se siente satisfecha porque creó una relación en la que se puede crecer y prosperar. Es posible que sigan hablando idiomas distintos, pero la armonía crece a medida que empiezan a aprender a traducir y enviar correctamente mensajes importantes.

Como ya hemos dicho, cuando una mujer logra entender el comportamiento de un hombre y puede expresar una mayor aceptación de él, con el tiempo éste empieza a cambiar de actitud y se vuelve más atento. La actitud no exigente de la mujer lo atrae hacia la relación como si fuera un imán.

Cuando un hombre empieza a esquivar y eludir los ataques interpretando correctamente los sentimientos de su compañera, logra escucharla con mayor empatía y comprensión. En el nivel más básico de su ser, la mujer se siente vista, oída, comprendida y apoyada. Su espíritu femenino se eleva. Como resultado, puede ser más afectuosa y acepta más a su hombre. A medida que él va entendiéndola cada vez más, empieza a compartir más con ella con toda naturalidad.

Aunque al principio estos métodos parezcan poco naturales, con el tiempo se volverán automáticos. Simplemente son las extensiones de métodos sociales y de lenguaje que ya hemos estado usando durante siglos. En el próximo capítulo, el lector entenderá por qué los hombres olvidan las cosas y las mujeres recuerdan cada detalle de los errores de los hombres.

Capítulo 8

El hombre sigue siendo de Marte y la mujer, de Venus

En mis seminarios sobre las relaciones, explico que las diferencias entre los hombres y las mujeres nos hacen pensar que somos de planetas diferentes. Exploro estas diferencias mucho más detalladamente en mi libro *Los hombres son de Marte y las mujeres son de Venus.*

Mientras que miles de personas asienten, de acuerdo conmigo cuando les doy mis ejemplos, hay algunas que no se sienten del todo identificadas. De hecho, no es nada fuera de lo común que muchas digan que se sienten más plenamente identificadas con mis ejemplos de lo que es ser un hombre. Sienten que ellas son de Marte y no de Venus. Yo les aseguro que no todo está bien y que, aunque la sociedad en gran medida ha ejercido influencia sobre ellas para que sean más masculinas, siguen siendo de Venus.

Existen muchos factores que influyen sobre el hecho de que la mujer tenga un lado masculino más desarrollado o que el hombre tenga un lado femenino más desarrollado. Es muy común que si una niña se siente más vinculada con su padre o si fue criada en un ambiente masculino, tenderá a desarrollar más plenamente su lado masculino. De un modo similar, si un niño se vincula más con su madre o si fue criado en un ambiente femenino, tenderá a desarrollar más plenamente su lado femenino.

Sin embargo, en términos generales, la mujer se vuelve más masculina cuando no ha visto a una mujer siendo femenina y también respetada. De la misma manera, el hombre se vuelve más femenino cuando no ha visto a un hombre afectuoso y, a la vez, fuerte y poderoso.

Los ambientes culturales y ciertos grupos étnicos también tienen características que son más "masculinas" o "femeninas". Por ejemplo, los alemanes y los suecos tienden a mirar con desdén ciertas demostraciones de emoción o el hecho de hablar por hablar en vez de querer llegar a algo, mientras que las familias italianas son muchos más expresivas emocionalmente.

A veces, las diferentes tendencias femeninas no son evidentes en una mujer porque cuando está soltera y un poco aislada, se convierte en marciana y tiene que cuidarse sola. Una vez que está en una relación, empiezan a surgir muchas tendencias femeninas tradicionales.

En otros casos, la mujer se vuelve más masculina o marciana porque en su relación y con el tiempo experimenta que no es seguro ser femenina.

Por ejemplo, es posible que la necesidad femenina de hablar más cause demasiada frustración o la haga parecer débil. En vez de parecer necesitada o causar conflicto, automáticamente empieza a reprimir su lado femenino.

A veces los hombres también sienten que son de Venus. Los hombres creativos en particular experimentan tanto su lado masculino como su lado femenino. En general, estos hombres se sienten atraídos hacia mujeres cuyo lado predominante es el masculino. Nuevamente, la fórmula sigue siendo cierta: las diferencias se atraen.

En algunos casos, estos hombres tiene modelos positivos para expresar el poder masculino. No saben cómo imponerse y establecer límites y a la vez ser afectuosos y demostrar cariño. Para satisfacer a la mujer, están dispuestos a sacrificar sus necesidades. No sólo se debilitan personalmente sino que se vuelven más femeninos, las mujeres pierden atracción para ellos y se alejan. Al usar métodos avanzados para las relaciones, estos hombres pueden empezar automáticamente a desarrollar su lado masculino y a la vez respetar su lado femenino.

Cuando un hombre está más de su lado femenino que de su lado masculino o una mujer más de su lado masculino, él o ella está experimentando una inversión del papel emocional. Como ya dijimos, este término no implica de ninguna manera una neurosis psicológica. Se trata simplemente de un desequilibrio.

Para mejorar las relaciones, debe restablecerse el equilibrio. Para crear relaciones ideales, debe alimentarse tanto el lado masculino como el femenino de cada uno.

Cuando las parejas no saben apoyarse el uno al otro, la mujer automáticamente empieza a cerrar su lado femenino, y el hombre reprime su deseo instintivo de apoyar su lado masculino. Ella siente: "No voy a seguir dando de mí porque no me siento apoyada", y él siente: "¿Por qué voy a tener que dar de mí cuando da igual?"

Cuando el hombre está de su lado femenino

Cuando un hombre opera demasiado desde su lado femenino, el antídoto es que el hombre haga cosas que inmediatamente permitan a su compañera alimentarle el lado masculino. Debe buscarla para sentirse valorado y reconocido. Cuando ella lo apoya de esta manera y él puede restablecer el equilibrio más rápidamente, ella también se beneficia.

Si un hombre está de su lado femenino, es posible que aplicar métodos avanzados para las relaciones al principio no parezca natural. Su lado femenino le dirá: "¿Por qué tengo que eludir y esquivar los ataques y hacer que ella se sienta a salvo? ¡Yo quiero que ella me haga sentir a salvo a mí! Yo también quiero hablar".

Al superar esta resistencia y aprender a escuchar primero y "contenerse" antes de expresar sus sentimientos, el hombre ejercita y fortalece su lado masculino. Cuando su lado masculino logra apoyar el lado femenino de la mujer, para el hombre es productivo y saludable permitirle estar allí para su lado femenino. Después de que el hombre alimenta el lado femenino de la mujer y ella, su lado masculino apreciando su apoyo, el hombre puede buscarla libremente para que alimente su lado femenino. ???

Si un hombre tiene un lado femenino más desarrollado, sentirá un impulso de ser alimentado por el lado masculino de su compañera. Sentirá una mayor necesidad de que ella esté allí para él. Es probable que se moleste cuando ella no quiera hablar o trabajar en la relación. Se quejará de que ella no está con él en la relación. Hará muchas preguntas para hacer que ella hable más. Querrá que ella lo escuche y entienda sus sentimientos, le brinde compasión y lo ayude de diversas maneras.

El lado femenino del hombre tiene necesidades legítimas, pero para permitirles un acceso total dentro de la relación, el hombre tenderá a empujar a la mujer hacia su lado masculino. Este hombre puede satisfacer mejor las necesidades de su lado femenino yendo a un grupo de apoyo masculino, pasando más tiempo con sus amigos, trabajando en su crecimiento personal o volcándose a Dios en busca de esta clase de apoyo.

Exigirle a su compañera que apoye su lado femenino significa una enorme tensión en la relación.

La mujer ya necesita más apoyo
para conectarse con su lado femenino;
no puede encontrar su lado femenino y a la vez
ser el hombre para el lado femenino de él.

Cuando el hombre se vuelva hacia la mujer principalmente en busca de esta clase de apoyo, no sólo la empuja hacia su lado masculino sino que es posible que también se debilite él. Incapaces de hablar con otros hombres acerca de sus problemas, muchos hombres se quejan con sus mujeres. Esto origina un mayor desequilibrio.

Después de un tiempo, a medida que el hombre habla cada vez más, ella habla cada vez menos. El hombre tiene que cuidar de no "quejarse" demasiado con su mujer porque ella puede empezar a tratarlo como a un hijo y su deseo por él vacilará y se apagará. Como sugerencia general, el hombre no debe expresar más sensibilidad que su compañera. Si es más sensible, necesitará endurecerse un poco alimentando más su lado masculino.

Cuando una mujer dice que quiere un hombre sensible, en realidad se refiere a que quiere un hombre que sea fuerte pero sensible a sus necesidades. Es muy común que las mujeres pierdan interés cuando el hombre se vuelve más sensible que ellas. En una palabra, al principio, es posible que resulte muy atractivo, en particular si la mujer está de su lado masculino, pero si persiste durante mucho tiempo, rápidamente empieza a molestarle.

El hombre necesita ser cuidadoso y no buscar a la mujer para que satisfaga sus necesidades femeninas. Lo ideal sería que el hombre buscara a la mujer principalmente para que alimentara su lado masculino y no su lado femenino. Su lado masculino se alimenta cada vez que se siente valorado, aceptado y goza de confianza. Cuanto más alimentado se siente, más fuerte va a ser, pero al mismo tiempo estará cada vez más sensible a las necesidades de la mujer. Esta fuerza y sensibilidad a sus necesidades es lo que las mujeres aprecian realmente y lo que hace que el hombre se sienta fuerte y afectuoso.

Si él es más sensible que ella, es posible que le lleve algunos años encontrar el equilibrio y hallar su fuerza masculina en la relación. Mientras tanto, no debe agobiarla con sus sensibilidades. Por ejemplo, si el hombre se siente herido o si siente carencias emocionales, debe hablar con amigos hombres y no buscarla para apoyar su necesidad de hablar y expresar sus sentimientos.

El hombre logra el equilibrio en una relación principalmente al brindar apoyo a la mujer. Cuando lo logra, entonces su lado femenino se alimenta automáticamente. Cuando ella está feliz, él se siente feliz porque indirectamente su propio lado femenino se siente apoyado. Cuando un hombre ama a una mujer y siente una profunda conexión con ella, es como si el lado femenino de ella se convirtiera en el suyo. Al satisfacer el lado femenino de la mujer no sólo se valora el lado masculino del hombre sino también el femenino.

Cuando la mujer está de su lado masculino

Cuando la mujer se siente responsable de alimentar el lado femenino del hombre, pierde el equilibrio. Por ejemplo, cuando el hombre pretende que ella preste más atención a los sentimientos de él, tiene el efecto de alejarla de él y de su propio lado femenino. Automáticamente empieza a volverse más masculina. Hacen falta métodos avanzados en las relaciones para ayudar a la mujer a regresar a su lado femenino.

La mujer se siente más alimentada cuando su lado femenino es apoyado directamente. La mujer logra el equilibrio ayudando a su compañero a apoyarla. Si puede crear un clima en donde recibir el apoyo que necesita para ser feliz, su lado masculino también se desarrolla en forma simultánea.

De esta manera, la mujer puede afirmar su lado masculino para resolver los problemas mientras protege su lado femenino al ser directamente alimentada por su compañero. Por otra parte, cuando apoya directamente el lado femenino de su compañero, pasa por alto el propio, hasta que un día se despierta enojada y resentida porque su comprensión e interés no es recíproco.

Cuando la mujer está demasiado de su lado masculino, el antídoto es crear relaciones en las que aflore su lado femenino. Si durante el día su trabajo la obliga a estar de su lado masculino, tendrá que esforzarse para superar una gran resistencia interna a fin de lograrlo.

Cuando una mujer que está de su lado masculino llega a su casa, es posible que quiera retirarse a su cueva. Definitivamente no está de humor para mostrarse comunicativa. Siente una necesidad mucho mayor de espacio que su compañero. Necesita resolver problemas y no puede desperdiciar tiempo hablando de ellos.

Como su lado masculino quiere sentirse apreciado, aceptado y gozar de confianza, se siente resentida cuando su compañero le ofrece consejos o no reconoce todo lo que ella hace. En la mayoría de los casos, prefiere hacer las cosas sola. Definitivamente siente que su compañero no le brinda la apreciación que merece como proveedora del sustento.

Para apoyar el lado masculino de la mujer, ella necesita pasar tiempo con otras mujeres que puedan alimentar la necesidad de apreciación de su lado masculino.

Lo ideal sería que la mujer buscara al hombre para recibir cuidado, comprensión y respeto. Estas cualidades del amor alimentan su lado femenino. A medida que se satisfacen esas necesidades y aumenta la apreciación hacia su compañero, la mujer puede esperar que él también aprecie todo lo que ella hace.

No es saludable que la mujer y el hombre compitan
para obtener apreciación en una relación.

Mientras que para las mujeres es importante sentirse valoradas, deben volcarse hacia sus compañeros para que apoyen su lado femenino. Las mujeres modernas necesitan el apoyo masculino más que nunca para poder volver a su lado femenino al cabo del día.

INVERSIÓN DEL PAPEL EMOCIONAL Y ATRACCIÓN

Con tantas mujeres que trabajan, cada vez es más común que empiecen una relación con el papel emocional invertido. Al perseguirlo más activamente, la mujer obliga al hombre a desplazarse más hacia su lado femenino. En lugar de sentir la responsabilidad de iniciar una relación, el hombre espera y deja que ella lo busque.

Cuando una mujer está de su lado masculino, tiende a sentirse atraída hacia un hombre que está de su lado femenino y viceversa. Muchos hombres sienten esto en forma automática y se mueven hacia su lado femenino. Es una trampa. A menos que el hombre trabaje conscientemente para hallar el equilibrio, terminarán perdiendo su atracción.

Cuando una mujer es más masculina, el hombre tiende a volverse más femenino. De la misma manera, si el hombre se vuelve más femenino, la mujer se vuelve más masculina. Si no aprende los métodos para ayudarlo a alimentar su lado femenino, la mujer se volverá todavía más masculina.. Cuanto más masculina es ella, más femenino es él.

Si un hombre muy masculino se vuelve más femenino, está moviéndose hacia el equilibrio. Pero si ya está demasiado de su lado femenino, empujarlo más hacia él crea un mayor desequilibrio.

Si él es muy femenino y ella muy masculina, para mantener la atracción hace falta que el hombre alimente su lado masculino y ella, su lado femenino. Al hacerlo juntos, los métodos avanzados para las relaciones fomentan un equilibrio y una atracción mayores.

En relaciones más convencionales, el hombre es más masculino y la mujer es más femenina. La atracción disminuye con el tiempo si la mujer experimenta una y otra vez que no puede lograr el apoyo para su lado femenino. En lugar de arriesgar el dolor de la anulación o el rechazo, se cierra y se vuelve en cierto modo más masculina.

Lo mismo sucede con los hombres. En lugar de seguir haciendo cosas masculinas como tomar decisiones, iniciar relaciones sexuales y resolver problemas para la mujer, cuando no se siente apreciado, reprime su lado masculino. En forma automática adoptará actitudes femeninas. Sin la polaridad sexual, la atracción entre el hombre y la mujer se disipa.

Aunque es posible que las parejas empiecen muy masculinas y femeninas, con el tiempo empiezan a invertir los papeles emocionales. Cuando el hombre no siente el apoyo a su lado masculino, automáticamente empieza perder el equilibrio. De la misma manera, cuando la mujer no obtiene el apoyo que necesita en la oficina y en su casa para ser femenina, ella también pierde el equilibrio.

CÓMO EQUILIBRAR LO MASCULINO Y LO FEMENINO

Irónicamente, los hombres pierden el equilibrio porque no obtienen el apoyo de las mujeres que solían obtener antes, mientras que las mujeres pierden el equilibrio porque no obtienen una nueva clase de apoyo por parte de los hombres.

Para resolver nuestros problemas modernos, las mujeres deben encontrar dentro de sí mismas el amor femenino que solían compartir pero sin abandonar el nuevo poder que están expresando. El desafío del hombre moderno es hacer uso de su antiguo coraje y arriesgarse a fracasar poniendo a prueba nuevas fórmulas para el éxito a fin de apoyar de un modo nuevo a la mujer que ama.

Cuando hombres y mujeres no son conscientes de las técnicas necesarias para crear equilibeio, de inmediato ocurre una inversión del papel emocional. Para ambos sexos, sucede en general en distintas etapas.

Cuando una mujer vuelve a su casa del trabajo, su tendencia es permanecer de su lado masculino, en particular si hay más trabajo que hacer. En vez de relajarse y hablar de sus problemas, siente que se enfrenta a una nueva lista de problemas *que hay que resolver*. Habla de ellos, pide ayuda a su compañero o no quiere hablar en absoluto. Siente que tiene que hacerlo todo. Para manejar su frustración, es posible que ella también se aleje de la relación y sienta necesidad de meterse en su cueva.

Su experiencia cambia cuando está de su lado femenino. Cuando la mujer está conectada con su lado femenino, es capaz de disfrutar y apreciar los pequeños detalles de la vida. Es posible que sea consciente de los problemas, pero no tiene que resolverlos de inmediato para sentirse bien.

Cuando está demasiado de su lado masculino, de repente siente la urgencia de resolver los problemas de la vida, grandes y pequeños. Se siente demasiado responsable de hacer "todo" y ocuparse de todos. Se siente abrumada. En lugar de sentirse afectuosa, tranquila, cálida y feliz de estar en casa, muchas veces se siente frustrada, agotada, poco valorada y carente de apoyo. Así, para ella es en extremo difícil tomarse tiempo para sí y apreciar los placeres sencillos de la vida.

Cuando la mujer se siente abrumada al cabo del día, en general está bastante en contacto con su lado femenino para recordar todos sus problemas, pero su lado masculino le exige que encuentre soluciones y haga algo. En este estado, le resulta difícil relajarse o saber siquiera qué alimentaría su lado femenino.

Cuando las mujeres se sienten abrumadas, están tan concentradas en hacer todo que literalmente no logran sentir las necesidades y deseos internos de su lado femenino. Cada vez que terminan una tarea, en lugar de sentirse aliviadas, empiezan a experimentar el vacío y el anhelo interior de su lado femenino.

TRES FORMAS EN QUE LA MUJER PIERDE EL EQUILIBRIO

Cuando una mujer se siente muy abrumada, no se siente segura hablando sin ningún objetivo porque perdió el equilibrio y se desplazó a su lado masculino que resuelve problemas y no puede salir de él. Esto tiende a manifestarse de tres formas diferentes.

Primera etapa: Sentirse abrumada y abusar de la comida

La reacción más común de la mujer ante la falta de alimentación de su lado femenino es comer. La comida es un reemplazo fácil para el amor. Al comer, la mujer puede reprimir temporalmente los dolorosos sentimientos de inseguridad que emergen de su lado femenino. Al entumecer los sentimientos, se detiene su potencial para la pasión.

Las mujeres abusan de la comida para apagar la sed más profunda de tener relaciones afectuosas y seguras. Esta tendencia se llama técnicamente "reemplazo de necesidades". Si la mujer no obtiene lo que en realidad necesita, la verdadera necesidad es reemplazada por otra que parece más alcanzable.

En este caso, su necesidad de amor es reemplazada por su necesidad de comida. Hasta que no se satisfaga su anhelo de amor, siempre tendrá hambre. Mediante la comida, puede reprimir temporalmente los deseos persistentes de su lado femenino y hallar alivio. En algunos casos, hasta es posible que se engañe y crea que está muy feliz y que no necesita hablar o expresar sus sentimientos en una relación de afecto y cuidado.

Por qué las mujeres engordan

Es muy común que después de que la mujer se casa empiece a engordar de más, más allá de lo normal debido a la edad y los embarazos.

Este cambio tiene lugar no porque la relación tenga problemas sino porque el matrimonio mismo relaja a la mujer y permite que se sienta más segura. A medida que su lado femenino empieza a florecer, dice: "Ahora que me aman, por fin puedo salir y sentirme alimentada, apoyada y oída". Sin querer, empieza a experimentar emociones e impulsos que las mujeres sintieron durante siglos pero que la vida moderna independiente reprimió.

Cuando la mujer se conecta más profundamente con su lado femenino, su tendencia natural a hablar de sus sentimientos y problemas emerge en forma abrupta. Es como si fuera poseída por los espíritus de sus antepasados femeninos. En virtud de estos sentimientos extraños de su pasado antiguo, la mujer moderna se siente muy necesitada, dominada por las emociones, ilógica, insignificante, hasta débil. Muchas mujeres se sienten incómodas con estos sentimientos.

En un estado de confusión lógica, lo último que quiere una mujer es compartir los orígenes de esa confusión con su marido. En la mayoría de los casos, ni siquiera se siente cómoda al compartir estos sentimientos nuevos con otras mujeres. No sabe qué hacer porque nunca vio a su madre expresando esos sentimientos o problemas con su padre y luego obtener su respeto y apoyo. Para evitar crear un conflicto innecesario o frustrar a su compañero, prefiere reprimir la necesidad de expresar estos sentimientos que provienen de su lado femenino y el resultado es que siente una nueva necesidad de comer más.

Cuanto más come, más puede mantener a raya estas tendencias y sentimientos nuevos y extraños, aunque sólo temporalmente. Hasta que halle una forma de satisfacer y alimentar directamente su lado femenino con regularidad, seguirá usando la comida para aliviar su dolor.

Cuando una mujer trata de resolver el problema del abuso de la comida haciendo dieta, pierde el equilibrio todavía más al ponerse de su lado masculino. Durante una dieta, el cuerpo siente el pánico del hambre y anhela comer aún más. El lado femenino se alimenta al sentir seguridad y apoyo. La imposición de una disciplina estricta que requiere control alimenta y fortalece su lado masculino, no su lado femenino.

Tranquilidad, comodidad, facilidad, seguridad, diversión, recreación, placer y belleza son todas cosas que nutren el lado femenino. La dieta no lo hace. Los programas recientes de dietas que alientan a las mujeres a *comer más* alimentos de bajo contenido de grasas y hacer más ejercicio a un ritmo lento y fácil en lugar de sufrir privaciones son un sistema definitivamente mejor para adelgazar. Sin embargo, la solución más eficaz para los problemas femeninos de peso es tener relaciones que brinden más afecto y un estilo de vida con menos presiones y más relajado.

Cuando las mujeres se ven privadas del apoyo que requiere su lado femenino para evitar sentir el dolor del rechazo, se desplazan a su lado masculino y empiezan a exhibir tendencias tradicionalmente masculinas. Se vuelven cada vez más orientadas a un objetivo, competitivas, agresivas, independientes y eficientes. Se enorgullecen de ser lógicas y racionales. En la mayoría de los casos, las experiencias de vida o ciertos mensajes de la niñez las condicionaron para rechazar los sentimientos femeninos como débiles, indeseables y poco atractivos.

Para estas mujeres es difícil verse atractivas para los hombre si tienen que ser suaves y femeninas. Se esfuerzas por ocultar sus sensibilidades y necesidades femeninas. Al suponer incorrectamente que la "femineidad" no es deseable, no tienen idea de por qué un hombre habría de sentirse atraído hacia "eso".

Estas mujeres manejan su lado femenino interior volviéndose duras en lugar de blandas, recias en lugar de sensibles, e independientes en lugar de dependientes. La autosuficiencia es su método principal de manejar las cosas. Tienden a alejarse de las conversaciones íntimas. En algunos casos, hasta desprecian el apoyo masculino que en definitiva podría brindarles satisfacción y evitar que adoptaran la modalidad de hacer más.

Para algunas mujeres, la tendencia a "hacer más" significa más perfeccionismo doméstico. Todo tiene que estar en su lugar, organizado y limpio. Para otras, sencillamente implica que nunca hay tiempo suficiente para relajarse. Si las mujeres no pueden relajarse porque su lado masculino exige soluciones a sus problemas, la pasión rápidamente pierde su magia y desaparece y el sexo se convierte en algo mecánico.

Otras mujeres hacen demasiado asumiendo demasiadas responsabilidades. Les cuesta mucho decir que no cuando sienten que las necesitan. Incluso es posible que se sientan impulsadas a hacer cosas que ni siquiera les piden que hagan. Se enorgullecen de adelantarse a las necesidades de los demás y de "estar allí" para ellos.

Para apoyar a una mujer, el hombre debe comprender que, en el fondo, ella desea relajarse, liberarse y rendirse a alguien en quien confía para que la cuide y la apoye. Ésta es la verdadera necesidad interna del lado femenino.

Sin embargo, como la mujer considera inaceptable su necesidad de ayuda, inconscientemente lo reemplaza con una necesidad falsa. La necesidad de reemplazar emerge como una llamada urgente de satisfacer a los demás. Siente que su felicidad está basada en complacer a los demás en lugar de satisfacer sus propias necesidades. En cierto sentido, se convierte en el hombre responsable y afectuoso que a ella le gustaría que la satisficiera.

Esta noción es valiosa tanto para las mujeres como para los hombres. Cuando la mujer se vuelve en extremo responsable, en lugar de castigarla por hacer demasiado, el hombre se puede dar cuenta de que ella necesita ayuda para volver a su lado femenino. Sin un compañero que la apoya, las mujeres que están de su lado masculino tienden a volverse cada vez más autosuficientes y, así, disminuyen las posibilidades de tener un hombre que las apoye.

Las mujeres que se sienten abrumadas muy pocas veces obtienen el apoyo que necesitan. No saben cómo ser vulnerables o cómo pedir apoyo. Como parecen autosuficientes, muy pocas veces se les ofrece ayuda. Si así es, la rechazan. Nadie puede ver la parte vulnerable de ellas. Todo el mundo es alentado a ver con admiración el lado fuerte y generoso.

Estas mujeres tienen problemas para ponerse en contacto con sus necesidades y para darse a sí mismas para variar. Es poco lo que un hombre puede hacer por ellas a menos que entienda que cuanto más fuertes parezcan estas mujeres, más necesitadas están en el fondo.

Los hombres que carecen de una comprensión profunda muchas veces se sienten frustrados con las mujeres que hacen demasiado. Cuanto más ocupada está, menos tiempo y apreciación tiene para él. El hombre siente que no puede ayudarla y, de esa manera, satisfacerla.

No importa lo que el hombre haga por ella; ella siempre siente el impulso de hacer más. A nivel de sentimientos, él siente que ella lo aleja. Si no puede hacer nada para ella, tampoco puede recibir su amor. Siente que no puede cambiar nada en la vida de ella. En un sentido muy real, la independencia y el sentido de autonomía de la mujer lo alejan.

Estas mujeres no entienden que a los hombres les encanta marcar una diferencia. Para sentirse satisfecho, el hombre tiene que tener éxito al trabajar para complacer a la mujer. Así es como los hombres experimentan una mayor intimidad con las mujeres.

CÓMO ATRAER AL HOMBRE ADECUADO

Como para las mujeres que hacen demasiado es más difícil entablar relaciones, muchas veces me preguntan cómo atraer a un hombre.

Mi respuesta es preguntarles por qué *necesitan* un hombre. La pregunta invariablemente las toma por sorpresa. Me responden con: "Bueno, no sé si de verdad *necesito* un hombre" o "No estoy tan segura de *necesitar* un hombre".

Otras son más deliberadas y expresan claramente: "En realidad, no *necesito* un hombre, pero quiero uno".

Si estas mujeres quieren asegurarse una relación duradera, primero deben empezar por abrir su lado femenino, que no siente vergüenza de decir "Necesito un hombre".

**Si las mujeres quieren asegurarse una relación duradera,
primero deben empezar por abrir su lado femenino,
que no siente vergüenza de decir "Necesito un hombre".**

Cuando una mujer está desesperada o apurada por entablar una relación, definitivamente está sintiendo desde su lado femenino, pero éste no está bastante alimentado para atraer al hombre correcto. Al alimentar su lado femenino, algo mágico empieza a suceder. Siente su necesidad de un hombre y confía en que va a encontrarlo en el momento y el lugar apropiados. Esta actitud puede cultivarse hallando satisfacción en sus amistades femeninas sin depender de un hombre y, aun así, permaneciendo abierta para recibir el apoyo de un hombre.

Siempre debemos tener en cuenta que un hombre se une emocionalmente haciendo cosas para una mujer. El hombre experimenta mayor intimidad cada vez que logra proporcionar satisfacción a su compañera. También debemos recordar que las mujeres experimentan mayor intimidad principalmente recibiendo amor y apoyo. Es una diferenciación muy importante. Si la mujer no puede aminorar la marcha y permitir que el hombre alimente su lado femenino, tendrá problemas para crear un vínculo en primer término.

Podemos ver simple y gráficamente un ejemplo simple del método avanzado para detenerse: un hombre y una mujer se acercan a una puerta. Las mujeres que hacen demasiado se apuran, abren la puerta amablemente esperan a que el hombre pase. Dan a los demás lo que ellas mismas necesitan, lo cual sólo refuerza la tendencia a dar y no a recibir. Para alimentar su lado femenino, la mujer debe practicar aminorar la marcha para asegurarse de que el hombre llegue antes a la puerta, esperar a que él la abra, pasar y darle las gracias. Cuando le permite que él le abra la puerta, le da una oportunidad de apoyarla con éxito.

RITUALES PARA ENCONTRAR EL EQUILIBRIO

Mediante esta dinámica, el hombre se encuentra en el papel masculino de proveedor y la mujer se desplaza a su papel femenino de recibir amablemente. También aclara su verdadera necesidad que es ser cuidada. No necesita físicamente que el hombre le abra la puerta, pero cuando lo hace, apoya y alimenta su lado femenino. Su femineidad necesita y medra con esta clase de apoyo a fin de encontrar equilibrio.

Cuando un hombre le abre la puerta a una mujer, es como si estuviera diciéndole: "Eres especial para mí, me importas, te respeto, estoy aquí para ti, sé que haces mucho por todos así que soy feliz de ayudar a facilitarte las cosas cuando pueda".

Este mensaje amoroso está presente cada vez que un hombre se toma la molestia de demostrar consideración y hacer que la vida de su compañera sea más fácil y cómoda. Las acciones hablan más que las palabras.

TERCERA ETAPA: LAS MUJERES QUE QUIEREN QUE LOS HOMBRES HABLEN MÁS

La tercera reacción más común que tienen las mujeres cuando experimentan el desequilibrio de la inversión del papel emocional es desear que el hombre hable más y exprese sus sentimientos en modos tradicionalmente femeninos.

Una mujer en esta tercera etapa desea que el hombre abra su corazón y exprese lo que siente como lo haría ella si estuviera equilibrada. Es como si quisiera que él fuera femenino antes de poder sentirse a salvo para ser femenina.

Estas mujeres creen de verdad que estarían satisfechas si sus compañeros abrieran su corazón y fueran más sensibles y vulnerables.

**Este anhelo de que los hombres sean más blandos
y más sensibles en realidad es una necesidad de reemplazo.
Cubre el verdadero deseo de la mujer
de ser más sensible y blanda ella misma.**

Así como una mujer excedida de peso reemplaza su necesidad de amor con la necesidad de comida, o la mujer que "hace demasiado" reemplaza su necesidad de ser apoyada con la de apoyar a los demás, esta mujer reemplaza su necesidad de ser femenina con la de que su compañero lo sea.

Estas necesidades de reemplazo no son elecciones deliberadas sino reacciones reflexivas que ocurren cuando las mujeres se ven obligadas a funcionar como hombres sin el apoyo que necesitan para ser femeninas.

CUANDO UNA MUJER NO SE SIENTE SEGURA

Es posible que una mujer en una relación amorosa se sienta insegura porque no se siente digna de amor o porque su compañero todavía no aprendió a hacerla sentir segura. Sin importar por qué no se siente segura, cuando no puede expresar su lado femenino, la mujer automáticamente se pone en su lado masculino y exhibe rasgos más masculinos. Para encontrar el equilibrio, empezará a desear un compañero más "femenino".

En general, el hombre que ella elige ya está más sensible y abierto. Sin embargo, en algunos casos, originalmente es un hombre menos sensible, pero con el tiempo la mujer trata de volverlo más femenino exigiéndole que abra su corazón, exprese más o se vuelva más hogareño. Esta reacción ocurre porque la mujer no tiene un cuadro claro de cómo obtener el apoyo de afecto y cariño que necesita para su propio lado femenino. Se siente impulsada a apoyar el lado femenino del hombre.

Instintivamente, la mujer siente: "Si puedo escuchar sus problemas y sentimientos con empatía, él escuchará los míos. Si puedo satisfacer sus necesidades femeninas, él satisfará las mías".

CUANDO UNA MUJER QUIERE HABLAR

Yo sé cuándo mi mujer de verdad tiene algo que decirme porque inevitablemente me hace un montón de preguntas. Por ejemplo, cuando vuelvo de dar mis seminarios los fines de semana, a veces está particularmente interesada en verme y hacerme muchas preguntas. Esta es una señal de que tiene mucho que decirme. Ahora entiendo que, después de contestar algunas preguntas, se supone que tengo que preguntarle sobre su fin de semana.

Al descifrar el código secreto femenino, aprendí a darle a Bonnie lo que me pide. Antes que entendiera que éramos diferentes, la misma situación se convertía en una seria discusión.

Me hacía preguntas sobre mi fin de semana cuando quería hablar en lugar de decirme lo que quería expresar. Lo que yo realmente deseaba era relajarme en silencio. Pero me daba cuenta de que ella quería que yo hablara, así que lo intentaba. Cuando recuerdo aquellos tiempos, veo que era como sacar una muela. Cuanto más ella quería que yo hablara, menos quería yo hacerlo.

Después de algunos minutos de contestar a sus preguntas con la mayor brevedad posible, sentía que las había respondido (como un regalo para ella) y luego me relajaba y miraba televisión (como un regalo para mí). Pero no tenía idea de que no era lo que se esperaba de mí. Ahora estaba mucho más molesta. No sólo me había resistido a sus preguntas sino que no se las estaba haciendo a ella.

El proceso se volvió más positivo cuando logré interpretar las señales y comencé a aplicar métodos avanzados para las relaciones. Ahora, cuando Bonnie me hace un montón de preguntas, hablo un poco, luego le hago muchas preguntas. Si sigue sin hablar, insisto con suavidad. Una vez que empieza, la dejo hablar porque es su necesidad más que la mía.

No hablar nunca más que la mujer como pauta general contrarresta la tendencia de incurrir en una inversión del papel emocional. Por supuesto que en algunas ocasiones yo hablo más, pero cuando empiezo a notar que pasa muy a menudo, me contengo y me concentro en ayudarla a que abra su corazón.

La sorprendente verdad que descubrí en los últimos diez años es que cuanto más depende la mujer de que su compañero hable y abra su corazón, más se aleja de su lado femenino.

Al saber esto, con el tiempo llegué a darme cuenta de que el mayor regalo que podía hacerles a mis clientes era ayudar a los hombres a que lograran escuchar a las mujeres. También ayudé a las mujeres a "preparar" a los hombres para que escucharlas no les resultara tan difícil. Una vez que los hombres aprendían este método, no se molestaban tanto con los sentimientos de su compañera. De pronto, las mujeres se sentían mucho más seguras y libres de expresar sus sentimientos. Con este sistema, las parejas sintieron rápidamente que conseguían muchos logros en sus relaciones.

CÓMO SE SIENTEN LAS MUJERES CUANDO LOS HOMBRES ABREN SU CORAZÓN

Veamos algunos de los varios comentarios de distintas mujeres cuyos compañeros expresaban sus sentimientos más que ellas. Aunque no todas las mujeres se sientan identificadas con ellos, son muy comunes, en particular en mujeres que han vivido con hombres que son más sensibles.

Él hace:	Ella siente:
1. Él expresa que se siente molesto cuando ella habla de sus sentimientos.	1. "No me di cuenta de que era tan sensible. Ahora tengo que tener cuidado todo el tiempo. No me siento segura cuando le digo algo."
2. Él se enoja y expresa sus reacciones con respecto a los sentimientos de ella antes de tomarse tiempo para calmarse.	2. "Diga lo que dijere, siempre lo molesto. Tengo miedo de abrir mi corazón con él."
3. Él expresa abiertamente sus sentimientos acerca de todos sus problemas en respuesta a que ella habla de los suyos.	3. "Tiene suficientes problemas. No quiero agobiarlo con los míos. Es muy débil. No quiero otro hijo."
4. Él se queja demasiado y siempre quiere que las cosas sean mejores.	4. "De verdad aprecio que se haya abierto, pero ahora que lo conozco, en realidad no me atrae tanto. Me siento mal por eso, pero ya no quiero estar con él."
5. Él expresa sus sentimientos más profundos de inseguridad y su necesidad de ser amado.	5. "Me importan sus emociones, pero siento que no puedo ser yo cuando estoy con él."
6. Él habla demasiado de sus sentimientos cada vez que lo sermonean.	6. "Siento que cuando estoy con él tengo que caminar con mucho cuidado. No me siento escuchada o comprendida."
7. Él expresa sus sentimientos heridos y llora más que ella.	7. "Me da vergüenza decirlo, pero cuando llora todo el tiempo, respeto sus sentimientos pero pierdo todo el romanticismo que tengo hacia él."

Él hace:	Ella siente:
8. Él se enoja mucho y siente que tiene que desahogarse en vez de contenerse en silencio para calmarse.	8. "Cuando se enoja, parece un niño con un berrinche. Automáticamente empiezo a sentir que siempre tengo que complacerlo y convertirme en su madre."
9. Él habla más que ella de sus problemas o de los problemas con la relación.	9. "Realmente me alegro de que hagamos terapia. A él le hace mucha falta. No me había dado cuenta de que tenía tantos problemas. No es que yo sea perfecta, simplemente me parece que necesita a otra persona. Quiero irme porque no sé qué hacer por él."
10. Él se lamenta y se queja por las cosas más que ella.	10. "Me molesta que se queje por todo. Quiero estar con un hombre más masculino. No quiero estar casada con una mujer."
11. Él habla de su necesidad de recibir más en la relación y busca a su compañera para satisfacer su propio lado femenino.	11. "Siempre es muy atento conmigo, pero siento que siempre necesita más. Cuando no hablo, se molesta, y cuando él habla, quiero salir del cuarto. Lo escucho, pero en realidad no quiero hacerlo."

Ninguna de estas mujeres podría haber imaginado que sentiría de esta manera. Como muchas otras, pensaban que si su compañero abría su corazón, ellas serían felices.

La forma en que una mujer reacciona a la vulnerabilidad de su compañero es prácticamente lo opuesto a cómo un hombre responde a la suya. Si él la escucha expresar sus sentimientos *y no se siente culpado*, entonces le importa y se conecta con su propio lado femenino. Al escuchar a una mujer hablar de sus sentimientos, el hombre puede sentirse sensible hacia los sentimientos de ella y a la vez fuerte y decidido a ayudarla.

Cuando una mujer escucha los sentimientos de un hombre, también se vuelve más fuerte pero le molesta tener que preocuparse más por él cuando necesita que él se preocupe por ella.

Este cambio en las mujeres puede ser en extremo gradual y difícil de detectar. Cuando un hombre abre su corazón, la mujer al principio está impresionada y su comportamiento le resulta atractivo. Desafortunadamente, termina cansándose y se aleja de él. Aunque quiera abandonarlo, siente que "no es él sino ella". Sin embargo, en muchos casos, es porque él se abrió más que ella y para ella perdió atractivo.

La conclusión aquí es que las mujeres se sienten más satisfechas si sus compañeros revelan menos pero las ayudan a revelar más.

**Cuando una mujer desea que un hombre abra su corazón
y sea sensible, en realidad quiere abrirse ella misma
y ser más sensible y vulnerable.**

Tres formas en que un hombre pierde el equilibrio

Cuando un hombre no se siente valorado en su relación con una mujer o en su trabajo, empieza a perder el equilibrio en cualquiera de tres formas:

Cada una de estas reacciones es contraproducente. Es posible que traigan un breve alivio al dolor de no sentirse apoyado en su lado masculino, pero a la larga, lo único que hacen es debilitarlo más. Son comportamientos adictivos que lo ayudan a evitar el dolor pero hacen poco por solucionar directamente el verdadero problema.

El impulso más común de un hombre cuando no se siente apoyado en su casa es trabajar más en la oficina. Como ya hemos dicho, el hombre reacciona instintivamente a la insatisfacción de la mujer tratando de ganar más dinero, de modo que se siente cada vez más impulsado a lograr más y a tener más éxito. Por mucho que logre, nunca es bastante. Se critica en silencio por no ser mejor, por cometer errores y por no ser suficientemente bueno.

Al concentrarse en su necesidad de lograr el éxito (o en su incapacidad de lograrlo), se libera temporalmente de su necesidad insatisfecha de ser apreciado por los demás. Evita sentirse poco valorado en su relación afirmando su independencia y su competencia en el trabajo.

Se convence de que no necesita que lo valoren. Esto es sólo porque no sintió la satisfacción de ser valorado por sus esfuerzos y acciones sin importar el resultado. Al crecer o en sus relaciones con mujeres no experimentó el perdón, la aceptación y la apreciación.

En la mayoría de los casos, cuando un hombre empieza a concentrarse más en el trabajo que en la relación, ni siquiera se da cuenta de que le falta la apreciación que solía recibir de su mujer. Es posible que esté de acuerdo cuando ella dice: "¿Por qué habría de apreciarlo por sacar la basura? También es su basura". Al no darse cuenta de que necesita que lo aprecien en las cosas pequeñas, busca hacer grandes cosas para ella en espera de recibir su recompensa. Pero no es así.

Sin la experiencia diaria de la apreciación en su casa, el hombre empieza a medirse solamente según los resultados de su trabajo. Como su anhelo de éxito en realidad es un reemplazo de su verdadera necesidad de ser apreciado, nunca está satisfecho con su éxito.

Es un patrón contraproducente y lo hace caer en espiral. Cuanto más se concentra en su trabajo, menos hace directamente por su mujer. Si no hace cosas directamente para ella, no recibe su apreciación. Aunque sí lo aprecie, él apenas lo siente. Cuanto menos valorado se siente, más autocrítico e insatisfecho se vuelve.

La primera etapa inevitablemente lo conduce a la segunda etapa de desequilibrio. Cuando regresa a su casa, es incapaz de alejarse del trabajo y concentrarse en la relación.

Cuando un hombre llega a su casa sintiendo que no tiene éxito en su trabajo, de inmediato se aleja de su compañera para relajarse y olvidarse de los problemas del día. Como ya dijimos, es muy normal que se aleje durante un tiempo. Sin embargo, como se está recuperando del estrés adicional de sentirse poco exitoso, pasará más tiempo antes de que esté listo para salir.

Pero en la segunda etapa, simplemente no puede olvidar la presión. Si un hombre se siente mal por su trabajo, es mucho más difícil sentirse bien, aunque se dedique a un hobby o mire a su equipo favorito. Cuando predomina la presión por lograr el éxito, el poder de las actividades que desarrolla cuando está en su cueva para liberarlo del trabajo disminuye en forma proporcional.

Cuando la mujer no alimenta lo suficiente el lado masculino de su compañero, éste tiene poca energía cuando llega a su casa. Es como si estuviera almacenándola hasta poder enfrentar sus problemas al día siguiente. La energía masculina que solía traer a la relación está muy reprimida.

Los hombres tienen dificultad para olvidar las presiones y problemas relacionados con el trabajo porque su lado femenino se los recuerda todo el tiempo, mientras que su lado masculino se siente incapaz de resolverlos. Como resultado, se vuelven adictos a actividades que desarrollan cuando están en su cueva en un intento por olvidar los problemas y las presiones del trabajo. Estos hombres tienden a perder interés en lo que sucede alrededor.

Para un hombre así es difícil conectarse con su compañera porque no sólo está muy preocupado sino que ni siquiera se siente motivado como antes. Tiene poca energía porque en el fondo se siente un fracasado.

Para un hombre, el fracaso es mortal.

En la primera etapa, la necesidad de reemplazo del hombre es tener éxito; en la segunda etapa, descansar y relajarse, aunque su verdadera necesidad es ser amado y apreciado. Siente como si quisiera que no le hicieran caso para descansar, dormir la siesta o distraerse mirando televisión. Mientras que "vegetar" es una verdadera necesidad, su compañera cree que es perezoso. Para él, entonces, resulta todavía más difícil escucharla o responder a sus pedidos y necesidades.

En lugar de ser agresivo, se vuelve pasivo; en lugar de estar interesado, está distraído; en lugar de querer conectarse, quiere que lo dejen solo. Aunque descansar le brinda un alivio temporal, no satisface su necesidad de sentirse energizado por la apreciación.

Si no entienden lo que necesitan sus compañeros, las mujeres, sin querer, empeoran la situación. Se quejan de que no pueden contar con él. No se concentran instintivamente en apreciar lo que el hombre sí hace por ellas. Aunque el hombre haga muy poco, la mujer puede concentrarse en lo que *sí* hace en vez de en lo que no hace. De esta manera, lo ayudará a hacer más con el tiempo y a obtener la apreciación que necesita.

Una vez que empieza, es como una bola de nieve que rueda montaña abajo; su velocidad y su tamaño son cada vez mayores. Si el hombre es apreciado por lo que hace, hará un poco más. Reunirá la energía y la motivación de hacer aún más. Con el amor de una mujer, puede reunir la fuerza necesaria para salir de su cueva.

**Cuando el hombre se siente apreciado,
puede reunir la fuerza necesaria para salir de su cueva.**

La mujer también puede ayudar al hombre ayudándose a sí misma. Al estar más feliz lo ayudará a salir de la cueva. Cuando él ve que ella no es infeliz y no lo culpa por no salir, siente que debe de estar haciendo algo bien.

Cuando la mujer está feliz, el hombre tiende a atribuirse el mérito y a sentirse bien consigo mismo. Por ejemplo, si la apoya económicamente, si ella sale de compras y vuelve agradeciéndole por lo que se compró, el hombre se sentirá mucho mejor.

La desventaja de atribuirse el mérito de los sentimientos de la mujer es que cuando ella no es feliz, el hombre siente que es un fracasado y se interna aún más en su cueva.

Cuando los hombres están en esta etapa, las mujeres tienden a echarles en cara que son perezosos y que no las apoyan. Si las mujeres entienden esta segunda etapa, les resultará más fácil ser compasivas y apoyarlos en vez de sermonearlos y quejarse.

COMPARACIÓN DE LOS HOMBRES Y LAS MUJERES

Al comparar la segunda etapa del hombre con la suya, la mujer puede comprenderlo más. Así como para ella es difícil salir de la segunda etapa, para el hombre también lo es.

Una mujer en la segunda etapa siente el impulso de hacer más. Para que se relaje y aminore la marcha, necesita mucho apoyo. Cuando está casada o tiene hijos, el impulso es todavía mayor. Casi todas las mujeres saben lo difícil que es relajarse y pasar un buen rato cuando se sienten agobiadas y necesitadas por los demás.

De un modo similar aunque opuesto, el hombre que pasa por la segunda etapa siente el impulso de hacer menos. Puede relajarse con facilidad pero no se siente motivado a hacer más. Pensar en alguna actividad recreativa le da energía pero de inmediato se agota pensando que es domésticamente responsable. Siente una fuerte necesidad de descansar y hacer menos, mientras que la mujer siente una fuerte necesidad de hacer más. Así como ella no puede hacer algo divertido para ella misma, él sólo tiene energía para eso.

Cuando no se entiende esta dinámica, una relación puede empeorar las cosas para un hombre. Cuanto más lo necesitan, más decepcionados estarán los demás que dependen de él. Como resultado, se paraliza cada vez más.

Sabiendo esto, la mujer puede empezar a imaginar aquello por lo que está pasando su compañero. De un modo similar, los hombres pueden percibir por qué las mujeres que pasan por el equilibrio de la segunda etapa no pueden "relajarse y tomarse las cosas con calma".

225

A mí me ayudó mucho entender la segunda etapa de la inversión del papel emocional. En los momentos en que no me siento bien por mi trabajo, tiendo a quedarme en la cueva durante largos períodos de tiempo. Aunque quiero salir, me siento atrapado.

Para poder salir, me acuerdo de que lo que de verdad necesito es apreciación. Mi cuerpo me dice que necesito descansar y relajarme, pero mi mente ahora es más sabia.

De modo que me obligo a levantarme del sofá a pesar de que cada célula de mi cuerpo me dice que descanse, me relaje y no me levante. Me imagino que estoy levantando pesas para desarrollar los músculos. Cuando estoy fuera de forma, levantar pesas siempre es un esfuerzo y no quiero hacerlo. Pero una vez que lo hago, me siento mucho mejor, más fuerte.

Así, cuando me siento como un peso muerto y estoy pegado al sofá, me levanto y hago algo físico que sé que mi mujer va a apreciar. Puede ser algo tan simple como levantarme a sacar la basura. Una vez que empiezo a moverme, ella puede empezar a demostrarme su apreciación. Enseguida, mi motor comienza a funcionar otra vez.

CÓMO ME AYUDA EL APOYO DE BONNIE

Esta técnica funciona especialmente bien porque Bonnie se preocupa por apreciar mi esfuerzo. Cuando hago algo en casa, en vez de reaccionar diciendo: "¿Y qué? Estoy ocupada desde que llegué a casa", se toma un momento para expresar su gratitud.

Si ella no nota lo que hago, en lugar de perder una oportunidad de ser apreciado, digo: "¿Te diste cuenta de que saqué la basura?"

En respuesta, siempre se toma un momento para decirme: "Gracias".

Aunque ella esté resentida conmigo y su reacción sea decir: "Vaya cosa", se ocupa de decirme algo breve y agradable.

Saber que puedo ser fácilmente apreciado en mi relación me ayuda mucho a salir de mi cueva. La repetida experiencia de la apreciación me permite sentir que la necesito y luego salir a buscarla. La certeza de la cálida respuesta de Bonnie siempre me ayuda a salir de la cueva.

Si Bonnie se toma un momento para apreciarme cuando está en la segunda etapa, también la ayuda a ella. Al apreciarme, se está tomando un momento para cobrar conciencia de que realmente no está sola y de que cuenta con mi apoyo. Así que empieza a relajarse. Por ejemplo, cuando salgo de mi cueva para sacar la basura, me aprecia por ser su compañero, su amigo y su socio en la vida.

Su apoyo impide que quede atrapado en la cueva. Esto no significa que no me tome mi tiempo para estar en la cueva. Cuando un hombre está estresado, es sano y natural para él meterse en su cueva. Sólo se vuelve insano cuando no puede salir.

PROGRAMAS DE DOCE PASOS

En términos generales, en la segunda etapa el hombre se vuelca hacia la bebida u otras formas de adicción. Por supuesto, estos elementos sólo consiguen atraparlo en la cueva aún más. Cuando un hombre sabe que puede pasar un rato con un amigo o amigos que lo aprecian y no esperan demasiado de él, es más fácil salir de la cueva. Esta es una de las razones por las que resultaron tan útiles los programas de doce pasos y otros programas terapéuticos que validan su suficiencia.

Cuando un hombre está atrapado en su cueva, una de las formas de enterrar el dolor por no sentirse apreciado es empezar a beber. En un programa de doce pasos, por ejemplo, si puede hacer una cosa importante, recibirá la apreciación de muchos otros. Al abstenerse de beber y destacarse, de inmediato recibe su aprobación. Si sigue sin beber y asiste a las reuniones, aunque no se sienta bien en el trabajo o en sus relaciones, se siente bien consigo mismo porque no está bebiendo. Esta es una inmensa ayuda.

En términos generales, los alcohólicos de Alcohólicos Anónimos están muy orgullosos de todos los días, semanas, meses o años que se mantuvieron sobrios. Lo llevan como un escudo al mérito, y a medida que pasan los años logran antigüedad. De pronto tienen el derecho de sentirse mejor consigo mismos y mucha gente los admira y los aprecia. Todas aquellas personas estuvieron allí y entiende y aprecian la fuerza de voluntad que hace falta para vencer una adicción. Esta admiración fortalece el lado masculino y contrarresta la inversión del papel emocional.

Las mujeres también se vuelcan hacia las adicciones como resultado de la inversión del papel emocional. Los programas de doce pasos y otros programas terapéuticos también son particularmente útiles, pero por un motivo diferente. Expresar sus sentimientos da a la mujer el alimento que principalmente necesita su lado femenino.

Con esto no estoy queriendo decir que los hombres no se beneficien también expresando sus sentimientos. También tienen un lado femenino, pero antes que puedan salir de su cueva necesitan hacer algo por lo que serán apreciados.

Uno de los grandes valores de Alcohólicos Anónimos es que es un lugar en donde las personas cuentan lo que hicieron o superaron para volver a estar sobrios. Los hombres obtienen la apreciación que necesitan mientras que las mujeres obtienen la empatía que a su vez necesitan.

LAS RELACIONES Y LA CUEVA

Cuando un hombre es soltero, no hay nada que le impida salir de su cueva cuando le dé la gana. Sin embargo, cuando está en una relación, le resulta casi imposible salir si su compañera se resiente por su alejamiento y se sienta a esperar en la puerta. Demasiadas mujeres cometen este error sin querer y terminan actuando en contra de sus propios deseos.

Cuando el hombre está en la cueva, la mujer quiere más de él pero percibe que, si le pide algo, él se opondrá como un oso gruñón. No se le ocurre que, como un oso, quiere comer la miel de su amor. Ella cree que si él habla de sus sentimientos, se va a sentir mejor. De más está decir que cuanto más trata ella de sacarlo de la cueva sugiriéndole que haga cosas o haciéndole preguntas, más va a resistirse él.

CÓMO HACER QUE EL OSO SALGA DE SU CUEVA

Sabiendo esto, la mujer puede emplear métodos avanzados para las relaciones que su madre no conocía para hacerlo salir. Puede lograrlo imaginando que de verdad es un oso.

A nadie que esté en sus cabales se le ocurriría entrar en la cueva de un oso mientras está durmiendo, y tampoco intentaría hacerlo salir a la fuerza.

En cambio, la mujer lo puede atraer indirectamente dejando pedacitos de pan en la puerta. Si el pan no da resultado, puede ponerle miel. Cuando la huele, sus instintos le van a decir que siga su fragancia. Enconces él aparece.

Ahora la mujer empieza a sentir que él va a ir a donde ella quiera si deja una huella de pan con miel detrás de sí. Si el "oso" es un hombre, el pan es la oportunidad de hacer algo, y la miel es la apreciación que recibirá él por hacer eso. Los hombres, como los osos, buscan la miel. Cuando huelen aceptación y apreciación, se sienten motivados para dejar la cueva.

TERCERA ETAPA: ÉL QUIERE MÁS APOYO DE ELLA

Cuando el lado masculino del hombre no recibe apoyo y él se siente atrapado en la cueva, ocurre una tercera reacción. Su lado masculino permanece en la cueva pero su lado femenino sale. De repente, quiere que su compañera lo cuide, pero como sigue siendo un hombre, lo exige de un modo agresivo.

Sabemos que cuando el hombre está en su cueva, la mujer no debe tratar de entrar detrás de él. En el desequilibrio de la tercera etapa, sale, sí, pero armado para defenderse. Es muy fácil herirlo, ofenderlo y provocarlo.

Como la mujer, siente que está "haciendo todo" sin recibir bastante a cambio. Se desplazó a su lado femenino y en general se muestra muy expresivo verbalmente.

Cada vez que el hombre no puede salir del todo de su cueva, su lado femenino tiende a emerger y tomar el control de la relación. Sus reacciones ante los errores de su compañera son exageradas, siente una mayor necesidad de hablar de sus sentimientos, se pone a la defensiva y exige una disculpa cuando ella lo hace enojar.

LA NECESIDAD DE SER RESPETADO

En esta etapa de inversión del papel emocional, la verdadera necesidad del hombre sigue siendo la de ser apreciado, pero como no recibe la clase de apoyo que realmente quiere, aparece una necesidad de reemplazo. La necesidad de ser respetado reemplaza a la verdadera necesidad de ser apreciado.

Un padre alcohólico y abusador exhibe esta tendencia con mayor claridad y de un modo más extremo. Con frecuencia tiende a exigir respeto mediante observaciones como: "Esta es mi casa y mientras vivas aquí, vas a hacer las cosas a mi manera..."

Aunque no sea alcohólico, un hombre en esta tercera etapa de vez en cuando presenta esta clase de exigencias. Cuando lo hace, los pasos más eficaces que puede dar para detenerse son dejar de hablarle a su compañera acerca de sus sentimientos y empezar a contenerlos. Hablar sólo lo hace ponerse más rígido, justificado, exigente y severo. Estos son ejemplos de observaciones que indican que el hombre debe dominarse.

Lo que sucede	La reacción del hombre en la tercera etapa
1. Ella expresa sentimientos de frustración o decepción.	1. "Si no puedes ser feliz, entonces deberíamos terminar con esta relación."
2. Ella da un consejo que él no le pidió.	2. "Sabes que no me gusta cuando me hablas de esa manera. No lo hagas."
3. Ella expresa desaprobación por algo que él hizo o se olvidó de hacer.	3. "Nadie puede tratarme de esa manera. Si no cambias, te dejo."
4. Ella está de malhumor y no puede demostrar apreciación.	4. "Hago todo por ti y así es como me lo pagas."
5. Ella se queja por algo que él no hizo.	5. "¿Cómo te atreves a tratarme así? No voy a aguantarlo. Qué desagradecida."

Lo que sucede	La reacción del hombre en la tercera etapa
6. Ella desaprueba algo que él hizo y le da un consejo.	6. "No voy a aguantarlo más. Yo hago todo bien y tú estás equivocada."
7. Empiezan a discutir acaloradamente por algo insignificante.	7. "Esto no lo aguanto más. No merezco que me traten así. Nunca vas a aprender. Ahora sí, esto se acabó."
8. Ella hace algo que a él le molesta.	8. "No quiero ser mezquino, pero me haces ser así. Tengo que darte una lección."

Mientras que es posible que estas expresiones reflejen con precisión lo que siente el hombre, es mortal que las dirija a su compañera. Son totalmente negativas, egoístas, arrogantes, vergonzosas y controladoras, y no hacen nada por crear un clima de confianza y sinceridad. Si él está interesado en recibir el amor y el apoyo que de verdad necesita, entonces tiene que tratar de contener esta clase de sentimientos. Sí, son su primera reacción pero no la reacción de su corazón y su mente. Antes de hablar, debe centrarse en su mente y su corazón y no en sus entrañas.

Un hombre que sufre una inversión del papel emocional se enloquece por el respeto. Cuando consigue que los demás se sientan culpables o intimidados, está satisfecho, aunque temporalmente. Su deseo de respeto crece porque su alma en realidad está pidiendo apreciación. Cada vez que hay un problema, tiene que tener razón y no deja de culpar y rechazar a los demás.

En la tercera etapa, es posible que el hombre quiera más comunicación. Exige conocer los sentimientos de su mujer y, sin embargo, cuando ella se los dice, discute y quiere expresar los suyos. Si bien está actuando como una mujer al necesitar hablar de lo que siente, sigue siendo un hombre y en general quiere tener razón y está dispuesto a discutir.

Él se siente bien con estas discusiones acaloradas pero el alivio que siente es temporal. Sigue sintiendo una fuerte necesidad de que lo oigan y lo obedezcan. Por mucho que la mujer haga por él, nunca va a ser suficiente.

CUANDO LOS HOMBRES SE ENOJAN

La diferencia entre el hombre en esta etapa y una mujer que necesita que la oigan es que cuando el hombre siente la fuerte necesidad de hablar de lo que siente, también quiere tener razón. Cuando la mujer necesita expresar sus sentimientos, en términos generales sólo desea sentirse oída y validada. No quiere que el hombre esté de acuerdo con ella.

La cultura popular alienta mucho esta tercera etapa. En los últimos veinte años, se ha alentado al hombre a ponerse en contacto con los sentimientos y a expresarlos. En muchos casos, se lo avergüenza por no expresar más sus sentimientos.

Como ya hemos visto, cuando un hombre demuestra demasiada sensibilidad, la mujer se cansa de él. En particular cuando el hombre expresa ira, la mujer empieza a cerrarse. Como no se siente segura para expresar lo que siente, se niega a hablar. De pronto la que está en la cueva es *ella* y *él* trata de entrar.

CUANDO LA MUJER NO QUIERE HABLAR

En mis seminarios, los hombres en la tercera etapa en general expresan quejas similares. Examinemos un ejemplo común.

Tim estaba muy enojado cuando se puso de pie para contar su historia. Se quejaba de que él estaba mucho más dispuesto a esforzarse en la relación que su mujer.

—Usted dice que las mujeres quieren hablar —gruñó—. Yo quiero hablar más, pero mi mujer no quiere hablarme.

El tono virtuoso de su voz me dio la pauta de lo que andaba mal.

—¿Su mujer alguna vez le dijo que no la escucha y que no puede hablar con usted? —le pregunté.

—Por supuesto. Es lo único que dice —contestó—. Pero no es verdad. La escucho. Yo soy el que quiere hablar más. Hago todas las cosas que usted dice que tiene que hacer el hombre. Cocino, limpio, organizo programas y hago todas las cosas que se supone que quieren las mujeres, y luego ella se pasa todo el tiempo en la cueva. Estoy harto.

—Bueno, esa es la razón por la que ella no quiere hablarle. No la escucha —le dije directamente.

Entonces él demostró lo que yo decía discutiendo conmigo:

—No, no entiende. Sí la escucho, la apoyo, escucho lo que siente, pero también pretendo que ella escuche lo que yo siento.

—Seguramente, la forma en que me está hablando es como le habla a ella —insistí—. Si discute, esté seguro de que ella no va a querer hablar con usted. Aunque ella haya estado considerando la idea de compartir lo que siente, su enfoque la va a detener en seco.

Una mujer no puede sentirse protegida o respetada cuando el hombre le habla con un tono tan virtuoso y exigente, en particular cuando se trata de hablar de sus sentimientos.

Cuando el hombre exige demasiado emocionalmente o es en extremo sensible y se siente herido con facilidad, la mujer siente que no puede confiar en que él va a escuchar sus sentimientos correctamente.

No se siente segura de abrirle su corazón cuando él necesita hablar más que ella. El único recurso que le queda es irse a su cueva.

Esto significa ponerse en su lado masculino, porque para protegerse de las exigencias y los ataques emocionalmente cargados de su compañero, tiene que convertirse en un hombre. Después de un rato, se siente tan cómoda en su cueva que su lado femenino *quiere* quedarse allí.

POR QUÉ EL HOMBRE SE MOLESTA TANTO

Cuando el hombre está en su lado femenino, le suena muy injusto cuando su compañera no quiere hablarle y no le pide disculpas por hacerlo enojar. Se siente impotente para conseguir lo que necesita a menos que ella esté de acuerdo con él y exprese deseos de cambiar. El hombre no sabe con cuánta naturalidad cambian las mujeres cuando se sienten amadas.

Cuando una mujer se siente amada, lentamente empieza a abrir su corazón y está dispuesta a cambiar comportamientos que no brindan apoyo. Cuando su compañero es exigente, inevitablemente se opone, lo cual, por supuesto, lo enoja más y entonces se vuelve más exigente.

Cuando un hombre en la tercera etapa está enojado, básicamente se siente privado del apoyo que desea y merece. Para sentirse mejor, necesita un plan efectivo para obtener lo que quiere.

Cuando un hombre se topa con una solución factible que para él tiene sentido, empieza a volver a su lado masculino, que quiere resolver el problema.

Cuando una mujer no quiere hablar y el hombre sí, él puede hacer lo siguiente:

Debe decir: "Veo que hay algo que te molesta. ¿Qué pasa?"

No debe decir: "Estoy molesto y tengo que hablarte".

Ella dice: "No puedo hablar contigo".

Él debe decir: "Humm", y luego hacer una pausa y pensar cómo puede estar enviándole el mensaje de que no es seguro para ella hablar.

Él no debe decir: "Por supuesto que puedes hablar conmigo. Yo soy el que está tratando de que hables. Yo soy el que está tratando de que esta relación funcione".

Si ella dice: "Seguramente vas a discutir conmigo. Ni siquiera quiero empezar".

Él debe decir: "Probablemente tengas razón".

Lo que es más importante es que él mantenga la calma y acepte la situación. Es la única manera de que se gane a su compañera. Necesita probarle que puede esquivar y eludir sus provocaciones sin enfurecerse. Con esta clase de garantía de seguridad, ella va a empezar a abrir su corazón.

Él no debe decir: "¡No voy a discutir! ¡Sólo quiero hablar!" Eso sería discutir.

Discutir con una mujer cuando no quiere hablar confirma que no quiere abrir su corazón y hablarle. Para que una mujer se sienta segura y se abra y sea femenina en una relación, él debe intentar contenerse. Debe contener sus sentimientos para que ella pueda sentirse oída.

Esto no significa que él nunca debe sentir o expresar lo que siente. Significa que no debe agobiarla con más sentimientos negativos de los que puede manejar. En vez de desahogarse, debe ir a su cueva a pensar. Una vez que se calme, debe concentrarse en la solución, no en el problema. Debe encontrar una estrategia factible para hacer algo para recibir la apreciación que realmente desea.

CUANDO LOS HOMBRES HACEN LISTAS

Sé cuándo estoy en la tercera etapa de la inversión del papel emocional cuando mi lado femenino emerge y empieza a hacer listas de todas las cosas que mi compañera está haciendo mal. Cuando empiezo a hacer listas, a diferencia de una mujer que principalmente necesita hablar de sus listas, quiero que Bonnie esté de acuerdo conmigo y me prometa corregir su comportamiento.

Cuando solía expresarme de esta manera, Bonnie sentía que estaba viviendo con un tirano dominante. Era la persona en la que me convertía cuando no podía mostrar mi verdadera personalidad afectuosa. El tirano dominante es mi personalidad opuesta.

Si no nos sentimos amados, nos convertimos en lo opuesto a lo que somos cuando somos maravillosos y afectuosos. Las personas que son muy generosas se vuelven tacañas cuando no les aprecian sus regalos. Las personas que confían en los demás y son abiertas se cierran por completo y se sienten decepcionadas. Cuando los que son muy pacientes y flexibles finalmente alcanzan su límite, se vuelven impacientes y rígidos. Así es como el amor se convierte en odio. Cuando un hombre o una mujer sufren una inversión del papel emocional, sus personalidades opuestas aparecen cada vez más.

Si no nos sentimos amados, nos convertimos en lo opuesto a lo que somos cuando somos maravillosos y afectuosos.

Para crear y conservar una relación afectuosa, necesitamos muchas formas que nos ayuden a mantener el equilibrio, en particular cuando soplan vientos fuertes y la tierra se estremece debajo de nuestros pies.

Por ejemplo, todavía hay veces en que me siento un tirano, pero trato por todos los medios de guardarme esos sentimientos. En esos momentos reconozco que mis lados masculino y femenino están desequilibrados y hago algo para recobrar mi equilibrio. En lugar de expresar mis impulsos, me voy a mi cueva. Desde ella, espero hasta que quiero sentirme mejor. Luego, para salir, hago algo que me asegure que voy a recibir la apreciación de Bonnie que realmente necesito para sentirme mejor. En vez de quejarme de que no me siento apreciado, hago cosas para lograr su apreciación.

Mediante la aplicación de métodos avanzados para las relaciones, poco a poco pueden superarse los escollos y los peligros de la inversión del papel emocional. En el próximo capítulo estudiaremos más formas en las que los hombres y las mujeres pueden encontrar el equilibrio. También exploraremos cómo mantener la pasión en un matrimonio manteniendo el equilibrio y la monogamia. Exploraremos los secretos de la pasión duradera para crear toda una vida de amor.

Capítulo 9

Toda una vida de amor y pasión

El índice elevado de divorcios no es un signo de que las personas hoy en día estén menos interesadas en el matrimonio. Al contrario, indica que queremos más de nuestras relaciones que antes. Tanto los hombres como las mujeres están insatisfechos porque sus expectativas conyugales son mucho mayores que en el pasado. Queremos toda una vida de amor; queremos una pasión duradera con una persona especial.

Aun con el alto índice de divorcios, también hay un alto índice de segundos matrimonios. Si el fuego de la pasión se extingue, tanto hombres como mujeres prefieren arriesgarse a sentir el dolor del divorcio antes que la pérdida de los sentimientos. Sabemos por intuición que si seguimos alimentando una relación especial, puede experimentarse algo mucho mayor. En el fondo, sentimos que la monogamia apasionada es posible, pero no tenemos los métodos para experimentarla totalmente.

El enorme mercado para las novelas románticas femeninas, las telenovelas y la pornografía masculina no es la causa de esta insatisfacción sino que en realidad es el síntoma de un deseo no cumplido de pasión en nuestras relaciones.

En términos generales, cuando las necesidades
emocionales y apasionadas de amor de un hombre no se satisfacen,
se deja fascinar por el sexo, mientras que una mujer
tiende a dejarse cautivar por todo lo romántico.

Estas fuertes tendencias no necesariamente son síntomas de un mal funcionamiento sino que son las expresiones naturales de una necesidad frustrada más profunda de apoyo emocional en sus relaciones.

EN LA GENERACIÓN DE NUESTROS PADRES

En la generación de nuestros padres, se esperaba que la pasión disminuyera con el tiempo. La pasión duradera y la satisfacción emocional no eran el objetivo de las relaciones. Las relaciones se formaban principalmente para satisfacer nuestras necesidades de supervivencia, no nuestras necesidades emocionales y románticas. Por eso es que mi madre admiraba a mi padre por quedarse con la familia a pesar de que él tenía relaciones con otra mujer y había dejado hacía tiempo de considerar las necesidades emocionales y románticas de ella.

En gran medida, la mayoría aceptaba que la pasión se extinguía una vez que terminaba la luna de miel y llegaban los hijos.

Recuerdo muy bien que para los adolescentes de mi generación, la pérdida de la pasión después de casarse era un hecho aceptado. Antes del casamiento no se podía tener relaciones, entonces pensábamos sólo en el sexo y si ya teníamos relaciones aprovechábamos cada oportunidad que se nos presentaba. Definitivamente no había suficientes oportunidades, pero una vez que uno se casaba y podía tener relaciones cuando quería, por alguna misteriosa razón dejaba de desearlas como antes.

Cuando estaba en la universidad, era muy común que el entrenador u otra figura con autoridad contara a los muchachos esta historia.

"Cuando se casen, pueden esperar tener muchos momentos románticos y relaciones sexuales. Cuando se casen, busquen una botella y, cada vez que tengan relaciones, pongan un poroto en la botella. Después de un año, cada vez que tengan relaciones, saquen un poroto de la botella. Si pueden vaciarla, tendrán suerte."

Esta era su forma de decirnos que no esperáramos que la pasión durara en una relación. En la mayoría de las culturas del mundo, los hombres y las mujeres han manejado la pérdida de la pasión manteniendo relaciones extramatrimoniales. La supervivencia de la familia era mucho más importante que si uno tenía relaciones y con quién.

En el pasado, si un hombre era razonablemente discreto con sus aventuras, la mujer las aceptaba en silencio. Como ya lo dije, mi madre lo hizo.

Mi padre y mi madre siguieron amándose, pero mi padre también mantenía a su amante. De alguna manera, mi madre halló una forma de seguir amándolo y compartir su vida con él, si bien todo lo romántico de su relación se había desvanecido.

Como las mujeres contemporáneas pueden mantenerse solas cada vez más, de un compañero quieren más que ayuda para cuidar de la familia. Las mujeres modernas quieren el apoyo emocional y el romanticismo que sólo puede proporcionar la monogamia. Si su marido necesita otra mujer para ser apasionado, la mujer de hoy prefiere empezar con otro hombre que la quiera apasionadamente.

En reacción a la falta de pasión en sus relaciones, algunas mujeres también toman la ruta de escape tradicionalmente masculina y tienen aventuras amorosas. Es natural, porque trabajar fuera de su casa junto a hombres crea más oportunidades.

Para hombres y mujeres, tener una aventura es, en última instancia, un intento por satisfacer nuestra necesidad de amor. Mientras que es posible que sacie esa necesidad temporalmente, una aventura nos aleja cada vez más de poder tener una relación verdaderamente satisfactoria con nuestras parejas. Cuando el hombre o la mujer tienen una aventura, la oportunidad de crecer juntos en una pasión amorosa se limita en gran medida.

UNA RELACIÓN ES UNA INVERSIÓN

Una relación es como una inversión. Damos a nuestra pareja y esperamos recibir más a cambio con el tiempo. Al principio puede resultarnos difícil conseguir el apoyo emocional que buscamos pero con los años, se vuelve cada vez más fácil.

Tener una aventura amorosa es como tomar todos los ahorros y despilfarrarlos en Las Vegas. Lo gastamos todo y enseguida estamos en el punto de partida.

Ya sea que nuestra pareja se entere o no, el efecto existe. A nivel intuitivo, la otra persona pierde la sensación de ser especial. Sin este sentimiento, el amor y la pasión no pueden crecer. Después lleva años recapturar ese sentimiento "especial".

Esto no significa que una aventura necesariamente termina con un matrimonio. Tuve la oportunidad de ayudar a muchas parejas a revitalizar su relación con el tiempo mientras se curaban el uno al otro. El perdón es muy poderoso y puede solidificar un vínculo amoroso para siempre.

En estos casos, la aventura fue un punto crucial porque les permitió a los dos ver con claridad y hablar en forma terminante sobre problemas que existieron durante años. Al perdonar y comunicar con eficacia el dolor y el deseo de hacer cambios necesarios, algunas parejas pueden empezar de cero con amor y experimentar una pasión y una intimidad mayores que antes.

A veces es necesaria la amenaza de una pérdida permanente para que la gente aprecie lo que tiene; en ocasiones, tenemos que tener delante de nuestras narices la muerte inminente de una relación antes que sintamos un profundo amor y el deseo de vivir juntos. Así como la experiencia de la muerte cercana muchas veces motiva o inspira a una persona a cosas superiores, una aventura puede ser una fuente de inspiración en la relación.

Esto no implica que tenemos que arriesgarnos a hacer que nuestra pareja se sienta rechazada o traicionada para que la relación vuelva a sentirse. Existen otras formas. Si practicamos métodos avanzados para las relaciones, podemos revivir la pasión aunque haya sido declarada muerta.

LOS SIETE SECRETOS DE LA PASIÓN DURADERA

Para mantener la pasión en una relación, hay siete secretos importantes. Ellos son:

Para aplicar métodos avanzados para las relaciones en cada una de estas áreas, discutiremos cada una en profundidad.

I. LAS DIFERENCIAS SE ATRAEN

El aspecto más importante de la atracción es que somos diferentes. Así como los polos positivos y negativos de un imán siempre se atraen, cuando un hombre permanece en contacto con su masculinidad y una mujer siente su femineidad, puede mantenerse la atracción en una relación.

Tener que abandonar nuestra personalidad para complacer a nuestra pareja termina matando la pasión. Al tratar de resolver nuestras diferencias sin tener que negar nuestra verdadera personalidad, garantizamos una atracción duradera.

Sin duda, el hombre se siente más atraído hacia su compañera cuando ella lo hace sentirse hombre. De la misma manera, la mujer siente mayor atracción hacia un hombre cuando logra hacerla sentirse totalmente femenina. Si nos tomamos el tiempo para evitar una inversión del papel emocional, podemos mantener la atracción que sentimos hacia el otro.

Esta atracción no es puramente física. Cuando se mantiene la pasión, nuestra curiosidad e interés en nuestra pareja también crecen con el tiempo. Sorprendentemente, descubrimos que seguimos interesados en lo que piensa, siente y hace nuestra pareja.

Trabajar con nuestras diferencias es un requisito par mantener viva la pasión. Si siempre tenemos que dejar de ser quienes somos para complacer a la otra persona, la pasión muere.

Si usamos métodos avanzados para las relaciones, podemos hacer pequeños cambios que amplían nuestra forma de ser pero no nos obliga a negar nuestra personalidad. Al hacerlos, realmente podemos conectarnos más con quienes somos en potencia.

Las diferencias más importantes que deben alimentarse son nuestras diferencias de género. Para que una mujer siga atraída hacia un hombre, él debe estar en contacto con su lado masculino y expresarlo. Está bien que exprese su lado femenino, pero si reprime el masculino para estar en una relación con una mujer, ella terminará perdiendo su atracción por él.

De un modo similar, para que un hombre siga atraído hacia una mujer, ella debe seguir expresando su lado femenino. También puede expresar las cualidades de su lado masculino, pero si el hombre no encuentra disponible el lado femenino de ella, se alejará.

CÓMO UNA MUJER PUEDE ALIMENTAR SU LADO FEMENINO

Además de usar métodos avanzados para las relaciones y ayudar a un hombre a apoyarla, una mujer —soltera o casada— debe esforzarse por alimentar su lado femenino. A continuación se ofrece una lista de las muchas cosas que puede hacer:

1. Emplee más tiempo todos los días para hablar de los problemas de su día sin un objetivo definido. Esto se logra mejor caminando o almorzando con alguien de quien usted no pretende que le solucione los problemas.

2. Hacerse masajes o llevar a cabo alguna clase de trabajo corporal todas las semanas es muy valioso. Para la mujer es muy importante sentirse físicamente tocada de un modo no sexual para relajarse y tomar conciencia de su cuerpo.

3. Hable por teléfono y/o manténgase en contacto con amigos o familiares. Es de vital importancia que se encargue de que las presiones del trabajo y la familia no le impidan tomarse tiempo para hablar con sus amistades.

4. Hágase tiempo en forma regular para rezar, meditar, practicar yoga, hacer ejercicio, escribir un diario o dedicarse a la jardinería. Debe ser un compromiso. Lo ideal sería que pasara de veinte minutos a media hora dos veces al día en que pueda *estar* sin tener que *hacer* nada para nadie.

5. Cree un estilo de trabajo que apoye su lado femenino. Practique conseguir el apoyo de los demás en vez de ser demasiado independiente

y autónoma. Nunca pierda la oportunidad de dejar que el hombre le lleve una caja o le abra la puerta. Es bueno que tenga fotos de su familia y amigos mientras trabaja. Cuando le sea posible, rodéese de belleza y flores.

6. Trate de que tanto amigos como familiares la abracen por lo menos cuatro veces por día.

7. Tómese el tiempo para escribir notas de agradecimiento por el apoyo que recibe de los demás.

8. Varíe las rutas para volver a su casa del trabajo. Trate de evitar la tendencia a llegar a su casa más eficazmente al seguir la misma ruta todos los días.

9. Conviértase en turista en su propia ciudad y tómese minivacaciones regularmente. También trate de salir de su casa y disfrutar de nuevos escenarios y vacaciones.

10. Hágase miembro de un grupo de apoyo o vea a un terapeuta para asegurarse de expresar sus sentimientos libremente sin preocuparse por su reputación profesional.

11. Destine una noche por semana para usted. Salga y disfrute de una película o una obra de teatro, o quédese en su casa y tome un baño largo y caliente.

12. Haga una lista de todo lo que hace falta hacer y luego, con letras grandes, ponga: "Cosas que no hay que hacer de inmediato". Tómese por lo menos un día para descansar y no resolver *ningún* problema. Si usted es madre, tómese el día y aléjese de su casa y de sus hijos.

Tratar de pronto de hacer todo lo que se enumera en esta lista sería, en sí mismo, agobiante. Coloque en alguna parte una versión que se acomode a sus posibilidades y lenta pero seguramente empiece a incorporar estas sugerencias. Si no hace nada deliberado para alimentar su lado femenino, una mujer tenderá automáticamente a permanecer en su lado masculino y, sin querer, saboteará no sólo sus relaciones sino también su relación consigo misma.

En mis seminarios, es común que los hombres pregunten cómo pueden desarrollar su lado masculino, en particular si no están teniendo ninguna relación y no tienen una mujer que aprecie sus acciones cuando necesitan apoyo.

Ya sea que un hombre esté soltero o casado, hay muchas cosas que puede hacer para mantenerse fuerte. Debe escoger las sugerencias que le parezcan apropiadas para él. A continuación se ofrecen doce:

1. Pase tiempo con otros hombres compitiendo en un equipo o en forma individual. Al canalizar sus tendencias competitivas jugando, no se siente tan arrastrado por su trabajo. Se libera automáticamente de medirse sólo en función de su trabajo. Mirar su deporte favorito en la televisión o ir a un partido tiene un efecto catártico parecido.

2. Vea películas de acción. Es saludable que los hombres adultos experimenten violencia en la pantalla grande, en particular si se expresa con habilidad y, en última instancia, para proteger a los demás. Ver películas como *Rocky, Terminator* y *Soldado Universal* es un medio para sentir y redirigir sus propias tendencias violentas. Sin embargo, cuando los niños experimentan violencia en la televisión o en el cine, tiene el efecto contrario: les crea más violencia.

3. Emplee tiempo para estar en la cueva durante sus relaciones. No debe sentirse culpable al decir que no a los demás cuando necesita estar solo para recargar energía. No debe sentirse obligado a hablar cuando no tiene ganas. Esto no significa que no tiene que hablar nunca sino que debe elegir el momento con cuidado.

Si tiende a pasar poco tiempo en la cueva, entonces debe hacerlo aunque le resulte solitario y doloroso. En la antigüedad, un niño se convertía en hombre haciendo ayuno solo durante una semana en el desierto. Su soledad lo obligaba a alejarse de su madre, o su lado femenino, y así encontraba el hombre en su interior.

De un modo similar, el hombre no sigue experimentando su poder masculino a menos que se arriesgue a colocarse en una situación en la que necesita su fuerza. La valentía crece con acciones valientes.

4. Si no tiene una compañera sexual y quiere estar más en contac-

to con su lado masculino, practique el autocontrol y no se masturbe. Esta sugerencia no es un consejo moral. La masturbación es inocente, pero alimenta el lado femenino, no el masculino. Masturbarse en exceso empuja al hombre a su lado femenino.

Practique la abstinencia del sexo ocasional o recreativo si no está teniendo una relación amorosa porque abstenerse del sexo es una de las formas más poderosas de encontrar la fuerza masculina si uno está demasiado del lado femenino. Contenerse sexualmente de esta manera ayuda mucho a un hombre a conectarse con su lado masculino.

Si hace falta un desahogo sexual, ocurrirá naturalmente cuando esté dormido. Duchas frías en forma regular, ejercicio y alguna forma de disciplina espiritual como la oración, la meditación o el yoga ayudan a transmutar las necesidades sexuales hasta que tenga una relación amorosa con una mujer. Asimismo, cuando el hombre espera de esta manera, se siente más motivado a encontrar una compañera.

No es aconsejable frecuentar librerías o cines para adultos, mirar vídeos o leer revistas que lo estimulen en exceso si está practicando abstinencia. Por supuesto, está bien una cantidad moderada de estimulación. Lo suficiente para hacerlo acordarse de lo que le basta para mantenerlo motivado.

5. Asegúrese de ejercitar sus músculos todas las semanas. Levante pesas, trote, ande en bicicleta, suba una montaña, nade, etcétera. Por lo menos una vez por semana exija a sus músculos hasta el punto de agotamiento. Extienda sus límites.

6. Asegúrese de que su vida no se vuelva demasiado cómoda y fácil. Todas las semanas haga algo que lo obligue a superar su resistencia interna a emplear sus diversas fuerzas. Eso podría significar levantarse más temprano que de costumbre para terminar un proyecto o acostarse más tarde para garantizar que hizo lo mejor posible. Aplique la disciplina para construir su fuerza masculina.

7. Todas las semanas trate de hacer buenas acciones al azar, para las personas que quiere o para quienes no conoce. Cuando una persona mayor necesita un asiento, ofrézcale el suyo. Cuando conduzca, si alguien necesita cruzarse, disminuya la velocidad de buena gana. Sea magnánimo en su generosidad.

Cuando alguien lo necesita y usted quiere descansar, haga el esfuerzo por brindarle ayuda de todas maneras. Con esto no quiero decir que tenga que hacerlo todo el tiempo sino en ocasiones.

8. Cuando esté molesto o enojado, no castigue a los demás. En cambio, concéntrese en su respiración. Cuente hasta cinco al inspirar y vuelva a hacerlo al expirar. Cuente diez ciclos de este proceso y luego empiece otra vez hasta que se le pase el enojo.

9. Haga una lista de todas las cosas que más le gusta hacer. Asegúrese de dedicar tiempo todas las semanas para su pasatiempo favorito. Haga cosas que lo hagan sentirse satisfecho y en control.

10. Cuando hay que hacer algo que no exige mucho tiempo o energía, hágalo de inmediato, Dígase todo el tiempo: "¡Hazlo ahora!"

11. Cuando sienta miedo de hacer algo que sería realmente bueno que hiciera, sienta el miedo y hágalo de todas formas. Corra riesgos razonables. Es mejor tratar y fracasar que no intentarlo nunca.

12. Practique contener la ira. Puede redirigirla mediante alguna actividad físicamente constructiva o exprese en privado sus sentimientos en un diario. Busque otros sentimientos detrás de la ira. Cuando exprese ira, lo ideal sería que no tuviera que levantar la voz sino que empleara un modo firme, confiado pero centrado y no intimidante.

Hable de sus sentimientos con sus amigos o cree un grupo de apoyo masculino. No confíe principalmente en las mujeres para que lo ayuden o escuchen sus sentimientos. Para algunos hombres es muy útil asistir a reuniones del "movimiento de hombres", leer poesía, relatar y escuchar los mitos antiguos, bailar, cantar o tocar el tambor.

Mediante estas técnicas, un hombre que tiene una relación puede estar seguro de que no va moverse demasiado al lado femenino. Un hombre soltero puede fortalecer su lado masculino y atraer a una mujer que lo apoye cuando es poderoso y a la vez sensible.

2. CAMBIO Y CRECIMIENTO

Con el tiempo, vivir con la misma persona puede volverse muy aburrido si no se cambia con regularidad. Mantenerse fresco es crucial para ambas personas en un matrimonio. Así como escuchar una canción favorita cien veces seguidas hace que se vuelva aburrida, nuestra pareja puede volverse aburrida si no crece y cambia.

De la misma manera en que el crecimiento físico es tan obvio en nuestros hijos, debemos seguir creciendo emocional, mental y espiritualmente en todo momento. Debemos cuidarnos de sacrificarnos o negarnos demasiado. Cuando una relación no les permite crecer, la pasión entre dos personas empieza a desaparecer.

**El cambio es automático si una relación
nos alimenta a ser honestos con nosotros mismos.**

Amar a la otra persona no significa pasar todo el tiempo juntos. Demasiado tiempo juntos también puede convertir una relación en algo trillado y carente de misterio. Disfrutar de otras amistades y actividades significa que siempre se puede traer algo nuevo a la relación. Esto se aplica a hacer cosas en forma separada de su pareja y hacer cosas con ella y otras personas. Cenar con otro matrimonio en forma regular es una buena idea.

LA BUENA COMUNICACIÓN

Si una mujer no se siente segura para hablar de sus sentimientos, con el tiempo no tendrá nada que decir. Crear el ambiente para que ella sienta que puede hablar con tranquilidad sin temor al rechazo, la interrupción o el ridículo permite que la mujer prospere en la relación. Con el tiempo, puede seguir confiando y amando más a su compañero si sabe escucharla.

Es muy común que los hombres se aburran cuando las mujeres les cuentan los detalles de su día. Están más interesados en los resultados de esos días. A medida que el hombre empieza a entender cómo escuchar de un modo activo que su compañera pueda apreciar, escuchar y hablar de los sentimientos deja de ser una obligación y se convierte en un ritual que brinda afecto y cariño. Con líneas abiertas de comunicación, la mujer seguirá creciendo.

Cuando un hombre no se siente apreciado en una relación, también deja de crecer. Es posible que no sepa por qué, pero cuando regresa a su casa se siente cada vez más pasivo y alejado de su compañera. Deja de tomar la iniciativa en todo. Su rutina se vuelve rígida y fija.

Lo que hace que mi relación con mi mujer sea tan edificante es que ella nunca espera que yo haga nada en la casa. Casi ninguna de mis responsabilidades domésticas me parecen quehaceres que se supone que debo hacer, sino que son demostraciones que ella aprecia como si yo no tuviera que hacerlos. Por eso, los llevo a cabo con gusto y no siento que son una obligación.

Crear el cambio

Es importante programar ocasiones especiales. Un hombre necesita recordar que las mujeres tienden a sentir el peso de las responsabilidades domésticas y les cuesta mucho tomarse tiempo para ellas. Si un hombre crea momentos especiales en los que ella puede salir de su rutina, está libre para sentirse querida y cuidada.

Celebraciones, fiestas, regalos y tarjetas también afirman el paso del tiempo. Son especialmente importantes para las mujeres. Una mujer aprecia mucho la atención especial de un hombre hacia ella en estos momentos. Para una mujer significa mucho que él se acuerde de los cumpleaños, aniversarios y otras fechas especiales. El hecho de que él haga algo especial para ella la libera del sentimiento abrumador de las responsabilidades repetitivas de la vida y le garantiza que es amada.

Uno de los principales asesinos de la pasión es la rutina. Aunque esté cómodo con ella, es útil romperla de vez en cuando. Hasta hacer cosas tontas pueden ayudarlo a crear un momento especial y memorable. Por ejemplo, en nuestras últimas vacaciones, en lugar de limitarme a tomar una fotografía de mi familia frente al *Monumento a Washington*, me acosté en la acera y tomé una foto desde esa posición. Todos rieron y el resultado fue que será un momento para recordar. Todos nuestros pequeños esfuerzos para romper la rutina marcan la diferencia.

En última instancia, lo que mantiene viva la pasión en una relación es crecer en el amor. Cuando, como resultado de vivir, reír, llorar y aprender juntas, dos personas pueden amarse más y tener más confianza la una en la otra, la pasión se mantiene viva.

3. Sentimientos, necesidades y vulnerabilidades

Para seguir sintiendo nuestro amor, necesitamos sentir. Cuando no nos sentimos bastante seguros para tener sentimientos o sensibilidades, rápidamente nos desconectamos de nuestra pasión. Mientras que las mujeres necesitan hablar sobre sus sentimientos y ser oídas para sentirse vitales en una relación, los hombres necesitan ser apreciados por sus acciones para sentir deseos de hacer cosas para sus compañeras.

Cuando un hombre deja de sentir un tierno deseo de complacer a su compañera, reprime sus sentimientos de ternura en forma automática. Cuando una mujer deja de sentirse bastante segura para compartir sus sentimientos, también empieza a cerrarse reprimiendo sus emociones.

Con el tiempo, cuando un hombre o una mujer sigue reprimiendo sus sentimientos, empiezan a levantar muros alrededor de su corazón. Cada vez que una mujer siente que la pasan por alto, la minimizan y no la apoyan, coloca otro ladrillo en el muro. Cada vez que un hombre trata de estar allí para ella y termina sintiendo que ella hace caso omiso de él, lo critica, lo corrige y no reconoce su valor, él agrega otro ladrillo a su muro.

Al principio, podemos seguir sintiendo amor porque el muro de sentimientos reprimidos no bloquea nuestro corazón por completo. Pero una vez que esto sucede, nos aleja de nuestras emociones amorosas.

Para recuperar la pasión, hace falta derribar este muro ladrillo por ladrillo. Cada vez que sacamos uno empleando métodos avanzados para las relaciones, empieza a brillar una tenue lucecita. Entonces tomamos conciencia del resto del muro y volvemos a sentirnos aislados. Con lentitud pero seguridad, si seguimos comunicándonos y apreciándonos mutuamente, ese muro puede derribarse y se pueden experimentar los sentimientos otra vez y por completo.

Cuando no recibimos el amor que necesitamos, pero seguimos vulnerables hacia la otra persona, sentimos dolor. Muchas parejas se enfrentan a esto aturdiéndose. Se dicen: "No me importa". Es posible que empiecen a cerrarse, diciendo: "No puedo confiar en él para que esté allí para mí, así que no voy a hacerlo".

El sentimiento más doloroso y solitario es estar acostados junto a alguien y sentir que no podemos extender el brazo y tocar a esa persona con amor. A esta altura, es posible volcarse a una adicción para evitar sentir el dolor de no ser amado. Estas dependencias nos liberan del dolor pero matan la pasión. Para curar el dolor es necesario aprender a buscar el amor y pedir con habilidad lo que queremos.

Al ahogar nuestros sentimientos, perdemos contacto con nuestra pasión interior. Es posible que ni siquiera sepamos qué necesitamos en realidad porque dejamos de sentir.

Si no contamos con los métodos para conseguir el amor que necesitamos, es posible que dejemos de sentir nuestras necesidades en forma automática. Cuando esto sucede, la pasión empieza a desaparecer.

Desarrollar la confianza y el cariño

El desafío al que se enfrentan las mujeres en sus relaciones es mantener el corazón abierto cuando se sienten decepcionadas o poco amadas. Es de vital importancia que se esfuercen por confiar cada vez más en sus compañeros y sigan siendo receptivas. De lo contrario, perderán el contacto con su vulnerabilidad y sus necesidades.

El secreto para crecer en la confianza no es esperar que la otra persona sea perfecta sino creer que está aprendiendo los métodos que la secundan en ayudarlo a darle lo que ella necesita. Al entender de qué forma el hombre es diferente, la mujer se permite confiar en que él la ama aun cuando instintivamente no haga las cosas que *ella* haría para demostrarle cariño.

Con el tiempo, la mujer puede empezar a ver las formas en que el hombre piensa que la ama. Lo que es más importante, puede aplicar métodos avanzados para las relaciones que la ayuden a brindarle más apoyo.

Para derribar el muro alrededor de su corazón, el hombre debe desarrollar el cariño. Para recuperar la pasión, tiene que recordar que le hará falta mucho trabajo y esfuerzo. Por momentos, será como levantar un peso enorme.

Si no hay un muro alrededor de su corazón, es fácil hacer cosas. Cuando no recibe atención y apreciación, el muro empieza a levantarse nuevamente. Cada vez que siente que sus esfuerzos no son apreciados, agrega otro ladrillo.

Sin embargo, cuando empieza conscientemente a hacer cosas pequeñas que ella pueda apreciar, aunque sea por momentos breves, el muro se detiene. Cuando su determinación se desgasta y el muro de pronto parece más alto, vuelve a hastiarse y opone resistencia otra vez. Lo único que desea es pasar mucho tiempo en su cueva.

Con el tiempo, el hombre puede salir y superar la inercia de la indiferencia si es consciente del esfuerzo necesario para volver a abrir el corazón. Al hacerlo, verá que de verdad se está convirtiendo en una persona más fuerte. Con esta fortaleza, el camino que tiene delante no le parecerá tan escarpado. Luego sentirá más energía que nunca al complacer a su compañera.

DEPENDENCIA SANA

Cuando crecemos juntos en amor y confianza, nos abrimos y sentimos nuestras necesidades mutuas con mayor fuerza, nuestra vulnerabilidad también crece. La pasión se experimenta mucho más cuando sabemos cuánto necesitamos a alguien.

Al principio de nuestro matrimonio, no era tan importante para mí asegurarme la apreciación de Bonnie. Con los años, aprendí a adorar recibirla. Me ilumina el día y, cuando tenemos relaciones sexuales, me permite sentir lo mucho que la necesito en mi vida.

Después de pasar años tratando de estar allí para ella, ella también puede sentir libremente que necesita de mi amor. Cuanto más puede depender de mi apoyo, más pasión puede sentir. Bonnie también es realista. Sabe que no soy perfecto y que no siempre puedo estar allí para ella.

Bonnie depende de mí y es algo saludable porque su dependencia está basada en lo que yo realmente puedo darle. Esto le permite ser más vulnerable, lo cual a su vez me permite sentir que yo hago que las cosas sean diferentes.

La necesidad y la dependencia se convierten en algo atractivo cuando necesitamos lo que la otra persona puede darnos.

Es tan insensato como ingenuo esperar que la otra persona siempre nos dé el amor que necesitamos. En ocasiones, no tiene nada que compartir y, sin embargo, le exigimos más (en cierto sentido, es como si le dijéramos a alguien en una silla de ruedas: "Si me amas, entonces te pondrás de pie y caminarás"). A veces, no puede estar allí en las formas en que equivocadamente creemos que debería hacerlo. Pero una vez que empezamos a necesitar a la otra persona de una forma en que no puede apoyarnos, lo único que lograremos será alejarla y nosotros terminaremos decepcionados. Cuando necesitamos a alguien demasiado, el resultado es que retiramos nuestra confianza y nuestro cariño.

Cuanto más logramos satisfacernos unos a otros, más podemos confiar en ese apoyo. Con esta clase de confianza, aun cuando nuestra pareja nos decepcione, sabremos que hizo todo lo que pudo y nosotros sabremos perdonarla.

4. RESPONSABILIDAD PERSONAL Y AUTOCURACIÓN

Cuando seguimos abriendo nuestro corazón en una relación y nuestras necesidades emocionales son satisfechas, nuestros sentimientos pasados no resueltos empiezan a aflorar. Cuando lo hacen, no dicen: "Hola, soy tu ira con tu padre"; en cambio, se dirigen a nuestra pareja.

Es una ironía que cuando nos sentimos más amados, los sentimientos no resueltos de experiencias pasadas empiezan a afectar nuestros estados de ánimo. Un momento sentimos la pasión y al siguiente estamos pensando en divorciarnos. Siempre justificamos estos cambios radicales con el comportamiento de la otra persona, aunque no se trate principalmente de ella.

Por ejemplo, vuelvo a casa de muy buen humor y mi mujer me

recibe en la puerta diciendo: "Te olvidaste de llamarme para decirme que ibas a llegar tarde. No sabía qué había pasado". Por supuesto que no me gusta que me reciban con una frase tan negativa, como si fuera su hijo, pero si de pronto me enojo, me voy a mi cueva y me pongo a pensar en divorciarme por esa frase aislada, tengo que hacerme responsable de mi fuerte reacción.

Culpar al otro es mirar en la dirección equivocada y agrava la herida.

**Cada vez que sentimos que estábamos bien
hasta que la otra persona hizo algo que nos arruinó el día,
en general es algo en nuestro interior que necesita ser curado.**

Cuando los sentimientos pasados empiezan a aflorar, en general nos sentimos extraordinariamente negativos. Es posible que sintamos mucha culpa, crítica, duda, resentimiento, confusión, ambivalencia, juicio y rechazo. Por un momento, volvemos a sentir y a reaccionar como lo hacíamos de niños cuando no nos sentíamos seguros para reaccionar libremente. Cuando estos sentimientos afloran, es vital que nos esforcemos en asumir responsabilidad para ser más cariñosos y perdonar.

No debemos pretender que el otro se convierta en nuestra madre cariñosa. Como ya sabemos, eso es un asesino seguro de la pasión. En esos momento, tenemos que convertirnos en nuestros propios padres o trabajar con un padre sustituto en un ambiente psicoterapéutico. Depende de nosotros y no de la otra persona comportarnos como nuestros propios padres.

Cuando empezamos a culpar a la otra persona de nuestra infelicidad, es una clara señal de que están saliendo a la superficie "asuntos viejos". Aunque nos sintamos con todo el derecho de exigir más de nuestra pareja, no debemos exigir nada. Es hora de una autocuración. Es hora de darnos el consuelo y la comprensión que quizá no pudieron darnos nuestros padres.

Recordemos: esperar que la otra persona nos haga sentir mejor es ponerla en el lugar de padre. Cuanto más dependientes somos de ella para cambiar antes que *nosotros* podamos cambiar, más estancados estaremos. Al convertirnos en nuestros propios padres, podemos liberarla de ser el blanco de nuestra culpa.

SENTIMIENTO DE IMPOTENCIA

Otra señal de que estamos frente a un sentimiento pasado es la impotencia.

**Cuando nos sentimos fuera de control y buscamos controlar
a otra persona, en general nos está afectando nuestra infancia.**

De niños *sí* nos controlaban. Éramos de verdad impotentes para conseguir lo que queríamos y necesitábamos. De adultos, tenemos muchas más elecciones y oportunidades.

Aun con métodos avanzados para las relaciones, por momentos es posible sentir que nada funciona y que nunca conseguiremos lo que deseamos. Cuando este sentimiento aparece, debemos aceptarlo y simpatizar con nosotros mismos, pero también tenemos que tener en cuenta que en realidad no somos impotentes. Más bien se trata de que algunos sentimientos antiguos que quieren salir a la superficie opacan nuestra evaluación actual de la situación. Al aplicar técnicas de autocuración, en minutos aparecerá una visión más clara de nuestras habilidades y oportunidades.

IMPACIENCIA

Cuando nuestros corazones están abiertos, somos pacientes frente a las limitaciones de la otra persona y las nuestras propias. Cuando aparecen fuertes sentimientos de impaciencia, son otra señal de que los sentimientos de la infancia están opacando nuestra visión.

De adultos, aprendimos a esperar pacientemente que un deseo se convirtiera en realidad. La paciencia es un arte y un signo de madurez. Cuando de pronto empezamos a impacientarnos, perdemos nuestra perspectiva realista e inmediatamente exigimos más de lo que es posible.

En lugar de sentirnos bien porque logramos progresar, nos sentimos frustrados porque no sucede lo suficiente con bastante rapidez. Con cada demora, negamos nuestro progreso.

Es muy común que después de asistir a mis seminarios o leer mis libros, los hombres empiecen a cambiar. Luego, después de un tiempo, dejan de hacerlo. A esa altura, es posible que la mujer sienta: "Lo sabía, no le importaba. Vuelve a ser como antes". La negatividad de ella le impide ayudarlo a seguir apoyándola.

Si él se ofrece a hacer algo, ella lo fulmina con: "Bueno, voy a esperar a ver si realmente lo haces antes de entusiasmarme". No hay mejor manera de lograr que él pierda su motivación.

Cuando una mujer se impacienta, exigirá que su compañero cambie permanentemente en vez de darse cuenta de que está inmerso en un continuo proceso para brindarle el apoyo que ella necesita. En lugar de darse por vencida o exigir más, la mujer tiene que concentrarse menos en cambiar a su compañero y más en modificar su propia actitud.

CÓMO DEJAMOS DE AMAR

Cuando queremos culpar a la otra persona, es difícil aceptar, comprender y perdonar sus limitaciones e imperfecciones. Sólo si aprendemos a quererla en épocas difíciles podemos crecer juntos. Cualquiera puede amar a alguien perfecto.

La prueba de amor es querer a una persona aunque sepamos que está lejos de ser perfecta y hayamos experimentado sus limitaciones diarias. Decimos que queremos que nos amen por lo que somos. Pero, ¿podemos realmente amar a la otra persona por lo que *ella* es? Cuando tenemos el corazón abierto, el amor es automático.

Cuando tenemos el corazón cerrado, somos responsables de abrirlo. Ya no somos niños. Para tener una relación adulta, debemos asumir responsabilidades.

La reaparición de los sentimientos de nuestra infancia amenaza ese sentido de responsabilidad. Siempre sentimos que es culpa de la otra persona. Aunque sintamos rabia y ganas de echar la culpa, al comprometernos a encontrar el perdón, podemos volver a ser adultos y liberarnos de los sentimientos inmaduros. A continuación se enumeran seis formas en las que dejamos de amar cuando estamos atrapados por sentimientos antiguos que nos cierran el corazón:

1. Pérdida de la confianza. De pronto se vuelve difícil confiar en que la otra persona está haciendo todo lo que puede o que le importa. De pronto empezamos a dudar de sus buenas intenciones. Esta es la persona que arriesgaría su vida para salvar la nuestra y, sin embargo, empezamos a juzgarla como si no le importáramos.

En general, las mujeres tienen que esforzarse más que los hombres para superar esta tendencia. Para convertirse en su propia madre en esos momentos, la mujer tiene que volver a abrir su corazón lentamente preocupándose primero por ella misma. Necesita dejar por un tiempo de depender de que su compañero alimente su lado femenino. Al convertirse en su propia madre aunque siga culpando a su compañero, podrá liberarse del efecto de los sentimientos pasados y recordará que su compañero la quiere y se esfuerza por ella. Cada vez que sucede este proceso, aumenta su capacidad de confianza.

2. Pérdida de interés. De pronto, sentimos que no nos importan las necesidades y los sentimientos de la otra persona. Nuestra justificación es el maltrato que sufrimos en sus manos. Aquí está la persona por la que arriesgaríamos la vida, y de repente no nos interesa.

En general, el hombre tiene que esforzarse más para superar esta tendencia. Para convertirse en su propio padre en esos momentos, tiene que abrir su corazón lentamente confiando en que tendrá éxito en el futuro. Tiene que dejar de depender de la confianza que su compañera depositó en él para sentirse exitoso.

En este momento, el hombre debe hacer algo para alimentar su lado masculino. Al convertirse en su propio padre aunque siga culpando a su compañera, se libera automáticamente de los sentimientos negativos y enseguida recuerda cuánto la quiere. Cada vez que sucede este proceso, aumenta su capacidad de querer.

3. Pérdida de apreciación. En un instante, empezamos a sentir que esta relación no nos da nada, mientras que en otras ocasiones estábamos muy felices y agradecidos. Sentimos que hacemos más, mientras que la otra persona no hace nada. Con este repentino lapso en la me-

moria, de pronto empezamos a sentirnos privados y no demostramos apreciación hacia ella.

En general, la mujer tiene que esforzarse más para superar esta tendencia. Para convertirse en su propia madre en esos momentos, tiene que volver a abrir lentamente su corazón respetando, apoyando y alimentando su lado femenino.

Aunque siga culpando a su compañero, empezará a recordar la forma en que él la respeta y la apoya. Cada vez que sucede este proceso, aumenta su capacidad para apreciarlo.

4. Pérdida de respeto. De pronto, empezamos a sentir deseos de no demostrar amor y castigar a la otra persona cuando hace apenas unos momentos sólo queríamos amarla y apoyarla. Sentimos de verdad que queremos hacer feliz a la otra persona y luego, abruptamente, sólo nos preocupamos por nosotros mismos.

Un hombre trabaja ocho horas por día para ganar el dinero a fin de comprarle un regalo a su compañera, pero luego cambia y se niega a hacer algo pequeño para complacerla, como recoger sus medias.

En general, los hombres tienen que esforzarse más para superar esta tendencia. Para convertirse en su propio padre en esos momentos, tiene que abrir su corazón lentamente apreciándose por todo lo que hace, aunque su compañera no lo haga. Por el momento, necesita dejar de depender del reconocimiento y la apreciación de su compañera.

Ahora tiene que alimentar su lado masculino. Al asumir la responsabilidad de convertirse en su propio padre aunque todavía sienta ganas de echarle la culpa a su compañera, empezará a recordar cuánto la respeta y quiere complacerla.

Es importante que no sienta que tiene que renunciar a su personalidad para complacerla. Si lo hace se debilitará. Cada vez que puede volver y brindarle apoyo después de hacer algo por sí mismo, poco a poco aprende que puede complacerla sin dejar de ser quien es. Hacer un pequeño cambio en nuestro comportamiento no significa que no podamos ser honestos con nosotros mismos. Esta noción concede al hombre la flexibilidad de crear soluciones positivas en una relación de modo que los dos logren lo que desean.

5. Pérdida de aceptación. De pronto, empezamos a notar todas las cosas que la otra persona hace mal o tiene que cambiar. Esta es la

persona que creíamos perfecta y, de la nada aparece el impulso de cambiarla, mejorarla o incluso rehabilitarla.

Un minuto la amamos y aceptamos y el siguiente, la castigamos por cometer un error. En estas circunstancias, la mujer empieza a sentir que el hombre tendría que saber ciertas cosas. Se olvida de que es de Marte y que no entiende de inmediato las necesidades de ella.

En general, las mujeres tienen que esforzarse más para superar esta tendencia. Para convertirse en su propia madre en esos momentos, tiene que abrir su corazón lentamente tomándose el tiempo para entender y experimentar lo que está sintiendo y validar sus propias necesidades. Antes de poder sentirse mejor, debe liberar su necesidad de cambiarlo.

Al asumir la responsabilidad de convertirse en su propia madre aunque siga echándole la culpa a su compañero o exigiéndole que cambie, la mujer empezará a recordar las cosas que él hace bien y también su franqueza y su deseo de responder a las necesidades de ella cuando se acuerda o cuando ella se dirige a él de un modo positivo. Cada vez que tiene lugar este proceso, aumenta la capacidad de la mujer de aceptar la imperfección de su compañero y la suya propia.

6. Pérdida de comprensión. Es posible que la otra persona diga algo que nos lleve a criticar o censurar sus sentimientos y reacciones. Tendemos a minimizar su dolor como si no importara y, sin embargo, si estuviera físicamente herida, arriesgaríamos nuestra vida para salvarla. Enseguida perdemos la paciencia y el interés aun cuando esta es la persona que más nos importa en el mundo. Nos ponemos a la defensiva con facilidad y sentimos que nos ataca cuando expresa sus sentimientos.

En general, los hombres tienen que esforzarse más para superar esta tendencia. Para convertirse en su propio padre en ese momento, el hombre tiene que abrir su corazón lentamente, apreciándose por todo lo que hace aunque su compañera no lo haga.

En estos momentos, el hombre tiene que excusarse amablemente, irse a su cueva y hacer algo que alimente su lado masculino. Al asumir la responsabilidad de convertirse en su propio padre aunque todavía se sienta a la defensiva, se liberará de la negatividad y poco a poco empezará a pensar en lo que ella en realidad decía o quería decir. Empezará a entender las necesidades de ella y a considerar cuál es la mejor forma de brindarle apoyo.

Es importante que el hombre se tome tiempo para pensar cuáles son los sentimientos de la mujer sin sentirse presionado para que responda o diga algo de inmediato. Una de las mejores cosas que puede decir una mujer a un hombre cuando a él le cuesta escucharla es recordarle que no tiene que decir nada. Una frase poderosa es: "Sólo quisiera que consideraras lo que estoy diciendo. No tienes que hacer ni decir nada".

ABRIR NUESTRO CORAZÓN

Si sentimos que no estamos recibiendo el amor que necesitamos y culpamos a la otra persona, se trata de un signo claro de que necesitamos algo que ella no nos puede dar en este momento. Asumir la responsabilidad de apoyarnos a nosotros mismos cuando nuestro corazón está cerrado nos libera de pensar que el problema es la otra persona y nos permite examinar la situación a un nivel mucho más fundamental. Podemos alimentarnos y luego volver a la relación con más para dar y no más para exigir.

En lugar de ahogarnos en la negatividad y reaccionar en modos poco cariñosos cuando nuestro corazón está cerrado, podemos usar este "tiempo de reposo" para una autocuración. En vez de dirigirnos a la otra persona para que cambie cuando la culpamos, debemos concentrarnos en cambiar nosotros. Cuando nos sentimos abiertos e indulgentes, podemos cambiar el enfoque y buscar formas para resolver o corregir el problema que nos molestó en un principio.

LA TÉCNICA DE ESCRIBIR LOS SENTIMIENTOS

Un método que uso para ayudar a liberar los sentimientos negativos se llama la técnica de escribir los sentimientos. Al tomarme unos cuantos minutos para llevarla a cabo, me libero de los sentimientos negativos y luego me siento más indulgente y agradable.

Durante más de doce años usé versiones diferentes de esta técnica y sigue dándome excelentes resultados en los momentos en que no me siento muy cariñoso. Es una herramienta poderosa tanto para hombres como para mujeres.

Escribir los sentimientos en una carta no sólo fortalece la capacidad del hombre de contener sus sentimientos sino que también es útil cuando está de su lado femenino y necesita ser oído. En vez de abrumar a su compañera con sus sentimientos negativos, puede escribirlos y alcanzar su meta con mayor eficacia que si lo expresara oralmente.

El hombre puede usar esta técnica en particular cuando necesita expresar sus sentimientos pero sabe que no es el momento. Como ya dijimos, cuando un hombre exhibe mayor vulnerabilidad emocional que la mujer, el resultado puede ser que ella se sienta empujada a su lado masculino. En vez de arriesgarse a eso, el hombre debe ejecutar los siguientes tres pasos.

Este ejercicio es igualmente útil para una mujer si necesita expresar sus sentimientos cuando su compañero está en la cueva y no puede oírla. Si ella siente que quiere culpar o cambiar a su compañero, también es una buena idea que practique esta técnica y esté bien cuando él regrese.

Exploraremos brevemente cada etapa. Para más información sobre esta técnica, consulte mi libro *What You Feel You Can Heal (Usted puede mejorar sus sentimientos)*.

Primer paso

Empiece por escribir lo que le hubiera gustado decirle a su pareja. Está perfectamente bien culpar o parecer crítico.

Exprese lo que lo pone furioso, triste y melancólico. Tómese un par de minutos para pensar en cada una de estas emociones. Aunque en realidad no sienta ninguna de ellas, pregúntese lo que estaría experimentando si así fuera. Por ejemplo, si no está furioso, escriba: "Si me pusiera furioso, diría…" Invierta dos minutos en cada emoción.

Después de tomar un total de ocho minutos para expresar sus diferentes emociones, tómese otros dos para concentrarse en escribir sus anhelos, deseos, necesidades o esperanzas, y luego firme el papel. En apenas diez minutos, ya terminó. Trate de no pasar más tiempo a menos, por supuesto, que disfrute de ello y sienta una liberación inmediata escribiendo lo que siente. Con práctica, esto empezará a suceder en forma automática.

Segundo paso

En el segundo paso, escriba una carta de su pareja a usted expresando las cosas que querría que él o ella le dijera. Finja que compartió la carta con su pareja y que ella realmente lo oyó. Escriba las palabras que harían que usted se sintiera oído.

Asegúrese de que le agradezca por hablar de sus sentimientos. Luego, que exprese comprensión de sus sentimientos. Finalmente, que se disculpe por sus errores y que prometa brindarle más apoyo en el futuro. Aunque la otra persona no respondiera de esa forma tan positiva, use su imaginación.

Tómese unos tres minutos para escribir esta carta de respuesta. Si tarda más, está bien. El solo hecho de escribir las palabras que le gustaría oír lo hará sentirse mejor. Aunque la otra persona no esté diciendo estas cosas en realidad, usted se beneficiará al oírlas.

Tercer paso

En el tercer paso, tómese dos minutos para responder como probablemente lo haría si su pareja lo oyera y se disculpara por sus errores. En esta corta carta de perdón, sea lo más específico posible. Use la frase: "Te perdono por..."

Si sigue costándole perdonar, recuerde que usted no está diciendo que lo que el otro hizo esté bien. Cuando perdona, está claramente señalando sus errores pero al mismo tiempo está liberando su tendencia a seguir conteniendo su amor, su compasión y su comprensión.

Perdonar no significa que el problema haya desaparecido. Significa que usted no se está cerrando y negando a tratar con él de una manera afectuosa. Al practicar esta técnica de escribir los sentimientos en los momentos en que siente resentimiento o la otra persona no quiere hablar, de pronto sentirá alivio. Entonces puede esperar pacientemente la oportunidad adecuada para expresar sus sentimientos, pensamientos y deseos de una forma que funcione para usted, su pareja y la relación.

Al asumir la responsabilidad de nuestras reacciones y acciones en una relación, podemos empezar realmente a dar y recibir amor con todo éxito. Si no tenemos una noción de cómo necesita amor nuestra pareja, es posible que estemos perdiendo valiosísimas oportunidades.

Las mujeres principalmente se sienten amadas cuando reciben de los hombres el apoyo emocional y físico que necesitan. No importa tanto lo que dé sino que lo haga de un modo constante. Una mujer se siente amada cuando siente que el amor del hombre es constante.

Cuando un hombre no entiende a una mujer, tiende a concentrarse a la vez en todas las formas de satisfacerla pero luego la pasa por alto durante semanas. Mientras que la buena comunicación proporciona una base saludable para una relación afectuosa, los momentos románticos son el postre. El camino para llegar al corazón de una mujer es haciendo muchas cosas pequeñas para ella en forma constante. Ésta es mi "lista breve" de veinte cosas que el hombre puede hacer para crear momentos románticos.

1. Cómprele tarjetas o escríbale una nota.
2. Llévele flores.
3. Cómprele chocolate.
4. Lleve a su casa pequeñas sorpresas que digan que estuvo pensando en ella cuando estaba lejos.
5. Abrácela en cualquier momento.
6. Sea afectuoso cuando no desea tener relaciones sexuales.
7. Encienda una vela durante la cena o en el dormitorio.
8. Póngale su música favorita.
9. Fíjese en lo que tiene puesto y hágale un cumplido.
10. Tome nota de la comida y los restaurantes que le gustan.
11. Planee salidas con anticipación.
12. Baje el volumen del televisor durante la publicidad y hable con ella en vez de ver qué dan en los demás canales.
13. Mírela cuando está hablando.
14. No la interrumpa ni termine sus frases.
15. Fíjese cuando está molesta y déle un abrazo.

16. Ayúdela cuando está cansada.
17. Ayúdela con los quehaceres domésticos.
18. Llámela cuando piensa llegar tarde.
19. Llámela simplemente para decirle: "Te quiero".
20. Planee pequeñas celebraciones y haga algo diferente.

LO QUE DICEN LOS MOMENTOS ROMÁNTICOS

Cuando el hombre hace cosas pequeñas que dicen: "Me interesa, entiendo lo que sientes, sé qué quieres, estoy feliz de hacer cosas para ti y no estás sola", está satisfaciendo directamente la necesidad de momentos románticos de la mujer. Cuando el hombre hace cosas sin que la mujer tenga que pedírselo, ella se siente profundamente amada. Sin embargo, si él se olvida de hacerlas, una mujer sabia insiste amablemente en recordárselo pidiéndoselas de un modo no exigente.

No obstante, el hombre recibe amor de un modo distinto que la mujer. Principalmente se siente amado cuando ella le hace saber una y otra vez que está satisfaciéndola. El buen humor de ella hace que se sienta amado. Aun cuando ella disfruta del clima, una parte de él se lleva el crédito. El hombre está feliz cuando una mujer se siente satisfecha.

Mientras que la mujer ve lo romántico en las flores, los chocolates, etcétera, el sentido de lo romántico del hombre se alimenta con la apreciación que la mujer le demuestra. Cuando hace cosas pequeñas para ella y ella lo aprecia mucho, él se siente más romántico.

En general, la mujer no se da cuenta de que la clase de amor que más necesita un hombre es su mensaje afectuoso de que la satisfizo.

**La base de casi todos los rituales románticos
es un hombre que da y una mujer que recibe.**

Cuando ella está feliz por las cosas que él le proporciona, el hombre se siente amado. Cuando él puede hacer algo por ella, deja entrar el amor de ella. La habilidad más importante para amar a un hombre es atraparlo cuando está haciendo algo bien, recalcarlo y apreciarlo por ello. El error más grande es no darle la atención y el valor que merece.

Un hombre se siente amado cuando recibe el mensaje de que lo que hace marca una diferencia, de que ha sido útil y de que su compañera se beneficia con su presencia. La otra forma de amar a un hombre es minimizar sus errores cada vez que sea posible con afirmaciones tales como: "No hay problema" o "Está bien". Restar importancia a las decepciones hace que esté más abierto a futuros pedidos y necesidades.

Cuando un hombre hace cosas para una mujer y ella se siente satisfecha, ambos salen ganando. Cuando traigo la leña y enciendo el fuego, Bonnie se siente especial y cuidada. Sus sentimientos románticos empiezan a encenderse. Sabiendo eso, yo también me siento complacido y confiado.

Sin embargo, cuando me siento en el sofá y la observo traer la leña y encender el fuego, aunque me siento relajado y agradecido, nuestros sentimientos románticos no se cargan. Es una dinámica muy diferente que ocurre cuando una mujer cuida de un hombre.

MONOGAMIA APASIONADA

Aunque las mujeres necesitan romance para sentirse amadas, para que la pasión crezca con el tiempo su requisito más importante para la intimidad es la monogamia. El hombre puede hacer gestos románticos, pero si no es monógamo, la pasión de ella no puede crecer. Todo lo romántico le dice que es especial. Y no hay nada que haga sentirse más especial a una mujer que un hombre esté en contacto con sus pasiones y que la desee sólo a ella.

A medida que una mujer envejece, su capacidad de sentir y expresar pasión aumenta y siente que puede confiar por completo en que su compañero va a estar allí para ella. Si siente que él la compara con otra mujer o que tiene que competir, no puede seguir abriendo su corazón.

Si siente que el hombre está teniendo una aventura amorosa o podría tenerla, la mujer se cierra. Como una rosa delicada, necesita el agua limpia y clara de la monogamia para abrirse poco a poco, un pétalo a la vez.

> **Al comprometerse claramente y asegurarle a la mujer que van a envejecer juntos, el hombre le da el apoyo especial que ella necesita para descubrir el fuego de la pasión sexual en lo más profundo de su alma.**

Como ya describí en la introducción, al principio de nuestro matrimonio prometí ser monógamo porque era algo que Bonnie claramente necesitaba. Con los años, descubrí que cada vez que yo evité la tentación, mi propia pasión por Bonnie se volvió más fuerte. No es la única que se beneficia con mi monogamia; yo también lo hago.

Al seguir logrando que Bonnie se sienta especial, ella me hace sentir más importante. No sólo ella confía en mí, sino también la gente que trabaja conmigo. Estoy muy consciente del hecho de que el éxito fenomenal de mis libros se debe a que la gente siente que puede confiar en lo que le digo. Cuando un hombre recibe la confianza de su mujer y su familia, los demás sienten que pueden confiar en él. La monogamia sexual fortalece al hombre y lo hace digno de la mayor confianza.

En el famoso libro, *Think and Grow Rich* (Piense y hágase rico), Napoleon Hill entrevistó a quinientos de los hombres más exitosos de los Estados Unidos acerca de las cualidades que creaban el éxito. Lo notable fue que todos los hombres eran sexualmente activos en una relación apasionada y monógama de más de treinta años de duración.

Estos hombres poderosos y triunfadores de alguna manera habían aprendido a mantener la pasión con una mujer durante décadas. Su fuego sexual no se había extinguido y tampoco necesitaban la estimulación de una aventura amorosa para sentirse excitados. Su pasión crecía al compartir su amor de una manera sexual con sus mujeres y, al mismo tiempo, también crecía su poder personal y marcaban una diferencia en el mundo.

A aquellos hombres que comprenden este simple secreto del amor los espera un mayor empuje y éxito. Al crear y mantener una relación apasionada y monógama, la mujer no sólo puede aumentar su pasión sexual sino que el hombre puede ser más poderoso y eficaz en su trabajo.

Este estudio de hombres solamente se llevó a cabo hace muchos años. No tengo ninguna duda de que cuando las mujeres aprendan a dominar el hecho de tener carreras junto a una relación activa y apasionada, ellas también serán más eficientes e influyentes en su trabajo.

Al conocer y sentir mi satisfacción sexual con ella cada vez mayor y mi claro compromiso con nuestra relación monógama, Bonnie está más satisfecha, más centrada. Aunque no está conmigo cuando viajo, sigue sintiendo la especial conexión sexual que sólo nosotros compartimos. Yo puedo compartir mi mente y mi espíritu con muchos, pero sólo Bonnie recibe mi energía sexual.

Lo romántico para las mujeres, el sexo para los hombres

Así como todo lo romántico es importante para una mujer, la gratificación sexual es importante para el hombre. Necesita sentir una seguridad constante de que a su compañera le gusta tener relaciones sexuales con él. El rechazo sexual es traumático para el sentido de identidad de un hombre.

No estoy diciendo que una mujer deba sentirse obligada a tener relaciones cada vez que su compañero lo desee. Lo que digo es que ella necesita esforzarse para ser hipersensible cuando el sexo es el tema en discusión. Si el hombre toma la iniciativa y ella no siente deseos, no debe decir que no. En cambio, es mejor que diga: "Una parte de mí quiere tener relaciones, pero creo que disfrutaría más un poco más tarde". Al tener en cuenta los sentimientos de él, lo libera para seguir tomando la iniciativa sin sentirse rechazado.

Así como la comunicación y lo romántico son los medios principales para que una mujer experimente amor, el sexo es el modo principal para que el hombre se conecte con el amor y la pasión en forma continua.

6. Amistad, autonomía y diversión

La amistad es una brisa si reprimimos nuestros sentimientos. Si uno de los dos está dispuesto a sacrificar lo que es en pro de la relación, siempre se van a llevar bien, pero la pasión morirá.

No nos equivoquemos; si bien es muy común que las mujeres "pierden una parte" para acomodarse a sus compañeros, los hombres también ceden una parte importante de ellos mismos. Para evitar el conflicto, el hombre también tenderá a contenerse. Sin una buena comunicación, suele suceder que una pareja con mucho amor prefiera mantener la amistad y sacrifique sus sentimientos. No se dan cuenta de que al reprimir los sentimientos negativos también están reprimiendo su capacidad de sentir en general.

Cuando una mujer quiere a un hombre pero no lo ayuda a poder brindarle apoyo, en realidad está hiriendo la relación en lugar de ayudarla. El hombre sólo puede prosperar en una relación cuando de verdad satisface las necesidades de ella. Si la mujer finge estar satisfecha, él va a "pensar" que está satisfecho, pero ni siquiera sabe qué se está perdiendo.

Ser amigos en una relación requiere un equilibrio de autonomía e independencia. Como ya vimos, necesitar a la otra persona es la base de la pasión. Sin embargo, si no somos autónomos al mismo tiempo, en los momentos en que nuestra pareja tiene poco que ofrecernos nos sentiremos impotentes para obtener lo que necesitamos.

Practicando la responsabilidad personal y la autocuración podemos alimentarnos cuando la otra persona no puede hacerlo. La verdadera prueba de amor es cuando podemos ser amigo de la persona que amamos y darle sin esperar nada a cambio. Esto se vuelve más fácil cuando no dependemos tanto de ella y cuando en otros momentos hemos experimentado que puede estar allí para nosotros. Cuando confiamos en que obtendremos lo que necesitamos en otros momentos, entonces no somos tan exigentes cuando la otra persona tiene poco que dar.

FRIVOLIDAD Y DIVERSIÓN

Casi siempre el hombre se enoja cuando la mujer quiere "trabajar en la relación". Él no quiere hacerlo. Preferiría vivir en ella.

El hombre necesita sentir que a veces está de vacaciones en la relación y, en cierto sentido, no va a equivocarse. Quiere sentir que está bien como está y que no se le pide que cambie. Cuando la mujer dice: "No importa" o "Está bien", él tiende a aliviarse. Cuando la mujer puede mostrarse despreocupada con respecto a sus problemas, el hombre se siente exitoso.

Por otra parte, el hecho de que la mujer sienta amistad hacia un hombre significa que él puede relajarse porque ella no va a ponerse molesta. Si él puede limitarse a darle un poco de comprensión sin tomarse el asunto tan a pecho, ella puede cambiar sus sentimientos sin hacer una escena.

La amistad para la mujer significa que, de vez en cuando, su compañero se esforzará por apoyarla o le ofrecerá su ayuda. La amistad para el hombre significa que la mujer se esforzará por no ser exigente o esperar demasiado.

Ser amigo de nuestra pareja significa nunca tratar de cambiar su estado de ánimo ni tomarlo como algo personal cuando no se siente como nosotros quisiéramos. Si aprendemos esta lección de objetividad puede transformar una relación por completo.

En el próximo capítulo, discutiremos el séptimo secreto de la pasión duradera: el compañerismo y el servicio para un propósito superior. Juntos vamos a examinar los pasos para una intimidad duradera mediante la creación de un compañerismo en donde ambos ganan y que contribuye no sólo a una relación más apasionada sino a un mundo mejor y con más amor.

Capítulo 10

Pasos hacia una intimidad duradera

Siempre disfruto mirando bailar a personas mayores. ¡Parecen tan felices juntas! Saben exactamente qué hacer, él conoce todos los movimientos y ella confía en él para que la lleve donde ella quiere ir. Se derrite en sus brazos y él la sostiene encantadora y confiadamente. Esta confianza sólo se establece después de muchos años de práctica.

Cuando las parejas empiezan enamoradas, siempre están dispuestas a hacer lo que sea para que la relación funcione. El problema, como ya discutimos, es que los pasos de baile que funcionaron para las generaciones pasadas no sirven hoy en día. La música cambió y hacen falta pasos nuevos. Si desconocemos estos nuevos métodos avanzados, es inevitable que la luz especial del amor que sentimos al principio se vaya apagando.

Cuando un hombre es hábil amando a una mujer, no hay duda de que su amor puede hacerla perder la cabeza. De un modo similar, el amor de una mujer puede ayudar al hombre a plantar los pies en la tierra. Aprendiendo nuevos métodos para expresar su amor, la mujer puede convertirse en un espejo para ayudarlo a ver y a sentir su grandeza. Puede ser una fuerza motivadora que lo ayuda a expresar su identidad más competente y afectuosa.

EL BIEN MERECIDO PREMIO DEL AMOR

El apoyo que experimenté a través del amor tierno y a veces feroz de mi mujer ha ejercido una gran influencia en mi capacidad de relajarme y sentirme bien conmigo mismo. Permitió que una persona real y afectuosa saliera de mi interior.

Por ejemplo, en vez de criticarme cuando me olvidaba de las cosas, ella me demostraba aceptación y paciencia. Este era el amor tierno. Pero en lugar de darse por vencida y hacer las cosas sin mi ayuda, insistió de un modo no exigente. Este era su amor feroz. No se dio por vencida como lo hacen tantas mujeres. Siguió practicando los pasos de baile.

Aunque el amor de Bonnie es un premio que me gané, también me lo dio desinteresadamente. Al estar dispuesta a "hacer una pausa y postergar" sus necesidades inmediatas, "prepararme" para escucharla y responder a sus pedidos e "insistir" en pedirme mi apoyo de un modo no exigente, poco a poco descubrí lo importante que era el amor y cómo obtenerlo.

El crecimiento que hemos experimentado juntos fue el resultado de un arduo trabajo. Ahora es mucho más fácil. La vida siempre tiene sus desafíos difíciles, pero con métodos nuevos para relacionarnos, podemos unirnos cada vez más en vez de alejarnos en nuestro viaje juntos. Podemos brindarnos apoyo mutuo en nuestro constante proceso de vivir, crecer y compartir nuestra vida en el mundo.

Yo me concentré en desarrollar mi lado masculino para mejorar la comunicación aprendiendo a esquivar, eludir, encantar y entregar, y ella se concentró en desarrollar su lado femenino para ayudarme a satisfacerla. Al aprender a hacer una pausa, prepararme, postergar y persistir, las cosas son completamente diferentes.

Aunque ninguno de nosotros es perfecto con estos métodos, cada día que pasa mejoramos un poco. Ya no son difíciles de practicar porque sabemos que son eficaces y sabemos lo doloroso que es cuando no los utilizamos. Unas veces ella me brinda más apoyo, mientras que otras tiene poco que darme. Aun cuando los dos estemos vacíos, saber cómo volver a dar para obtener el apoyo que necesitamos es una enorme fuente de fortaleza.

Cuando estoy en mi cueva y Bonnie no consigue lo que desea, en vez de sentir pánico o creerse responsable, sabe cómo hacer una pausa y darme espacio. Practica prepararme para hacer más pidiéndome mi apoyo en formas sencillas y luego expresándome su apreciación.

En lugar de tratar de cambiarme o de mejorar la relación, se concentra en usar sus artes femeninas para darme espacio y poco a poco hacerme salir de la cueva con su amor paciente.

DOS PASOS PARA ADELANTE Y LUEGO OTRA VEZ PARA ATRÁS

Igual que los bailarines, cuando una mujer da dos pasos para atrás, el hombre puede dar dos pasos para adelante. Cuando él da dos pasos para atrás, ella da dos para adelante. Este toma y daca es el ritmo básico de las relaciones.

En otros momentos, ambos retroceden y luego vuelven juntos. Todas las relaciones tienen esos momentos en que ninguno de los dos tiene mucho que dar y entonces retroceden para recargar energía.

Mientras baila, la mujer se mueve en los brazos del hombre y luego se aleja con un giro. En una relación exitosa, se expresa este mismo patrón. La mujer está feliz de ver a su compañero, se desliza en sus brazos y luego, después de hacer una pausa y prepararlo, se aleja con un giro y expresa sus sentimientos de una manera circular.

Otras veces, él la sostiene en sus brazos cuando se inclina hacia atrás. De un modo similar, cuando una mujer expresa sus sentimientos, puede inclinarse. Con el comprensivo apoyo del hombre, ella puede llegar hasta el suelo y luego experimentar la alegría de volver a subir.

En un baile, la mujer gira en forma natural mientras el hombre se mantiene firme. De un modo similar, cuando la mujer puede expresar sus sentimientos sin que el hombre reaccione con los suyos, se siente oída. Por supuesto que también hay momentos en que ambos giran, pero como en el baile, necesitan alejarse para hacer el movimiento antes de volver a hacer contacto.

Mientras baila, el hombre percibe su propio sentido de independencia y autonomía al llevar a la mujer, y ella percibe su necesidad de cooperación y relación al apoyarlo cuando él la ayuda en los movimientos que la mujer desea hacer.

EL CUIDADO Y LA ALIMENTACIÓN DE LAS RELACIONES

En nuestro viaje debemos recordar alimentar y respetar nuestras diferencias. Las diferencias crean pasión. Empezamos relaciones porque nos sentimos atraídos hacia otra persona que es diferente pero con la que nos complementamos.

Al principio, Bonnie y yo no teníamos idea de lo distintos que éramos. Estábamos muy concentrados en las formas en que nos parecíamos. Éramos los dos muy espirituales, los dos disfrutábamos del sexo, nos gustaba salir a pasear, jugar al tenis, ir al cine, teníamos amigos en común, éramos despreocupados y a los dos nos interesaba la psicología. La lista de cosas en común era encantadoramente extensa.

Una vez que nos casamos, empezamos a notar las diferencias. Yo era objetivo, ella se dejaba llevar por las emociones. Yo estaba más orientado hacia un objetivo, ella, hacia la relación. A ella le gustaba discutir los problemas, yo quería resolverlos o posponerlos. Además de estas diferencias y otras típicas del género que crean la atracción inherente entre los sexos, había muchas otras que no necesariamente están basadas en el género.

A ella le gustaba la temperatura del cuarto fresca y a mí me gustaba cálida. A ella le gustaban las antigüedades y a mí, la alta tecnología y lo moderno. Ella hacía un balance de su chequera hasta el último centavo y yo redondeaba y tenía una cifra vaga en la mente. A ella le gustaba levantarse temprano y a mí me gustaba acostarme tarde. Ella prefería comer en casa y yo prefería salir. Ella nunca superaba el límite de velocidad y a mí me gustaba conducir rápido. A ella le gustaba ahorrar dinero y a mí, gastarlo. Ella tomaba las decisiones lentamente y yo era todo lo contrario. Ella se aferraba a las relaciones antiguas y yo no. Yo tengo grandes ambiciones y ella está conforme con su vida tal como es. A mí me gustan los artefactos eléctricos y a ella el jardín y otras cosas "reales" de la tierra. A ella le gusta visitar museos y a mí los hoteles elegantes. A mí me encantan las casas nuevas y modernas y a ella las más antiguas y encantadoras. A mí me gustan los paisajes abiertos, a ella estar en el bosque.

Aunque cada una de estas diferencias crea un posible conflicto, también crea una oportunidad de crecer juntos. En las relaciones, en general, nos sentimos atraídos hacia una persona con algunas cualidades que, en cierto sentido, tenemos latentes o todavía tienen que salir de nuestro interior. Cuando somos de una manera y la otra persona es de otra, instintivamente nos sentimos atraídos hacia ella para que nos ayude a encontrar el equilibrio dentro de nosotros mismos. Encontrar este equilibrio crea pasión y atracción.

Después de un año de casado, me enfrenté a mi primer gran desafío con relación a nuestras diferencias. Yo quería comprar un televisor más grande. Me encanta la nueva tecnología y los artefactos. Bonnie no estaba a favor de la idea. Decía que no le gustaba la idea de tener que verlo en el living todos los días.

Fue un momento muy difícil para mí. Empecé a sentir que para hacerla feliz, tenía que renunciar a algo que me hacía feliz a mí. A esa altura, estaba empezando a comprender cómo podíamos resolver nuestras diferencias pensando en una solución con la que ambos saliéramos ganando.

Estaba furioso por dentro. Se me ocurría toda clase de cosas, pero me contuve permaneciendo concentrado en encontrar una solución. Al pensar que de alguna manera ambos podíamos obtener lo que queríamos, la frustración no se convirtió en ira dirigida hacia ella.

—Quiero respetar tus deseos —le dije finalmente—. Y realmente quiero tener un televisor más grande. Esperé mucho tiempo para poder comprarlo. También quiero de verdad que tengas una casa bonita. ¿Qué piensas que podemos hacer?

Bonnie contestó:

—No me importaría tener un televisor grande si estuviera en un armario que se cerrara. Así, cuando no estamos viendo televisión, puedo cerrarlo y no tengo que verlo todo el tiempo.

Enseguida le dije que me parecía fantástico y fuimos juntos a comprar un armario. Pensé que sería una fácil solución. Pronto descubriría que teníamos gustos totalmente diferentes con respecto a los muebles.

LA SOLUCIÓN CON LA QUE AMBOS SALEN GANANDO

El armario que elegí era de alta tecnología y en él también cabría todo mi equipo estereofónico. El que ella quería tenía estantes de vidrio con luces para exhibir porcelana y cristales, pero no tenía espacio suficiente para el televisor que yo quería.

Durante semanas buscamos algo que se acomodara a nuestras necesidades diferentes. Durante este proceso, sentí que quería estallar, pero hice todo lo que pude para contener mi frustración. Fueron momentos muy difíciles. Pensé que era muy terca y oponía mucha resistencia y me volví muy crítico hacia ella. En mis peores momentos pensé que iba a divorciarme.

Mirar hacia atrás nos ayuda a ver cómo tendemos a exagerar las cosas. Aunque yo pensaba que Bonnie era terca, yo lo era igualmente. Yo quería mi televisor grande y ella quería taparlo. Yo quería un armario donde cupiera mi equipo estereofónico y ella quería algo donde pudiera poner sus adornos de cristal.

Estuvimos a punto de detestarnos y luego llegó el día en que finalmente encontramos un armario que nos gustó a los dos. Fue un milagro. Excepto que tuvimos que esperar otros tres meses para que nos lo enviaran. Todo el asunto no pudo ser más frustrante, pero una vez que llegó el armario, ambos nos sentimos muy satisfechos con él.

DESARROLLAR LOS MÚSCULOS DE LA RELACIÓN

Lo que obtuvimos juntos fue mucho mejor que lo que yo habría conseguido si hubiera ido solo a comprarlo. Al estirarme para incluir y respetar los gustos y los deseos de Bonnie, había alcanzado un resultado final mucho mayor que cualquier cosa que hubiera podido crear solo. Al ejercitar nuestra paciencia y flexibilidad ambos pudimos fortalecer nuestra relación.

Esta experiencia se convirtió en una poderosa metáfora para todos nuestros conflictos futuros. Me di cuenta de que aunque me parecía que no podía obtener lo que quería, con persistencia y el deseo de satisfacer los deseos de ambos, siempre terminaríamos con más. Aunque al principio no me interesaba demasiado por las estanterías, ahora me encantan y sé apreciarlas. Y Bonnie disfruta mucho del televisor de treinta y seis pulgadas.

Una vez que solucionamos este problema, me di cuenta de que estábamos mucho más cerca que antes. Nuestro nivel de confianza había subido. La fuerza, la paciencia, la confianza y la flexibilidad que hizo falta para encontrar una solución buena para los dos hizo que otros desafíos parecieran mucho más fáciles.

El compañerismo es el séptimo secreto para crear una relación duradera y apasionada. Para crear un compañerismo que satisfaga a ambos, es útil entender que los hombres y las mujeres experimentan el compañerismo en modos diferentes.

Una mujer siente compañerismo cuando ella y su pareja hacen cosas juntos cooperando para alcanzar la misma meta. No hay jerarquía ni jefe. Toman todas las decisiones juntos compartiendo cada cosa por igual.

El hombre experimenta el compañerismo en forma muy distinta. Le gusta tener su campo, donde ejerce el control, y está feliz de que ella tenga el suyo, donde ejerce el control. No le gusta que ella le diga qué hacer y tampoco siente que tiene que involucrarse en lo que ella hace. Juntos, con trabajos y responsabilidades diferentes, son compañeros que se juntan para hacer el trabajo.

Teniendo en cuenta esta diferencia, tanto hombres como mujeres pueden crear la relación que quieren. Usando las relaciones sexuales como metáfora, podemos ver la solución con facilidad. En el sexo, el hombre abandona su mundo y entra en el de ella. Esto les brinda mucho placer a los dos. Luego, naturalmente, él vuelve a su mundo (o campo). Luego, una y otra vez entra y sale del mundo de la mujer. De un modo similar, para crear un compañerismo en el que ambos salgan ganando, una pareja puede tener campos más o menos claros y en ocasiones el hombre puede entrar en el de la mujer y ayudarla como su par.

A medida que él mejora su trabajo y su cooperación con la mujer en los campos de ella, lenta pero seguramente empezará a invitarla a los suyos. Puede resultar muy útil usar esto como una guía general, en particular cuando las parejas trabajan juntas.

Para que el compañerismo prospere y no se sirva a sí mismo, tiene que tener un propósito más allá de él mismo. Para que la pasión crezca, la pareja debe compartir un interés en común y trabajar para lograr ese fin.

Todos llegamos a este mundo con dones que compartir y propósitos que cumplir más allá de nuestra felicidad personal. Es posible que no sean conmovedores pero allí están. Para que una relación crezca en el amor y la pasión, el amor que compartimos con otra persona tiene que estar dirigido de un modo más elevado.

Tener hijos es un logro natural de esta necesidad. Como equipo, los padres se entregan el uno al otro para poder darles más a los hijos.

Una vez que los hijos crecen y se van de la casa, las parejas necesitan encontrar un nuevo objetivo o propósito. Cuando, como compañeros, servimos al bien supremo de la familia, la comunidad o el mundo, nuestro amor puede seguir creciendo sin límite.

EL PODER DEL PERDÓN

Para abrir por completo nuestro corazón a la otra persona y disfrutar de toda una vida de amor, lo más importante de todo es el perdón. Perdonar al otro por sus errores no sólo nos libera para volver a amar sino que nos permite perdonarnos a nosotros mismos por no ser perfectos.

Cuando en una relación no perdonamos, nuestro amor está restringido, en diverso grado, en todas las relaciones en nuestra vida. Podemos amar a otras personas, pero no como antes. Cuando un corazón queda bloqueado en una relación, late con menos fuerza en las demás. Perdonar significa dejar ir el dolor.

Perdonar nos permite volver a brindar amor y nos ayuda a abrir nuestro corazón para dar y recibir amor. Cuando estamos cerrados, perdemos el doble.

Cuanto más amamos a alguien, más sufrimos *nosotros* cuando no lo perdonamos, Muchas personas piensan en suicidarse a causa del fuerte dolor de no perdonar a un ser amado. El mayor dolor que podemos sentir es el dolor de no poder amar a alguien que amamos.

Esta agonía enloquece a la gente y es la causa de toda la violencia y la locura en el mundo y en nuestras relaciones. El dolor de reprimir nuestro amor lleva a muchas personas a asumir comportamientos adictivos, a abusar de sustancias y a la violencia.

Con terquedad nos aferramos a la amargura y al resentimiento no porque no amemos sino porque no sabemos cómo perdonar. Si no amáramos, dejar de amar a alguien no sería nada doloroso. Cuanto más afectuosos somos, más doloroso es no perdonar.

Si cuando éramos niños nuestros padres nos hubieran pedido perdón cuando cometían errores, ahora sabríamos cómo perdonar. Si los hubiéramos observado perdonarse el uno al otro, sabríamos mejor cómo perdonar. Si hubiéramos sentido que nos perdonaban por nuestros errores una y otra vez, no sólo sabríamos cómo perdonar sino que habríamos experimentado directamente el poder de perdonar para transformar a los demás.

Como nuestros padres no sabían cómo perdonar, para nosotros es fácil interpretar mal lo que eso significa. Emocionalmente, asociamos el perdón con la noción de que lo que la otra persona hizo no era tan grave después de todo.

Por ejemplo, digamos que llego tarde y usted se molesta conmigo. Si le doy una buena razón o excusa, usted estará más inclinado a perdonarme. Por ejemplo, le digo que mi auto estalló cuando venía a mi cita. Esa es la razón por la que llegué tarde. Seguramente, usted va a perdonarme. Mejor aún, digamos que un auto cerca de mí estalló y paré para salvarle la vida a un niño. Con una razón tan "buena", me va a perdonar de inmediato. Pero hace falta un verdadero perdón cuando pasa algo realmente grave o hiriente sin una buena razón.

El verdadero perdón reconoce que se cometió un verdadero error y luego afirma que la persona que lo cometió, a pesar de todo, merece ser amada y respetada. No significa que su comportamiento haya sido de alguna manera tolerado o aceptado.

Si pedimos perdón, significa que estamos reconociendo que cometimos un error que deseamos corregir o por lo menos no repetir.

El perdón contiene muchos de los dieciséis mensajes que se enumeran a continuación. Antes de leer la lista, tómese un momento para pensar en una situación en la que le resultó imposible perdonar. Al leer verbal o mentalmente estas frases, imagine que la persona que lo hirió está delante de usted.

1. Lo que hiciste fue tu culpa y no la mía.
2. No soy responsable de lo que hiciste.
3. Lo que hiciste estuvo mal. No merecía que me trataras de esa manera.

4. No existe una buena razón para lo que hiciste.

5. No hay excusa y no quiero que vuelvas a tratarme así.

6. No está bien para mí.

7. Fue muy doloroso.

Y

8. No quiero pasar el resto de mi vida castigándote por esto.

9. En el fondo de mi corazón veo que aunque lo que hiciste estuvo "mal", eres una buena persona.

10 Estoy dispuesto a encontrar tu parte inocente que se está esforzando. Nadie es perfecto.

11. No voy a dejar de demostrarte mi amor.

12. Voy a brindarte mi amor libremente, pero también voy a protegerme para que esto no vuelva a pasar.

13. Me tomaré un tiempo para recobrar la confianza, pero estoy dispuesto a darte otra oportunidad.

14. Es posible que no esté dispuesto a darte otra oportunidad conmigo, pero espero que te vaya bien con otras personas.

15. Libero mi dolor. Ya no eres responsable de cómo me siento. Te perdono y te deseo lo mejor.

16. Soy responsable de cómo me siento, Soy una persona afectuosa y pueden amarme tal como soy.

Cuando el perdón se aprende y se expresa, se libera un enorme peso. Gracias a esas dos palabras simples "Te perdono", se han salvado tanto vidas como relaciones.

El poder de perdonar está dentro de todos nosotros, pero como pasa con cualquier otra técnica, debemos practicarla. Al principio lleva tiempo. Practicamos perdonar a nuestra pareja y luego, de repente, al día siguiente estamos culpándola otra vez, lo cual es de esperar. Dominar el método avanzado de perdonar toma tiempo pero, con práctica, se convierte en una respuesta natural.

Al principio, una frase útil que se puede escribir o pensar es: "Nadie es perfecto, te perdono por ser imperfecto. Lo que hiciste estuvo mal. Nadie merece que lo traten como me trataste a mí. Te perdono por no ser perfecto. Te perdono por no darme el amor y el respeto que merezco. Te perdono por no ser sensato. Te deseo toda la decencia y el respeto que merece todo ser humano. Te perdono por cometer un error".

EL MENSAJE DEL PERDÓN

El mensaje que Cristo envió a la humanidad desde la cruz fue de perdón. Para alzarse por encima de la muerte, más allá del dolor, hay que perdonar. Sus palabras fueron: "Padre, perdónalos, porque no saben lo que hacen". En esta simple frase está contenido el secreto de cómo perdonar.

Podemos empezar a perdonar a nuestra pareja y a los demás que nos hieren cuando reconocemos que en realidad no sabían lo que hacían.

Recuerdo cuando sentí por primera vez el verdadero perdón. Fue cuando mi hija Lauren tenía dos años. Estaba jugando con la comida. Yo le decía todo el tiempo que no lo hiciera, pero ella seguía de todas maneras. Unos momentos más tarde tenía los tallarines en la mano y los estaba tirando en la alfombra.

Me puse furioso por dentro porque había ensuciado todo y yo tenía que limpiarlo. Sin embargo, al mismo tiempo, la había perdonado. Estaba furioso con ella, pero mi corazón estaba completamente abierto y lleno de amor.

Me pregunté cómo podía ser y luego recordé las palabras de Cristo: "Padre, perdónalos, porque no saben lo que hacen".

En ese momento fue fácil perdonarla porque estaba claro que no sabía lo que hacía al tirar los tallarines. Supongo que pensó que estaba creando una obra de arte. Lo que ella no sabía era que estaba causándome un problema.

Como consejero he visto muchas veces que las personas actúan y reaccionan sin amor cuando no saben qué hacer. Guardan rencor por ignorancia e inocencia. Cuando experimentan una forma mejor, la aplican. A nadie le gusta ser rencoroso y castigar. Simplemente es la única forma que conocen para reaccionar cuando otra persona les falta al respeto.

Para muchas personas las ideas de este y mis otros libros sobre las diferencias entre el hombre y la mujer han sido útiles porque están basadas en el perdón.

No se culpa a nadie. Nuestros padres no son culpables por no anticipar lo que necesitaríamos para saber cómo hacer que nuestras relaciones marcharan bien. Los hombres no tienen la culpa por ser "de Marte" y no entender a las mujeres. Las mujeres no son culpables por ser "de Venus" y no entender a los hombres. Tenemos problemas porque "no sabemos lo que hacemos". Una vez que tengamos en cuenta esta verdad, nuestros errores y los de nuestras parejas son más perdonables.

Los ángeles del cielo se regocijan cada vez que perdonamos. Cuando preferimos amar en lugar de cerrar nuestro corazón, traemos una pequeña chispa de divinidad a nuestro oscuro mundo de lucha. Aligeramos el peso de otros y los ayudamos a perdonar también.

Cuando los hombres y las mujeres fracasan en sus relaciones, no es porque no amen. Todos nacemos con amor en el corazón y un propósito que cumplir. Experimentamos dolor en nuestras relaciones porque no sabemos cómo compartir nuestro amor en formas que funcionen. Carecemos de los métodos.

A veces no se expresa amor porque está oculto o encerrado dentro de la fortaleza de nuestro corazón. Si nos escondemos detrás de una pared, estamos a salvo del dolor pero excluidos de él.

Hay muchas personas aprisionadas dentro de sí mismas. No saben cómo encontrar el amor para poder compartirlo. En la vida se desperdicia mucho amor cuando no aprendemos los métodos básicos para comunicarnos y relacionarnos de una manera afectuosa.

TIEMPO DE ESPERANZA

Quizá por primera vez en la historia, estemos entrando en una fase en la que puede dominarse el amor. Esta época del milenio es una de gran esperanza para las relaciones y el mundo. Anteriormente, en nuestro planeta, la "supervivencia" era el propósito principal. Lentamente pero con paso firme, en los últimos varios miles de años, el amor se volvió cada vez más importante. Puede convertirse en una fuerza orientadora dentro de todos nosotros. La insatisfacción generalizada entre hombres y mujeres con relaciones es un síntoma de que el mundo quiere más. El dolor de las naciones es el dolor que nosotros sentimos cuando no podemos compartir nuestro amor.

Ya no podemos volver la cabeza ante nuestros sentimientos más profundos. En el fondo de nuestro corazón, anhelamos amar. Este cambio ya tuvo lugar. El amor ya está allí.

Con esta nueva comprensión de lo que nuestras madres no pudieron decirnos y nuestros padres no sabían, estamos mucho mejor preparados para amar a nuestra pareja. Con práctica, este amor nuevo y abierto puede mejorar en gran medida las relaciones.

Mi esperanza es que al aplicar los diferentes métodos para mejorar las relaciones no sólo podamos perdonar a la otra persona cuando se olvida de usar estos métodos, sino que también podamos perdonar a nuestros padres y a nosotros mismos.

Recordemos: aunque nuestros padres hubieran podido enseñarnos más, no tendríamos relaciones perfectas. Las personas más inteligentes y exitosas tienen problemas en sus relaciones íntimas y familiares. No es vergonzoso tener que aprender y practicar. Todos tenemos que practicar. Aunque nacemos con la capacidad de amar, es un arte que hay que aprender.

MARCAR UNA DIFERENCIA EN EL MUNDO

Al dominar los secretos de la pasión y practicar el perdón, no sólo creamos toda una vida de amor para nosotros, sino que marcamos una diferencia en el mundo.

Practicar métodos avanzados para las relaciones y aprender a armonizar los valores disonantes no sólo es el requisito previo para crear relaciones más apasionadas, sino que contribuye directamente a crear un mundo más pacífico.

Imaginemos un mundo en el que el divorcio no destruya las familias o las personas no se detesten unas a otras. Esta clase de mundo es posible. Cada paso que demos en nuestra relación ayuda a realizar esa posibilidad. La paz y la prosperidad para el mundo se convierten en una realidad cada vez que se acercan como nuestra realidad cotidiana.

Es ingenuo suponer que podemos crear paz en el mundo cuando

no podemos estar en paz con la gente que amamos. Cuando nuestros líderes sean capaces de tener relaciones familiares de afecto y cariño para ambas partes, entonces habrán adquirido los métodos para negociar la paz mundial.

Al aprender a resolver las diferencias entre hombres y mujeres, en efecto, estamos aligerando las tensiones generales y permitiendo que nosotros mismos y los demás abracen y se conecten con culturas y razas distintas.

Al darnos cuenta, mediante nuestras relaciones, de que nuestras diferencias en realidad son superficiales y de que en el fondo somos todos uno, podemos ir más allá del conflicto y la guerra y encarar nuestros problemas con una nueva conciencia que respeta y armoniza las diferencias.

Como en las relaciones entre hombres y mujeres, la solución no es negar que existen las diferencias. El posible conflicto se resuelve únicamente honrándonos y respetándonos unos a otros y encontrando formas creativas de satisfacer nuestras distintas necesidades.

Cada vez que damos el paso —a veces doloroso y difícil— hacia una resolución positiva en nuestras relaciones personales, estamos allanando el camino hacia la armonía en el mundo. Nuestro esfuerzo e intento hace que seguirnos sea más fácil para los demás.

Gracias por dejarme ser parte de su viaje en este mundo. Que usted y sus seres amados experimenten toda una vida de amor, y que en nuestras vidas también compartamos la experiencia de un mundo lleno de amor.

Nota del autor

Más de cien mil individuos y parejas de veinte ciudades principales ya se han beneficiado de mis seminarios acerca de las relaciones. Lo invito y lo aliento a usted a compartir conmigo esta experiencia segura, esclarecedora y curativa. Espero verlo allí. Será un recuerdo importante que nunca olvidará.

Para obtener información acerca de mis seminarios o cualquier tema referido a ellos por favor escriba o llame:

John Gray Seminars
4364 East Corral Road
Phoenix, Arizona 85044
1-800-821-3033

Agradecimientos

Agradezco a mi mujer, Bonnie, por compartir una vez más el viaje de hacer un libro conmigo. Le agradezco por su constante paciencia y apoyo al ayudarme a tener éxito como amante compañero y padre de nuestras hijas. También le agradezco por permitirme compartir nuestras historias y en especial por seguir ampliando mi comprensión y mi capacidad de honrar la perspectiva femenina. Sus perspicaces sugerencias y comentarios me han proporcionado un equilibrio importante y necesario.

Agradezco a nuestras tres hijas, Shannon, Juliet y Lauren, por su amor y admiración. El gozo de ser padre ayuda inmensamente a compensar las presiones de una vida muy agitada. Les agradezco su calidez, su sabiduría y su reconocimiento de lo que hago. Quiero agradecer a Lauren en particular por pintar el cartel en mi oficina que decía: "¡Por favor, papá, termina el libro! ¡¡Hurra!!"

Agradezco a mi padre, David Gray, por asistir a mis seminarios sobre las relaciones. Su apoyo y fe en mí y en mi trabajo fueron y siguen siendo inmensamente útiles. Compartió sinceramente conmigo sus éxitos y fracasos en sus relaciones, lo cual me ayudó a comprender las diferencias entre nuestras generaciones. Si bien no conocía los métodos para profundizar la intimidad, hizo lo que pudo y yo aprendí que podía equivocarme y aun así ser digno de recibir amor. Muchos lo recuerdan como un hombre afectuoso, encantador y generoso.

Agradezco a mi madre, Virginia Gray, por todas las charlas inteligentes y divertidas que tuvimos acerca de cómo se comportaban y reaccionaban en las relaciones las mujeres y los hombres de su generación. Sin duda, los tiempos han cambiado. Le agradezco por permitirme compartir anécdotas de su matrimonio y por su constante aceptación y gran amor, que me rodea y apoya en todo lo que hago.

Agradezco a mis cinco hermanos por nuestras largas discusiones hasta bien avanzada la noche durante las vacaciones cuando nos reuníamos. Agradezco a mi hermano mayor, David, y a su mujer, Doris, por su aguda perspicacia, su apreciación de mis ideas nuevas y creativas y por sus desafíos. Agradezco a mi hermano William y a su mujer, Edwina, por compartir conmigo las perspectivas más tradicionales. Agradezco a mi hermano Robert una vez más por sus brillantes y espirituales ideas, que fundamentalmente respaldan todo lo que digo. Agradezco a mi hermano Tom por su constante aliento y orgullo por mi éxito. Le agradezco las numerosas conversaciones personales en que compartió sus conceptos acerca de hombres y mujeres. Agradezco a mi hermana Virginia por su franqueza y su amoroso interés en mi vida y su cándida y juiciosa comprensión de ella misma como mujer. Agradezco a mi fallecido hermano menor, Jimmy, por su amor especial y su generoso espíritu. Su recuerdo y su alma siguen en mi corazón y me apoyan en los momentos más difíciles.

Agradezco a Lucille Brixey por el apoyo tan especial y afectuoso que me brindó desde que yo tenía seis años. Siempre estuvo allí y sigue estándolo. En su tienda de Houston, Aquarian Age Bookshelf, ha exhibido mis libros en primer término durante más de diez años. Le agradezco por creer siempre en mí.

Agradezco a mi agente, Patti Breitman, por su útil ayuda y su brillante creatividad y entusiasmo, que han guiado este libro desde su concepción hasta su terminación. Es un ángel especial en mi vida. Agradezco a Carole Bidnick, que me conectó con Patti para el comienzo de nuestro primer proyecto, *Los hombres son de Marte, las mujeres son de Venus.*

Agradezco a Susan Moldow por su habilidad y claridad editorial y, aunque ella sólo trabajó en este libro al principio, sus astutos comentarios dirigieron y moldearon su desarrollo. Agradezco a Nancy Peske por su inagotable pericia y creatividad editorial a lo largo de todo el proceso. Agradezco a Carolyn Fireside por sus contribuciones editoriales. Agradezco a Jack McKeown por su interés y apoyo comprometido de este proyecto desde el principio y por el respaldo de todo el personal de HarperCollins por su constante respuesta a mis necesidades.

Agradezco a Michael Nagarian y a su mujer, Susan, por la exitosa organización de tantos seminarios. Agradezco a Michael por las numerosas horas extra de planificación creativa además de la respuesta importante e inteligente que me ofreció para desarrollar y poner a prueba este material. Agradezco a los diferentes promotores y organizadores que se volcaron de lleno en la producción y el respaldo de seminarios para que yo enseñara y desarrollara el material de este libro: Elly e Ian Coren, de Santa Cruz; Ellis y Consuelo Godfrit, de Santa Cruz; Sandee Mac, de Houston; Richi y Debra Mudd, de Honolulu; Garry Francell, de Heart Seminars, en Honolulu; Bill y Judy Elbring, de *Life Partners*, en San Francisco; David Farlow y Julie Ricksacker, de San Diego; David y Marci Obstfeld, de Detroit; Fred Kleiner y Mary Wright, de Washington, D.C.; Clark y Dotti Bartells, de Seattle; Earlene y Jim Carillo, de Las Vegas; Bart y Merril Berens, de Los Angeles; Grace Merrick, de la Iglesia de la Unidad de Dallas.

Agradezco a Richard Cohn y a Cindy Clark y al personal de Beyond Words Publishing por su constante apoyo en el momento de promocionar y publicar mi libro *Los hombres, las mujeres y las relaciones*, que dio origen a las ideas de este libro.

Agradezco a John Vestman de Studio One Recording por sus expertas grabaciones de audio de mis seminarios. Agradezco a Dave Morton y al personal de Cassette Express por su constante apreciación de este material y su excelente servicio. Agradezco a Bonnie Solow por su competencia y amable apoyo al producir la versión en audio de este libro y también al personal de HarperAudio.

Agradezco a Ramy El-Batrawi de Genesis Nuborn Associates y a su mujer, Ronda, por la exitosa creación y actual producción de comerciales informativos por televisión que permitieron las presentaciones en audio y video de mis seminarios.

Agradezco a mi asistente ejecutiva, Ariana Husband, por su intenso trabajo, su devoción y su eficiente manejo de mis horarios y mi oficina.

Agradezco a mi quiropráctico, Terry Safford, por el increíble apoyo que me brindó dos veces por semana durante los seis meses más intensivos de este proyecto. Agradezco a Raymond Himmel por sus sesiones de acupuntura al final de este proyecto, que milagrosamente me quitaron el mareo y el agotamiento. Agradezco a Renee Swisko por sus sorprendentes y poderosas sesiones curativas conmigo y el resto de mi familia.

Agradezco a mis amigos y asociados por compartir las ideas y responderme con franqueza, honestidad y apoyo: Clifford McGuire, Jim Kennedy y Anna Everest, John y Bonnie Grey, Reggie y Andrea Henkart, Lee y Joyce Shapiro. Marcia Sutton, Gabriel Grunfeld, Harold Bloomfield y Sira Vettese, Jordan Paul, Lenny Eiger, Charles Wood, Jacques Earley, Chris Johns. Mike Bosch y Doug Aarons.

Agradezco a Oprah Winfrey por su apoyo cálido y personal y la oportunidad de compartir libremente mis ideas en su programa ante treinta millones de televidentes.

Agradezco a los miles de participantes a mis seminarios acerca de las relaciones; ellos compartieron mis historias y me alentaron para escribir este libro. Su positivo y afectuoso apoyo, junto con los miles de llamadas y cartas que recibí de lectores, siguen dándome fuerzas para desarrollar y confirmar los principios de este libro.

En particular por el enorme éxito de mis libros anteriores, deseo agradecer a los millones de lectores que no sólo los compartieron con otros sino que siguen beneficiándose de estas ideas en su vida y relaciones.

Le agradezco a Dios la oportunidad de marcar una diferencia en este mundo y la simple pero efectiva sabiduría que me llega y se presenta en este libro.

5621205

Índice

La Biblioteca Completa De John Gray De HarperCollins

Bestseller #1 Internacional— Más de 6 millones de copias vendidas!! La guía que ha ayudado a millones de personas descubrir y sostener relaciones afectuosas.
MEN ARE FROM MARS, WOMEN ARE FROM VENUS

Una guía practica para mejorar comunicación y conseguir lo que quiere en su relación.

Edición en ingles:
Cubierta dura 0-06-016848-X • $25.00
Dos audiocasetes, leídos por el autor
1-55994-878-7 • $12.00
Disco compacto 1-694-51720-8 • $18.00

También disponible en español:
LOS HOMBRES SON DE MARTE, LAS MUJERES SON DE VENUS
Cubierta blanda 0-06-095143-5 • $11.00
Un audiocasete, leído por el autor
0-694-51678-3 • $12.00

Bestseller #1 del *New York Times*. El mapa esencial al universo del noviazgo a cualquier edad.
MARS AND VENUS ON A DATE
Una guía para navegar las 5 etapas de un noviazgo para crear una relación amorosa y duradera

Edición en ingles:
Cubierta dura 0-06-017472-2 • $25.00
Dos audiocasetes, leídos por el autor
0-694-51845-X • $18.00

DISPONIBLE VERANO 1998!
MARS AND VENUS STARTING OVER
Una guía para recrear una amorosa y duradera relación

Edición en ingles:
Cubierta dura 0-06-017598-2 • $25.00
Dos audiocasetes, leídos por el autor
0-694-51976-6 • $18.00

Historias reales de parejas!
MARS AND VENUS IN LOVE
Historias inspiradoras y sinceras de relaciónes que funcionan

Edición en ingles:
Cubierta dura 0-06-017471-4 • $18.00

MARS AND VENUS IN THE BEDROOM
Una guía para romance y pasión duradera

Edición en ingles:
Cubierta dura 0-06-017212-6 • $24.00
Cubierta blanda 0-06-092793-3 • $13.00
Dos audiocasetes, leídos por el autor
1-55994-883-3 • $18.00

También disponible en español:
MARTE Y VENUS EN EL DORMITORIO
Cubierta blanda
0-06-095180-X • $11.00

MARS AND VENUS TOGETHER FOREVER
Destrezas en relaciones para intimidad duradera

Edición en ingles:
Cubierta blanda • 0-06-092661-9 • $13.00
Cubierta blanda • 0-06-104457-1 • $6.99

THE MARS AND VENUS AUDIO COLLECTION
Contiene uno de cada casete, leído por el autor: Men are From Mars, Women are From Venus, What Your Mother Couldn't Tell You and Your Father Didn't Know, and Mars and Venus in the Bedroom.

Edición en ingles:
Tres audiocasetes, leídos por el autor
0-694-51589-2 • $39.00

También disponible:
WHAT YOU FEEL YOU CAN HEAL
Una guía para enriquecer relaciones

Edición en ingles:
Dos audiocasetes, leídos por el autor
0-694-51613-9 • $18.00

MEN, WOMEN AND RELATIONSHIPS
Haciendo la paz con el sexo opuesto

Edición en ingles:
Cubierta blanda 0-06-101070-7 • $6.99
Un audiocasete, leído por el autor
0-694-51534-5 • $12.00